카지노 서베일런스시스템의 이해

Understanding of Casino Surveillance System Operation

고 택 운 저

카지노 감시의 눈은 일순간이라도
절대 간과하지 않는다!

Eye in the Sky
Observation
Big Brother

백산출판사

소개말

Understanding of Casino Surveillance System Operation

"서베일런스(Surveillance)"는 사전적 해석으로 사람의 밀착기능 또는 혐의자들의 감시를 뜻하고 있으나, 카지노가 감시기능을 가지는 주요 이유는 카지노 자산(資産)을 보호하자는 것이다. 자산보호는 오늘날 어떠한 산업에도 중요한 문제로 대두(擡頭)되어 왔다. 자산의 도난 또는 훼손의 방지는 오로지 시각적으로만 탐지하는데 의존하여 왔으나 마침내 획기적으로 진일보된 장비로 프린트, 추적장치가 결합되어진 폐쇄회로 TV(Closed Circuit Television)가 개발되어 감시기능 역할을 하게 되었다.

현대 카지노산업의 동향은 "서베일런스-룸(모니터운영관리실)"에서 감시기능의 역할(役割)뿐만 아니라 운영의 중심에서 경영지원을 하는 중추적인 기능을 하고 있다. 사례를 들어 신용정보, 영업관리, 고객관리 등을 들 수 있는데, 수많은 자료와 정보를 수집하여 회계부문에서는 신용정보, 영업부문에는 게임용기자재 및 게임수입타당성 분석, 고객관리 부문에서는 정보를 분석하여 마케팅 도구로까지 활용하는 추세이다.

이미 본 저자는 2003년에 출간한 「현대 카지노산업관리론」 상권 제4부 「카지노 보안시스템의 운영관리」편에 "서베일런스"업무에 관하여 소개한 바 있으나, 최근 카지노산업에서 서베일런스 시스템은 그 중요성이 더욱 강조되고 있는 바, 이에 본 저서에서는 내용을 좀더 구체적이고, 실무적인 측면의 입장으로 접근하여 소개(紹介)하고자 한다.

본 저서 구성은 전 6장 및 부록으로 "제1장 카지노 서베일런스 시스템의 연구"에서는 카지노 보안시스템의 개요 및 서베일런스 운영관리실의 업무, 서베일런스장비, 카지노 CCTV시스템을 다루었고, "제2장 카지노 서베일런스 시스템의 운영" 에서는 서베일런스 부서의 직무명세 및 각종 보고서, 각종 업무 및 게임별 스캠(Scam)을 모니터링하는 내용으로 구성하였고, "제3장 카지노 내부 통제절차와 서베일런스 시스템"은 피트의 절차(Pit Procedure), 케이지의 서베일런스, 칩스의 서베일런스 등 회계관련 업무절차에 비중(比重)을 두었으며, "제4장 카지노 갬블링 스캠 서베일런스"에서는 카지노에서 발생하는 다양한 부정행위의 장르(Genre)를 통하여 심층 분석하는 "章(Chart)"으로 구성하였고 "제5장 서베일런스 시스템 관련법규" 에서는 미국의 네바다 주법과 국내 카지노 불법행위 관련 관광진흥법, 카지노업 영업준칙 등을 중점적으로 다루었으며 "제6장 카지노안전관리 업무론" 에서는 안전 및 보안업무와 경비업무의 절차 등의 내용으로 "서베일런스"업무와의 상호관계(Interrelation)를 재조. 명하여 집필하였고, 본권 말 부록(附錄)에는 CCTV관련 전문용어 및 카지노 용어를 수록하여 해설(解說)하였다.

카지노 관련저서를 집필하면서 언제나 아쉬움이 남는 것은 국내에는 문헌으로 참고할 만한 자료가 없다는 것이다. 특히 "서베일런스" 관련 자료는 카지노의 일급비밀사항이라 유출을 통제하는 부분도 있기에, 이 분야를 전문적으로 연구하기에는 누구도 접근이 불가능하였으나, 다행스럽게도 필자가 90년대 초 "서베일런스"시스템을 국내에 도입하는데 관여하였고, 이후 신규 카지노의 시스템구축에 참여(용역보고서 / 자문)한 경험과 해외저서 또는 관련문헌 등에 의존하여 이를 바탕으로 전문가 인터뷰 및 자문 등을 통하여 집필원고를 마련하게 되었으며, 이에 필자는 카지노의 "서베일런스 시스템"을 이해하는 도서로 완성하고자 최선을 다하여 구성하여 보았다.

부록(Appendix)의 용어해설은 주로 카지노 "서베일런스 시스템"관련 갬블링 또는 스캠용어이다. "갬블링"용어는 게임의 언어이며 사전적 해석으로는 인류가 갬블링 동물의 입장에서 단지 경험에 불과한 언어, 주문 또는 저주하는 언어, 그리고 풍자적이고 위선적인 말투의 집착적인 언어라고 정의(定義)하고 있다. 다시 말하면 게임의 행태를 자유로운 즉 판에 박히지 않은 속어, 은어, 비어 등으로 표현하는 것을 말한다. "갬블링스캠"용어는 게임의 속임수를 주제로 한 언어로서 사기, 편취, 절도 등, 지하세계의 범죄자들이 대부분 사용하는 전문어이다. 이에 본 저서는 다음과 같은 영어사전에서 용어를 인용 또는 해설하여 소개하였다.

- Oxford English Dictionary(OED)
- Dictionary of American English(DAE)
- Dictionary of Americanism on Historical Principles(DA)

- Dictionary of American Regional English(DARE)
- Dictionary of Slang and Unconventional English(DSUE)
- Barnhart Dictionary of New English(BDNE)
- Barnhart Dictionary Companion(BDC)
- Webster's 3rd New International Dictionary(W3)

본서가 카지노의 "서베일런스" 관련 완벽한 전문서적이라고 볼 수는 없지만, 실무적인 "콘텐츠"로 "서베일런스" 업무를 이해하는 데는 절대적인 참고서 역할을 할 수 있다고 자신 있게 소개할 수 있다. 이에 본 저서를 통하여 "서베일런스 시스템"을 운영 · 관리하는 지식 및 기능이 카지노 자산을 보호하는데 얼마나 중요한지, 카지노 경영에 미치는 영향이 어떠한지, 서베일런스 관련지식을 마스터하여 그 중요성을 각인시키는 교본(教本)이 되었으면 한다.

2006. 고 택 운 배상

차 례

Understanding of Casino Surveillance System Operation

contents

preface

카지노 서베일런스시스템의 이해

Understanding of Casino Surveillance System Operation

카지노 서베일런스 시스템의 이해

서론

安全 및 保安시스템의 중요성

현대사회의 특성은 다변화로 인하여 도처에 잠재적인 위험요소를 내포하고 있으며 물질문명의 발달은 고도의 경제적인 성장을 목적으로 강력한 생산적 구조를 이루어 놓았으나, 부수적으로 발생한 산업의 불안전한 요소는 각종의 선업재해를 일으켜 인명과 재산상에 막대한 피해를 주고 있어 점차 사회문제로 등장하고 있다.

재해의 원인은 사회화 인간의 불안전한 상태에서 발생되는 바, 예방적인 측면에서 볼 때 안전업무는 인간의 생명보존과 상해감소에 기여함은 물론 재산을 보호하여 인간의 복지향상의 근본이 된다.

따라서 성공적인 안전관련시스템 운영의 목적은 산업재해 및 범죄의 예방에 두고 있다. 효과적인 안전업무 수립은 현실적으로 나타난 피상적(皮相的)인 결과만으로 연구검토해서는 올바른 방지책을 얻을 수 없다.

재해(Disaster)와 범죄(Crime)가 유발되는 일반적인 과정을 원인적으로 분석해보면 "사회적 환경과 인간의 불안전한 행위"에 기인(起因)함을 알 수 있기에, 이러한 불합리한 환경적 요소와 인위적인 상해를 보완하고 개성을 유지하기 위해 안전의 기능과 통제의 절차로 능률이 유지되며 사고를 방지하기 위해 마련한 것이 안전관련시스템이다.

카지노 보안시스템은 절도 등 범죄행위, 또는 부정행위에 대처해야 하는 시스템이므로 그 중요성이 강조되고 있다. 게이밍산업은 거액의 현금을 다루는 업종이기에 세심한 주의와 관찰이 요구되며, 도난 위험에 노출되어 있는 카지노의 자산을 보호하기 위한 견제(Cheek)와 균형(Balance)의 시스템으로서 도난방지 외에 고객보호 및 에스코트, 현금이동시 경호, 카지노 영업장 내 질서유지 및 자산보호 등의 시스템이 구축되어야 한다.

특히 내국인 출입카지노에서 안전보안시스템에 절대적인 비중을 두고 운영하는 것은 과다한 이용객들에 대한 안전통제의 절차 및 범죄행위 예방, 자산보호 그리고 원만한 영업질서가 절실히 요구되어지기 때문이다.

카지노 保安시스템의 개념(Concept)

카지노 保安시스템의 개념은 크게 두 가지로 활동범위의 기능 및 구성요소에 따라 그 시스템을 구분한다. ① 은 서베일런스(Surveillance)체계로서 국내업계에서는 "모니터운영관리"업무로 통용되는 감시, 관찰의 기능과 ② 는 시큐리티(Security)체계로서 국내업계에서는 "섭외(涉外)"업무로 통용되는 보안, 안전의 기능으로 구분하지만, 이 두 가지의 기능은 독립된 활동영역과 보고체계임에도 불구하고 업무상 밀접한 연결고리를 가지고 있으며, "시큐리티" 부문이 긴급한 조치를 취해야 할 경우를 제외하고는 "서베일런스" 부문과 유기적인 협조하에 업무를 수행하는 것으로 기본개념을 가지고 있다.

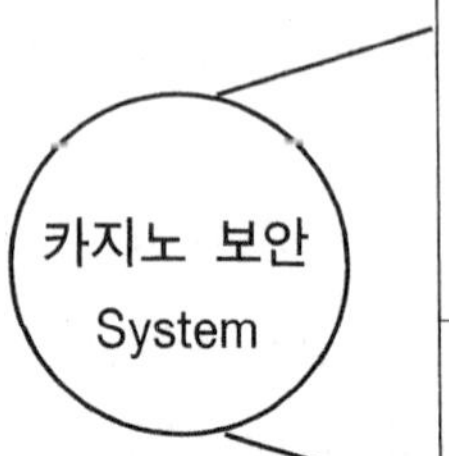

구 분	주요기능	구성요소
Surveillance (감시, 관찰)	• 범죄행위 적발보다는 예방적기능 우선 • 범법자나 규정위반자를 적발하여 범죄사실이나 위반사항 기록 • 장비(카메라 / 레코드)를 통해 카지노업무 전체를 모니터링(게임테이블, 케이지, 카운트룸 큰 액수의 당첨금, 현금지불에 관한 관찰, 확인, 녹화 기록) • 부정행위 용의자 또는 부정행위를 관찰 확인하여 색출가능하도록 지원.	• 인적자원 • 감시기능 장비 - CCTV - 레코드 - 프린드 - 추적장치
Security (보안, 안전)	• 카지노규정 또는 감독기관의 관련법 준수 및 유관기관과의 실무적 협조체제 유지 • 카지노의 자산, 임직원 및 고객보호(현금, 코인, 칩스 이동의 전과정에 입회하여 보호관리) • 화재나 재난에 대한 경계, 도난, 상해 등 범죄행위에 대한 사전예방 또는 사고, 사건조회 등 안전업무 전반.	• 인적자원 - 업무절차 - 제보 및 시각적 탐지 - 모니터실의 정보

카지노 Surveillance

"서베일런스(Surveillance)"란 사전적 해석으로는 사람의 밀착기능 또는 도구나 장비를 이용하여 혐의를 받는 사람들의 감시를 의미한다고 규정하고 있다. 자산보호는 오늘날 어떠한 사업에도 중요한 문제로 대두되어왔다.

수십년 동안 자산의 보호가 요구되는 상인(商人)들은 자산의 도난 또는 훼손되는 행위를 손님 또는 고용한 종업원에 의해 오로지 시각적으로만 탐지하는데 의존하여 왔으나, 마침내 진보되어진 소재로 프린트, 추적장치가 결합되어진 폐쇄회로TV(Closed Circuit Television)가 개발되어 감시기능 역할을 하게 되었다.

최신의 CCTV와 같은 가장 효력이 있는 장비의 발견으로 유일무이한 기록의 편의를 가질 수 있으므로 문서조작의 과정 또는 거래의 결과에 대한 어떤 불법적인 시도도 기록된다는 것이다.

서베일런스 시스템의 운영에 가장 중요한 요소는 인적자원(운영요원)이다. 카지노 자산을 보호하려는 감시기능의 최첨단 장비에 수십억원을 투자하였더라도 그 장비의 효율성을 가지려면 장비를 운용하고 유지하는 훈련이 된 운영요원이 필요하기 때문이다.

이에 감시업무에 종사하는 요원은 개인적으로 일정한 자질(資質)이 요구된다. 그 여건은 지식, 순발력, 인내력이 되며 관찰(Watching)의 방법은 게임자의 어떤 부정행위 시도에 대해 최후에 유효하게 입증할 수 있는 방법이 사용되어져야 할 것이며, 또한 카지노 서베일런스는 고객보다 먼저 속임수 방법의 과정을 발견할 수 있는 능력을 가지려는 연구가 계속적으로 필요하게 될 것이다.

감시전문가(Surveillance Specialist)는 카지노의 게임의 지식과 장비사용의 기능을 마스터해야 하는 능력이 요구되며 CCTV비디오는 어떤 사건의 시각적 증거로 제공되나 오디오 기능은 갖지 아니한다. 추가 장비들은 카지노 내부에서 발생하는 위반행위의 확실한 증거로 제공할 수 있는 장비로, 감시요원에 의해 적절한 장비가 사용되어져야 한다.

현대 카지노산업의 동향은 서베일런스-룸(모니터운영관리실)에서 감시기능의 역할뿐만 아니라 운영의 중심에서 경영지원을 하는 "콘트롤-타워" 역할을 하고 있다.

사례를 들어 신용정보, 영업관리, 고객관리 등을 들 수 있는 수많은 자료와 정보를 입력하여 회계부문에는 신용정보, 영업부문에는 게임수입 타당성 분석, 게임용기자재 정밀문석 등과 고객관리 부문에서는 정보를 분석하여 마케팅 도구로 활용하는 추세이다.

본 교재를 연구하면서 국내에도 학술적 가치로 참고할 만한 자료가 없기에 교재 구성은 대부분 미국의 라스베이거스 실무자료를 중심으로 편집하였으므로 시스템운영성격이 국내의 설정과는 다소 상충(相衝)될 수 있는 부분도 있음을 주지하는 바이다.

본 교재에서는 대형에서 소형카지노까지 모든 카지노에 적절한 서베일런스시스템의 필요성 인식을 각인시키고자, 카지노 서베일런스의 모든 양상을 소개하고자 서술하였으며, 본 교재를 통하여 감시전문가, 게임연구가, 모니터운영요원 등의 실무자 및 학생 여러분에게 동기부여의 계기가 되었으면 한다.

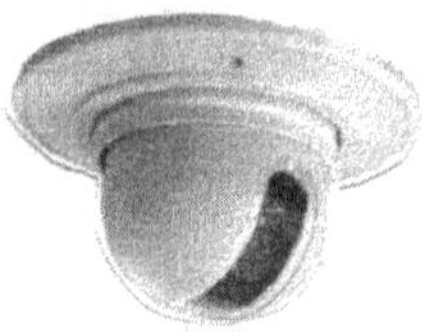

카지노 서베일런스 시스템의 이해

제1장

카지노 Surveillance system의 연구

제1장 카지노 Surveillance system의 연구

제1절 Surveillance 통제센터의 컨셉

1. 서베일런스 업무개요

서베일런스 시스템을 통제하는 센터는 모니터 운영관리실로 "하늘의 눈(Eye in the sky)", "관찰(Observation)", "대형(Big brother)"이라고 알려져 있으며, 비디오카메라와 레코드를 통해 카지노의 모든 활동사항을 모니터하는 업무를 수행하는 곳이다.

이러한 업무는 카지노 종사원이나 고객 모두 법규 또는 카지노규정을 위반하기 전에 다시 한 번 생각하게 함으로써 예방적인 기능을 하고 있다고 하겠다.

해외카지노의 한 사례로 "캐리비안 스터드 포커(Caribbean Stud Poker)"게임 테이블 앞에 다음과 같은 게시물을 걸어놓음으로써 강력한 도구로서 전시효과를 보고 있다.

「캐리비안 스터드 게임은 감시카메라로 모니터하고 있으며, 위닝핸드의 프로그레시브잭팟(Progressive Jackpot)은 지불하기 전에 확인합니다.」

이보다 좋은 억제효과가 있을까? 분명히 위닝 조합(Winning Combination)을 만들려고 카드를 "스윗치" 하려던 사람은 다시 생각할 것이며 아예 카드 스윗치를 하지 못하도록 자제하게 할 것이다.

공교롭게도 그 카지노에서는 부정행위가 없었다. "위너"에게는 지불하기 전에 핸드가 적법했다는 것이 입증(立證)되는 셈이다.

이와 같이 모니터 운영관리실의 주요기능은 범죄 적발보다는 예방(豫訪)에 있다고 하겠다. 물론 범법자나 규정위반자를 찾아 범죄사실이나 위반사항을 지적해내는 것도 주요기능의 하나다.

그러나 비디오 녹화만큼 유죄를 입증하는 확실한 증거는 없을 것이다. 바로 이것에 의해 우리는 우리의 눈앞에서 그들이 벌리는 행각(行脚)을 분명히 지켜볼 수 있는 것이다.

중앙통제센터(모니터운영관리실)는 일반적으로 일인의 "디렉터"에 의해 운영되며 소속된 여러 간부가 각각의 시프트(Shift)를 맡아 관리하며, 각 시프트에는 이삼명의 요원이 배속되어 수많은 모니터 스크린을 통해 카지노의 서로 다른 지역을 관찰한다. 관찰지역의 대부분의 비디오테이프를 사용하는 감시장비로 커버되어 있어 문제가 발생할 경우 검색이 가능하다.

또한 녹화는 카지노케이지(현금출납업무), 환전소, 카운트룸, 고액게임테이블이나 슬롯머신같은 취약지역을 대상으로 주로 한다. 단위가 큰 게임 또는 혐의가 있는 플레이 및 범죄행위 등이 우려되는 경우 카지노 간부의 요청에 의해 녹화되기도 한다. 이상적인 것은 영업장을 모든 각도에서 녹화하여 저장하는 것이다. 그러나 이것도 비용이 많이 들고, 공간과 장비의 한계와 과다 업무로 실제로는 어려운 일이다.

이에 따르는 차선책으로 직접수준의 녹화(錄畵)인데, 영업장의 취약지역을 가능한 한 많은 각도에서 커버하고 통상적이지 아니한 상황 또는 우려가 되는 상황이 있다면 영업현장 간부가 모니터 운영요원에게 메시지를 보내 여러 각도에서 필요한 주요 장면을 확대근접 촬영하여 그 상황을 녹화하도록 주문 요청한다.

이 시점에서 모니터 운영관리 요원은 카메라장비를 정교하게 잘 다룰 수 있어야 한다. 이러한 상황에서는 취약도가 덜한 지역을 4장면(Quads)으로 처리하여 녹화한다(4대의 카메라를 1대의 비디오로 녹화하여 영상은 가각 4분의 1의 크기가 되도록 함). 이것은 대개의 경우 편리하게 활용되지만 영상이 작아 확대하여도 흐리게 보이는 점이 다소 불편하다.

다중송신녹화도 가능하지만 화면이 너무 작고, 녹화하는 시간순서와 사건의 연속성사이에 갭(Gap)이 있는 점이 문제다.

2. 시스템 통제센터의 운영

시스템 통제센터(모니터운영관리실) 운영의 주요 목표는 카지노 재산의 보호, 방침이나 절차의 이행준수, 영업장을 중심으로 한 카지노 전 지역에 대한 감시활동에 있다. 또한 영업장의 민감한 지역 전체에 감시카메라를 설치, 관찰하여 각 부서의 안전 보호망을 모니터 운영관리시스템 입장에서 논의 및 건의 하고 큰 액수의 당첨금 및 현금지불을 관찰 확인하여 치팅(Cheating)용의자나 치팅행위를 관찰 및 확인하여 현장에 있는 카지노 간부에게 주의를 당부하여 색출이 가능하도록 지원하는 등의 업무를 수행하는 데 목표가 있다.

카지노 영업부서의 간부가 의심나는 대목을 확인하기 위해 모니터를 보거나 녹화테이프를 검색해 보고 싶은 경우 통제센터에 요청하면 운영관리실의 일정한 구역에 마련한 장소에서 카지노 간부가 원하는 부분을 볼 수 있도록 하며, 스캐닝(Scanning) 또는 줌렌즈(Zoom Lens)의 작동 등 필요한 지원을 한다.

일부카지노는 테이프와 모니터를 검색할 수 있는 방을 따로 마련해 두는 곳도 있고, 카지노 매니저가 영업장을 개별적으로 볼 수 있게 모니터를 별도로 제공해주는 곳도 있다.

모니터 운영실의 또다른 가능은 통제센터의 인근이나 내부에 별도의 방을 두어 혐의자를 불러 심문(審問)하는 것이다. 그 방에는 비디오 녹화나 오디오 녹음시설이 되어 있고 1인이상 상주한다. 심문은 모니터운영관리실장의 입회하에 인베스티게이터(Investigator)에 의해 조사가 준비되고, 스페셜리스트(Specialist)에 의해 혐의 내용이 분석된다.

3. 모니터 운영관리실의 出入

모니터 운영관리실의 출입조건은 운영의 방침을 어떻게 규정하느냐에 따라 달라지지만 몇 가지 원칙이 있다. 국내에서는 카지노업 영업준칙 제2장 제9조(통제구역 설정 및 관리)에 의거 통제구역에 출입을 허가받은 자 이외의 자가 출입할 경우 모니터 운영관리실 출입자대장에 출입자이름, 출입일시, 출입사유를 반드시 기록하도록 되어 있다.

모니터운영관리실 출입허가는 직무와 관련된 용무에 한하여야 하며 경우에 따라 공무에는 고위직간부가 승인하고 요청한 공식방문도 포함된다.

고위직간부란 여기서 최고경영자, 총지배인, 카지노매니저를 말한다. 이들 외에 내부회계감사, 관계기관원 등이 공무로 출입이 허용될 수도 있다.

어떤 카지노에서는 모니터운영관리실 출입이 허용된 자라도 모두 방문하기 전에 사전통보를 해야 한다. 이렇게 하는 이유는 심문을 하고 있는 도중에 방문객에 의해 심문이 중단되는 수도 있기 때문이다. 또한 일부에서는 카지노매니저와 시프트

매니저가 무단으로 출입하는 곳도 있다. 출입문제가 때로는 운영관리실 요원이 과잉통제를 할 경우 여러 부서와 알력을 일으켜 마찰의 소지가 되기도 한다.

바람직하지 못한 사태는 가능한 한 피해야 한다. 여타부서와 모니터 운영관리실 요원은 자신의 직무를 보다 원활히 수행하기 위해 조화(調和)를 이뤄 협조해 나가야 한다.

따라서 운영관리실 출입은 희망하는 방문객(카지노영업간부 포함)이 사전에 신청을 하여 허가를 받거나 약속을 받는 것이 바람직하다. 어떤 상황에 대한 녹화테이프를 카지노 영업간부가 신청하여 그 테이프를 검색하고자 할 때 사유가 타당하다면 출입을 허용하되, 이러한 용도로 마련된 별도 구역에 한한다.

운영관리실이 대부분의 경우 클레임(Claim)을 일으키는 고객이나 근무 중에 규정위반 또는 금전사고로 적발된 카지노 종사원에 대해서는 어떤 명목으로도 출입을 허용하지 않는 것이 좋다. 그 이유는 이들에게 출입을 허용하게 되면 자신의 잘못을 인정하기보다 오히려 감시기능의 한계로 그 탓을 돌리려한다는 것이다.

이와는 달리 한편에서는 좋은 고객을 잃지 않으려고, 녹화테이프를 보기 원하는 고객에게 그가 잘못한 장면을 보여줌으로써 고객을 잃지 않을 뿐만 아니라, 또한 다음에 고객의 잘못을 지적한다 하더라도 고객이 그러한 지적을 신뢰하며 승복하게 된다는 것이다.

보안에 지나친 비중을 두기보다. 필요한 것을 보여줌으로써 고객이나 카지노종사원의 믿음을 얻고 모니터 운영관리시스템이 지향하는 목적인 규정위반의 사전예방기능을 수행할 수 있다. 그 한 사례로 영업장 내에 모니터 부스(Monitor Booth)를 설치하여 카지노 간부 또는 고객이 원하면 언제든지 문제의 장면을 송출해주는 카지노도 있다.

제2절 Surveillance 통제센터의 조직 및 직무

1. 서베일런스 운영관리실 조직체계

〈도표 1-1〉

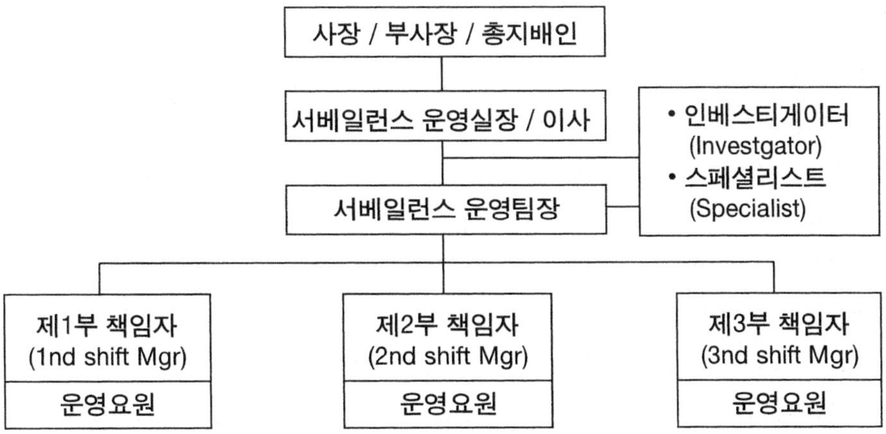

2. 서베일런스 운영관리실 구성원의 직무개요

서베일런스 운영관리 이사. 실장은 운영관리실의 전반적인 운영기능의 감독 및 책임이었으며 카지노의 가장 중요한 안전기능을 담당한다. 이러한 임무의 중요도로 인해 이 부서는 대부분의 카지노에서 최고경영자 또는 총지배인의 직할 소속으로 되어 있으며 카지노의 여타 부서와의 경계(境界)도 분명하다.

서베일런스 운영관리실은 대부분 관계자 이외에는 출입이 허용되지 않는다. 그러나 업무의 분명한 경계(Demarcation)가 서베일런스 운영관리실과 여타 카지노 부서와의 상호협력이 원활하게 이루어지지 못하는 경우에는 부서간의 갈등이 조장되어 카지노의 안전에 장애가 되므로 카지노의 여타부서와 조화로운 협력이 필요하다.

서베일런스 운영관리실 팀장. 시프트책임자는 관찰대상 지역의 범위와 규모를 고려하여 소요인력을 결정하고 운영요원의 직무규정을 마련하여 카지노 재산을 효율적으로 관찰할 수 있는 절차를 수립 작성한다.

서베일런스운영관리실을 끊임없이 괴롭히는 문제는 자격이 있는 요원을 확보해서 교육을 시키는 일이다.

이 문제는 팀장. 시프트매니저가 게임지식에 해박하고, 전자장비를 잘 다룰 수 있으며, 법률상식이 있고, 순발력 및 일종의 조사능력까지는 부족하더라고 사명감을 가지고 기꺼이 근무할 수 있는 인재를 육성할 수 있어야 한다. 이것이 왜 문제가 되는지는 교재를 통해서 쉽게 알 수 있을 것이다.

이에 차선책으로 매니저는 서베일런스 운영요원직무를 배우고자하는 사람을 선발하여 직무교육계획을 수립하고 크랩스, 룰렛, 블랙잭게임 등 필요한 게이밍 교육과 모니터 관찰 요령 및 절차, 카메라와 같은 장비운용에 관한 교육을 실시한다.

또한 서베일런스 운영관리이사. 실장은 지역의 법집행기관, 수사기관, 중앙의 감독부서와 업무상 그 기능을 공조하는 유대관계로 카지노를 위한 직무를 수행한다. 그 밖에 직무로 카지노 영업장내에서 현금을 다루는 업무활동에는 철저히 관찰한다.

서베일런스 운영요원은 모니터 운영관리실에서 카지노영업장 내외부의 전반적인 활동을 관찰하는 업무를 한다. 감시장비를 사용하여 관련법규나 내부 규정 및 절차를 위반하는 행위를 탐색하여 녹화한다. 영업현장을 관찰하면서 법규나 내규 위반 행위뿐만 아니라 게임진행상 실수나 오류도 발견해 낸다.

특수장비를 가동하여 비정상적인 행위나 수상한 혐의점도 찾아낸다.

또한 자신이 수행한 업무나 인지한 위반사항은 모두 서면으로 작성하여 유지하기도 하고, 운영관리실과 영업장의 피트 또는 타 부서와의 전화통화 내역은 운영요원이 통화대상에 기록하며 그런 자료는 영구 보존한다.

이것은 사건발생시 수사관이 용의자를 추적하는 단서로 참고하기 위함이다.

3. 서베일런스 운영구성원 직무명세

1) 서베일런스 디렉터(Director) / 모니터 운영관리실장

▷ 서베일런스 디렉터 / 모니터운영관리실장은 임원급 또는 차 부장급으로 카지노의 규모에 따라 직급을 달리한다. 실장은 카지노의 업무사항에 대하여 전반적인 지식이 있어야 한다. 왜냐하면 게임기구, 시설, 시스템은 항상 변화하고 있으므로 전문적인 지식은 필요 없지만, 제반사항을 이해해야 자신의 업무를 책임질 수 있다.

▷ 서베일런스 디렉터 / 모니터운영관리실장은 부정행위를 하는 자들을 잡아내는 역할 뿐만 아니라 정보를 가지고 어떻게 유용하게 활용할 수 있는가를 각 부서에 문제가 발생 시 조언을 하여 원활하게 운영하도록 도와주는 역할을 하며 칩스, 카드 관리를 철저히 하여 매일 운용되는 사항도 보고를 받고 조절한다.

▷ 서베일런스 디렉터 / 모니터운영관리실장은 여타 부서 직원들보다 능력 면에서 동일하거나 더 능력이 있어야 하며, 서베일런스 디렉터로서의 자질, 보통의 리더십도 필요하지만 의사결정능력, 인사부문의 지침, 서베일런스 운영관리실의 콘트롤과 효과적인 의사교환 및 지도력 등이 갖추어야 한다.

▷ 서베일런스 디렉터 / 모니터 운영관리실장은 회계관련 서류, 서류작성책임자 등을 모니터링하여 확인하는 업무뿐만 아니라 리포트, 기타양식, 차트작성요령도 알아야 하지만, 리포트 차트, 피드 컴퓨터 등 다른 기록을 보는 것도 중요하며, 데이터를 판독할 수 있어야 하며 데이터를 통해 판단을 내리고 문제 발생 시 책임자를 불러 책임질 수 있도록 해야 한다.

카지노사업은 항상 변하고 있다. 테이블게임의 기술변화는 얼마나 돈이 드롭박스에 들어가는가에 대한 변화를 가져올 것이고, 진일보한 게임기구를 설치하는 것으로 고객의 관심을 유도하고 참여하도록 하고 있다.

테이블 게임에도 프로그레시브(Progressive)를 장치함으로써 슬롯머신과 같은 효과를 가지는 종합적인 게임 테이블로 발전하고 있다. 이와 같이 게임과 룰이 항상 변하고 있으며 룰이 바뀌면 속임수를 행하는 자의 게임공략방법도 바뀌게 되므로 이러한 변화에 대응할 수 있는 디렉터의 지식도 요구된다.

2) 서베일런스 디렉터의 직무

구 분	내 용
① 상위경영자와의 관계	• 상위경영자의 의사결정 및 징계에 관한 법률자문, 정책, 절차 기타 주요 규정 사항에 관한 문제에 대한 입증자료제공 및 조언 • 시스템의 진단, 제반 업무 및 절차의 평가분석자료 제공.
② 수평적 조직과의 관계	• 횡적인관계에 있는 부서의 정책·절차 및 규정 등의 제정에 관하여 긴밀한 관계를 유지, 정보를 제공하고 조언. • 기타 협조적인 업무관계를 유지하여 문제 발생시 조사에 도움을 주는 역할.
③ 리에존(Liaison)	• 제도내에서 여타 부서와의 관계설정 • 감독기관, 수사기관과의 업무관련 유기적인 협조, 친분을 형성하여 문제발생시, 조사에 도움을 주는 역할.
④ 보고서	• 주관을 가지고 보고서 또는 그래프를 작성하거나 다른 증거서류를 구체화하는 작업으로서, 서류는 시간대별 동향조사, 직원과 손님의 상호작용, 시간대별 이용객조사, 과부족금액 현황 등을 요약해서 작성. • 위 기록을 정리하여 파일 넘버와 날짜, 파일명을 정하여 컴퓨터에 저장.
⑤ 예산(Budget)	• 서베일런스 운영에 관한 예산확보는 고정비용과 유동성비용으로 구분한다. ▷고정비용 - 디렉터 / 시프트매니저 / 운영요원 급여 및 제수당 - 조사연구원 / 전문가의 보수 - 경상관리비 - 장비보수유지비 - 서베일런스 정기 간행물 구입비 ▷유동성비용 - 비디오테이프 구매 - 사무용품 - 훈련재료용품 - 세미나 개최비용 - 장비수리복원비 - 장비 업-데이트비 - 추가 인건비 - 특별간행물 발행 또는 구입비 - 잔업수당 .... 등등 

3) 서베일런스 시프트매니저 / 운영요원의 직무

구분	직무내용	비고
시프트매저 (Shift Mg'r)	• 관찰대상지역의 규모와 범위를 고려하여 소요인력 산정 및 시프트 배치. • 운영요원의 직무규정 및 업무절차수립. • 서베일런스부서에 적응할 수 있는 자질있는 요원을 확보, 직무교육계획을 수립하여 필요한 게이밍교육과 기타 관찰요령 및 절차 등의 교육을 실시	- 카지노의 규모에 따라 직급을 달리하며 독립된 부서로 카지노와 경계를 가지고 임무수행
서베일런스 운영요원	• 영업장의 모든 활동을 관찰하는 업무를 주 업무로. - 감시장비를 통하여 관련 법규나 규정 및 절차를 위반하는 행위를 녹화 - 영업현장을 관찰하면서 게임진행상 실수나 오류도 지적. - 특수장비로 부정행위, 속임수 행위, 수상한 행동 추적. - 자신이 수행한 업무와 검색한 위반사항은 서면 또는 파일로 작성하여 보고. • 모니터운영관리실과 영업장의 피트 또는 타부서와의 전화통화를 통화대장에 기록하고, 카지노 간부의 지원 요청 시 스캐닝, 룸렌즈작동, 화면송출 등 필요한 부분지원.	- 서베일런스 운영요원 대부분은 전,현직 간부(출신)들을 활용하고 있음. - 최근에는 운영요원을 별도로 선발,육성하여 카지노와 분명한 경계를 두는 추세임.

〈그림1-1〉 장비를 통한 감시기능의 Flow Chart

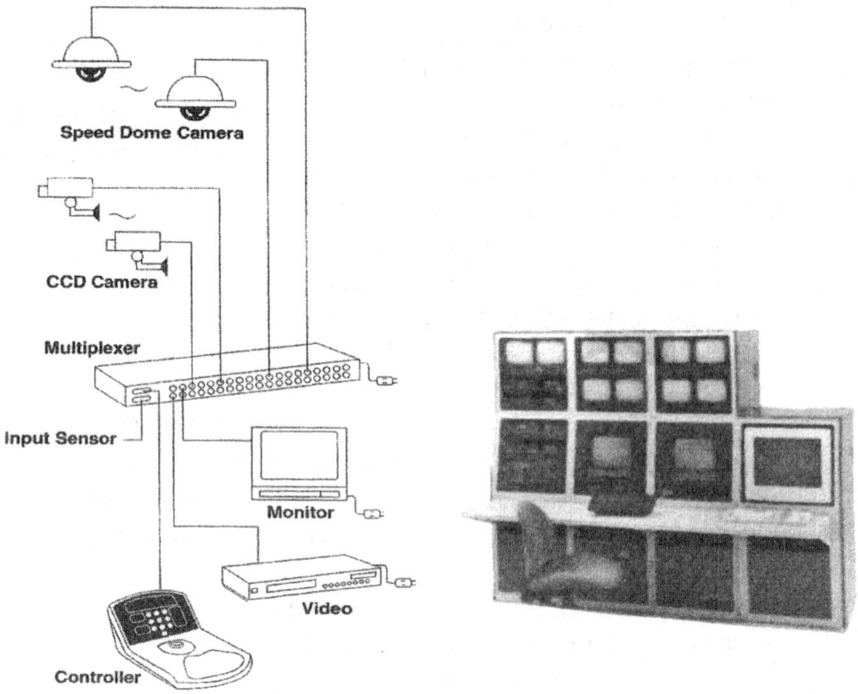

제3절 서베일런스 시스템의 운영실무

1. 초과액 / 부족액(Overage / Shortages)

초과액과 부족액이라는 주제는 경영관리 측면에서 볼 때 가장 걱정스러운 영역임은 틀림없다. 원래 은행처럼 계산이 정확히 맞아야 하지만, 카지노의 캐셔의 인력만을 가지고 경쟁적으로 신속히 지불하는 것이 고객에 대한 서비스라고 강조되었던 바, 항상 오류(誤謬)가 발생하기 마련이다.

1) 오류발생 체크포인트(Check Point)

구분	체크포인트
① 탐문	• 내부감사원→전산직원→카지노회계지배인→보안디렉터→케이지지배인→슬롯지배인→카지노지배인 순으로 출처를 탐문
② 서류확인	• 테이블 필 / 크레딧, 슬롯필, 잭팟리포트, 영수증 • Key사용대장, 데일리오프너 / .크로저리포트 • 케셔의 시프트리포트, 케이지의 업무일지, 일일근무스케줄 현황
③ 서베일런스의 저장기록	• 데일리 서베일런스 업무일지 • 슬롯잭팟 / 필 리포트 • 문제발생 리포트 • 절차위반행위 / 평가리포트
④ 조사	• 조사사항은 항상 비밀로 할 것이며 기획, 방식, 절차를 준비하여 대비 • 사건의 크기, 금액의 액수 또는 문제가 발생한 부서에 따라 내부감사의 방법을 달리한다.

2) 조사의 방법

① 내부감사 또는 회계담당의 보고가 있어야하며 사건 발생 후 시간이 조금 경과된 문제(일주일 내지 한달)는 사건의 특수성 때문에 재발이 가능하므로 감시를 강화하도록 한다.

② 고객의 돈을 딜러가 속인 경우는 계산이 맞으므로 발견하기 어렵다. 현장에서

의 조사착수 절차와 요령은 다음과 같이한다.

- 클리어핸드(Clear of Hand)는 모든 업무와 함께 요구.
- 관찰을 위하여 돈을 한 장씩, 바닥에 펼쳐서 스프리드(Spread)카운트.
- 하우스머니(B.R)와 대비, 팁인 것을 구분
- 케셔 / 매니져들은 업무시작과 종료 시에 금액을 카운트.
- 본인의 책임을 서류 작성으로 입증, 확인을 위하여 한 사람 이상 입회서명.
- 방침과 절차에 따라 징계사항임을 입증하고 그 이행을 통보.
- 잠금장치 및 뱅크의 안전장치 여부.
- 키(Key)의 통제 및 책임 여부.

2. E-파일(직원파일)

E-File은 피고용인(Employee)의 영문약자 "E"자를 표기한 것으로 알려졌으며, 이는 카지노 종사원의 비밀파일로 문제 발생시, 서베일런스운영요원만이 알고 기록하는 파일이다.

이러한 E-파일을 만드는 작업은 오로지 서베일런스 디렉터 / 매니저에게 개인적인 권한을 위임받아야 하며 이 파일은 서베일런스 디렉터 또는 지정한 감시자만이 알고 있어야 한다.

1) 파일홀더(File-Holder)작성에 관한 절차

구분	작성절차
① 리스트(List)	• 마스터파일은 문제의 제목, 사진의 넘버, 시작한 날짜, 이유를 명시하고 후에 최종평가를 할 수 있는 언더라인을 따로 만든다. • 파일과 똑같은 넘버를 부여한 리스트는 서베일런스 운영요원이 관리한다. • 파일은 직원 전체를 대상으로 한 것이 아니라 문제 있는 직원들만을 위한 기록.
② E-File 넘버	• E-1(년),E-2(년),E-3(년)등 순서로 숫자를 구별하여, 서류철에는 숫자만 보이도록 보관, 이것은 기밀을 유지하기 위함.
③ 파일작성 방법	• 날짜, 감시시간, 감시대상직원이 일한 장소, 감시결과, 감시한 요원의 이니셜 서명을 기록함에 있어 충분한 시간과 여유를 가지고 관찰한 결과를 작성. • 심각한 문제 또는 이상한 행동 발생시, 사건리포트를 작성하고 그 보고서는 서베일런스 디렉터에게 제출하며 감시요원을 감시대상직원 이름을 적지 말고 데일리일지(Log)에 숫자만을 적는다.
④ 보관	• 서베일런스 운영실의 통제하에 보관하며, 권한을 위임받은 감시요원은 그 파일을 매일 체크하고 파일의 대상을 감시한다.

2) 파일홀더의 관리

파일관리 문제는 매니저들 간에 자주 논의가 있어야 하며, 그 파일은 매일 기록해야만 효력의 가치가 있으므로 감시상대 직원이 휴무일 때만 기록이 없도록 한다.

시간을 두고 문제점의 협의가 없어지면, 파일은 모니터실에서 삭제하고, 마스터 파일에는 이상 없음을 기록한다.

3. 테이블게임 요약보고서

테이블게임의 요약보고는 서베일런스 업무의 일환으로 각 부서별로 딜러스케쥴, 케이지직원 및 슬롯케셔의 일일보고서를 제출받아 서베일런스 운영실이 또다른 요약 리포트를 작성하는 것으로, 이는 고객과 직원이 활동한 실제수입과 손실을 비교하기 위하여 필요하다.

추정게임요약은 각 테이블의 슈퍼바이저→핏보스→시프트매니저로 보고된 정보로서 시프트 종료 시 모니터실에 제공해주고 이를 취합하여 일일요약 리포트를 기록하는 것이다.

실제 테이블게임 현황보고서는 회계부서로부터 제공받으며 월대비, 연대비가 상세히 명시된 자료를 제공받으며, 이러한 자료에 의해 주간별, 월별, 계절별, 또는 오버타임 등의 패턴에 관한 밸런스(Balance)의 조화를 분석할 수 있고, 이 자료를 통한 업무가 수행된다.

4. 기타 보고서

구분	내 용
① 필과 크레딧(Fill & Credit)	• 매일 접수하여 보기 드문 불규칙행위는 재조사하며, 공모의 징후를 적발할 수 있도록 부서간의 경계를 관찰하여 리포트한다.
② 케이지로그(Cage Log)	• 케이지매니저에게 케이지업무일지를 요청하여 복사한 다음, 그 케이지 로그를 체크하여 다음과 같은 사항을 반영(反影)하여 리포트한다. - 케이지케셔의 초과 / 부족액을 반영 - 금고(Vault)의 부족금액 / 부족한 돈 다발의 지폐를 반영 - CRT정보제공에 개인적인 거절이유 반영 - 케이지로그는 매일 디렉터가 체크하여 이상이 있을 때 바로 조사한다.
③ 인사리포 트	• 인사부는 서베일런스 운영실과 밀접한 업무관계를 유지하며, 직원이 마약상습 복용, 오용 또는 판매하는 자인지 개인의 신상관련 비밀정보를 공유한다. • 인사부는 징계중인 직원, 해고된 직원에 대한 의심이 갈 때는 운영실에 통보한다.

5. 게임기구 보호

게임기구를 보호하는 목적은 기구를 이용한 속임수 행위를 방지하기 위함이므로 이 업무도 대단히 중요하다.

게임기구의 수납(收納), 분배(分配) 또는 사용 후의 폐기하는 절차 등을 만들어야 하며, 이 절차에 각각 서명하고, 확인하는 것은 속임수를 방지하기 위함이다.

기구	보호 내용
① 카드(Card)	• 카드-덱을 세밀하게 검사하며, 게임자가 불가피하게 만졌을 경우 과감하게 뉴-카드로 교환한다. • 모든 게임이 끝난 후 확인하여 봉투나 백 안에 넣어 테이블넘버, 게임종류, 딜러 및 테이블 관리자의 이름을 적고 모니터실에 보관한다. • 게임 중에 카드를 교환할 경우, 교환이유를 명시하고 모니터실에 보관한다.
② 다이스(Dice)	• 게임시작 전에 다이스를 확인하며, 이는 돋보기, 바란서, 칼리퍼, 스퀘어자석 또는 컵에 물을 붓고 다이스를 집어 넣고 확인한다. • 다이스넘버를 로그(Log)에 기록하고, 기록한 넘버의 맞은편 점수와 합하여 7점이 되는지 확인한다. • 다이스는 5개씩 한 그룹으로 만들고 같은 넘버링으로 특별한 표시를 하여 속임수를 방지한다.
③ 룰-렛(Roulette)	• 룰렛의 볼안에 금속류가 들어있는지를 자석을 이용하여 확인하고, 콤파스를 이용하여 테이블과 휠-헤드(Wheel-Head)가 수평인지 확인한다. • 룰렛-휠이 깨끗한지, 밸런스가 맞는지, 확인하는 방법으로 휠(Wheel)을 회전시키면서 손가락을 가볍게 놓아, 부드럽게 돌아가는지 확인한다. • 스팟트(Spot)검사는 모니터실에서 하며, 하우스 승률에 비해 고객이 계속 이길 경우 확인한다.

제4절 서베일런스 시스템 운영도구(Tools)

1. 서베일런스 운영도구

감시전문가(Surveillance Specialist)는 카지노게임의 지식과 장비사용의 기능을 마스터할 수 있는 능력이 요구되며, CCTV비디오는 어떤 사건의 시각적 증거로 제공되나 오디오 기능은 가지고 있지 못하다. 이에 카지노 내부에서 발생하는 위반행위에 대한 확실한 증거로 제공할 수 있는 서베일런스 도구(道具)가 요구되므로 그 적절한 도구는 다음과 같다.

도구	사진 및 사용내역
마이크로메터(Micrometer)	• 주사위의작은 간격과 각도를 측정하는 도구로써 카지노가 사용하기 전 제작업체로부터 수납할 때, "다이스"의 모양과 사이즈를 체크하는데 유용하다.〈사진 1-1〉
다이스 발란싱 칼리브레이터 (Dice Balancing Calibrator)	• 이 장치는 양쪽 축 사이에 다이(Die)를 고정시켜 놓고, 회전시키면서 다이스의 적재량을 체크하는데 사용하는 측정기이다.〈사진 1-2〉
블랙 라이트(Black Light)	• 게임카드 표면에 표시(Marks)한 일정한 물체를 탐지하는 특별한 종류의 광선 〈사진 1-3〉
비디오 카피 프로세서 (Video Copy Processor)	• 버튼 하나로 간단하게 작동시킬 수 있는 사진(Photograph) 기술장비로 감시요원이 필요하는 주제(主題)를 비디오테이프로부터 그대로 인화되어 제공.〈사진 1-4〉
포토 파일(Photo Files)	• 카지노에 의해 고용될 때 촬영한 모든 종업원의 신상카드, 또는 서베일런스 요원에 의해 파일로 만들어진 "치터(Cheater)"와 "하이롤러(High Roller)"의 개인신상 카드.(그림 2, 3, 4 참조)
텔레폰 및 비퍼 (Telephones & Beepers)	• 카지노 직원, 서베일런스 팀 동료와 접근하는 방법으로 텔레폰시스템 및 비버퍼를 통하여 신속히 의사전달을 제공하는데 사용.
투-웨이 라디오 (Two-Way Radios)	• 두 가지 라디오(무전기)시스템을 작용하는 것으로 -첫 번째 시스템은 안전요원(Security)의 활동을 서베일런스 부서에서 모니터링할 수 있도록 하는 것이고, -두 번째는 책팟지불 및 머신-필(Machine-Fill)을 포함한 슬롯시스템과 연관된 카지노 머니의 이동을 모니터하려고 서베일런스 도구로 사용.
카지노의 업장배치도 (Map / Layout of Casino)	• 서베일런스 부서는 카지노 업장의 시설배치도를 정밀하게 분석하여 자료화(Files)하여 보존하는 것은 극히 중대한 사안으로 모든 테이블 게임의 위치, 슬롯머신, 구내전화, 슬롯부스 카메라의 위치 및 수량, 카지노 출입구 등이 포함된다.(사례 도면 1-1 참조)

〈사진1-1〉마이크로메타
(Micrometer)

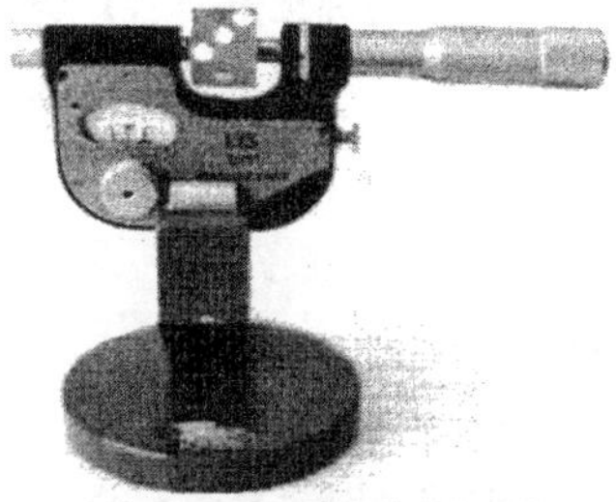

〈사진 1-2〉다이스발란싱 칼리브레이터
(Dice Balancing Calibrator)

〈사진 1-3〉블랙라이트(Black Light)

〈사진 1-4〉비디오 카피 프로세서
(Video Copy Processor)

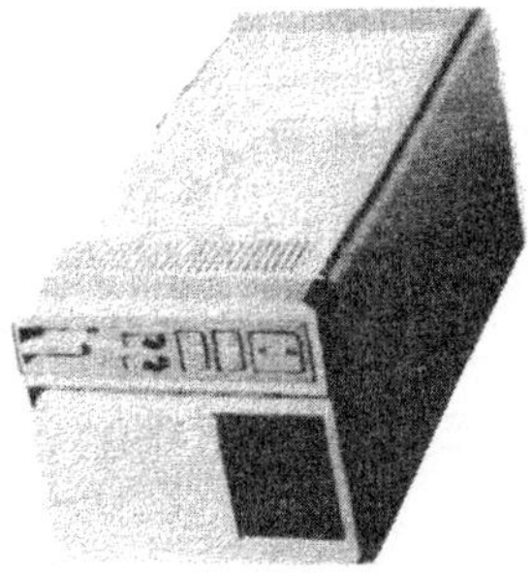

〈사례도면 1-1〉 영업장 서베일런스를 위한 CAM / VCR 배치도
(Road map for Surveillance Console)

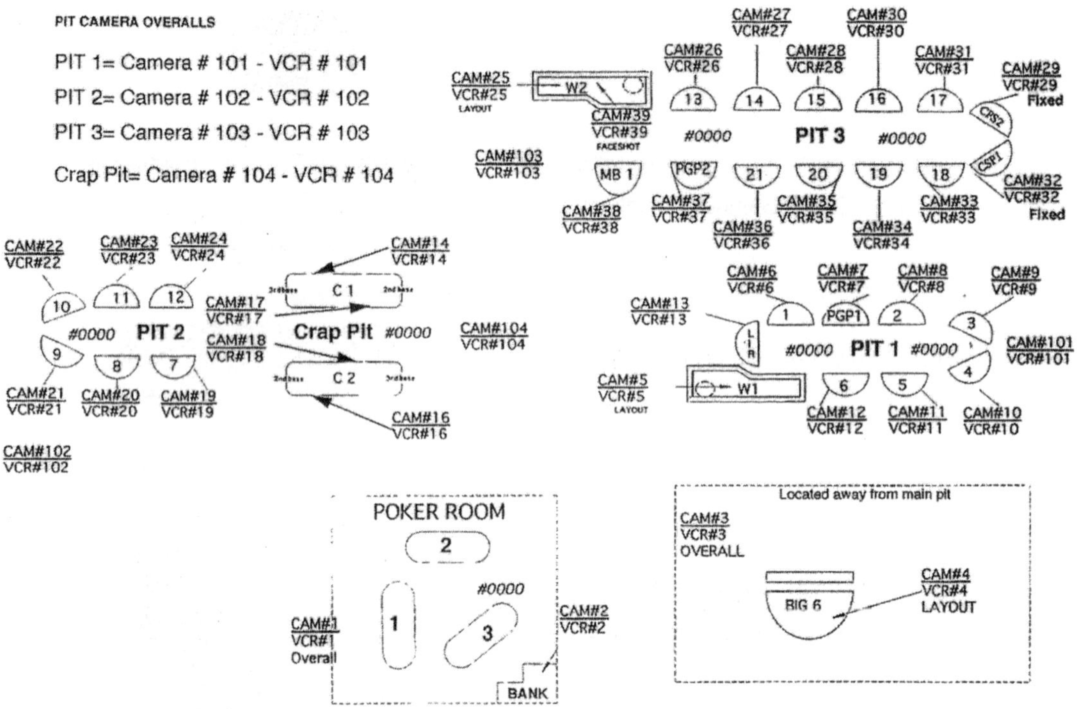

※ 자료: George L. "Casino Surveillance" 1996. Chapter 9, p. 17

〈그림 1-2〉 종업원사진파일카드

NAME : ____________________ PHOTO

JOB TITLE : ________________

SS# : ________ DATE OF HIRE : ____________

EMPL. NO _______ AGE : _____ DOB : ______

DESCRIPTION : HT : __ WT : __ HAIR : _____

GLASSES : _____ COMMENTS : _____________

〈그림 1-3〉 치터카드(Cheater Card)

CODE ______________

NAME : ____

ALIAS : ____

DOB : ___________ SS# ___________

HT : ____ WT : ___ HAIR : ____ EYES : ___

RACE : _____ TATOOS / SCARS : _________

____

ASSOCIATES : _________________________ PHOTO

____

COMMENTS : __________________________

____

S1# ______________ DATE : __________

____

〈그림 1-4〉 하이롤러카드(Hight Roller Card)

NAME : ____________________
(LAST) (FIRST) (MIDDLE)

AKA : ____________________

BJ CR VAC ROU PK SL
(CIRCLE GAME/S)

CREDIT LIMT : ____________________

CASH : ____________________

COMMENTS : ____________________

SOURCE : ____________________

DATE : ____________________

PHOTO

2. 카지노서베일런스의 타입

카지노서베일런스 업무형태는 다음과 같이 세가지 유형(類型)으로 분류하여 설명할 수 있다. 이 방법의 수행은 밀착감을 위해 병행하기도 하지만, 서베일런스 대상 규모에 따라 신축성 있게 방법을 달리한다.

1) 캐트워크(Catwalk)

이 방법은 아주 오래전부터 이용하였던 방법으로 카지노의 실무자 또는 감시자(전문고용인)가 카지노시설의 높은 위치 또는 천장(Ceiling) 어느 곳에 있는 거울을 통하여 육안 또는 쌍안경을 가지고 액션을 관찰하는 것을 말하며, 카지노 들이 서베일런스의 방법을 좀더 정교하게 진전을 가져온 것이 감시대상 천장위에 통로를 만들어 감시자가 걸어 다니면서 은밀하게 관찰하는 것이다.

2) CCTV

CCTV는 서베일런스의 가장 효과적이고, 현대적인 타입으로 평가되고 있다. 오늘날의 혁신적인 기술과 함께 필요한 도구 및 장비로 전체 카지노의 종합적 관찰과 모든 액션의 녹화가 가능하다.

3) 워킹비트(Walking the Beat)

서베일런스 요원이 현장에서 배회하며, 직접상황에 부딪치려고 화려하게 출현하기도 한다. 카지노업장에 요원을 직접 투입시키는 이유는 카지노 액션을 폭넓은 시각과 체험으로 서베일런스 지식을 견지하기 위함이다.

3. 서베일런스 테이프 라이브러리(Library)구성

1) 7일간의 라이브러리

이것은 카지노 안에서 발생한 사건을 매일 비디오테이프에 담아 가각의 날로 7일 동안 라이브러리하는 것이다.

주목할 만한 사건은 나중에 재녹화하고 이 테이프는 또다른 7일간 범죄가 발생하지 않는 한 다시 사용되어질 수 있다.

모든 VHS 레코더는 계속해서 녹화하여 지개의 테이프 라이브러리를 가질 것이며, 이 뜻은 135대의 레코더를 사용하였을 때 2,835개의 테이프를 라이브러리(Library)한다는 의미이다.

2) 합성테이프라이브러리

이러한 라이브러리를 존속하는 비디오 정보는 시간대의 기간을 가장 길게 때로는 무기한 저장이 필요하다.

하나의 중요한 사건이 발생되었지만, 데일리테이프에 저장하기에는 방해가 된다면, 중요한 사건을 녹화하여, 합성테이프 라이브러리에 삽입하는 것이다.

이러한 라이브러리를 존속시키는 사건을 사례별로 구분하여 보면 다음과 같다.

구분	라이브러리 테잎
① 라지잭팟 (Lage Jackpot)	• 커다란 금액으로 윈(Win)을만 들어낸 슬롯(Slot), 키노(Keno), 빙고(Bingo), 캐리비언스터드(Caribbean Stud) 등과 같은 게임의 녹화테이프
② 절차위반	• 영업간부에 의해 감시의 대상을 요청받았던지, 또는 감시요원이 관찰력에 의해 인지하였던지, 카지노직원의 과실을 관찰하여 녹화한 테이프.
③ 리스크 매니지먼트 (Risk Management)	• 비디오녹화는 카지노 영업활동상에 발생한 모든 사고를 저장한다. • 또한 카지노게임을 그만 두겠다고 어필하는 손님과 바람직하지 못한 어떤 타입의 장면이 녹화되었다면, 서베일런스운영요원과 섭외직원의 공존 노력이 필요하고, 그 상황을 녹화한다. • 녹화는 카지노가 수습하는 대응을 바르게 보여줄 것이고, 다시 카지노게임을 이용할 수 있는 서비스가 제공된다.
④ 고객의 불평 (Discontent)	• 카지노 비즈니스에는 항상 불만스러운 고객이 있으나, 문제가 없는 진지한 방법으로 도움을 주거나 그들의 변명을 충족시킬 수는 없지만, 카지노 업장직원과 이러한 충돌 사이에 동정과 연민(Compassion)으로만 해결할 수 없도록 나타난 녹화내용을 가지고 그들을 통제한다. • 단, 이 경우 카지노 딜러에 의해 속임수를 당했다는 손님의 불평을 반박할 수 있는 감시 테이프가 있을 경우이다.
⑤ 속임수행위 (Cheating)	• 불행하게도 속임수 행위로 게임에 있어 성공하였거나, 시도하는 게임자가 있다. • 녹화된 그들의 행동이 사건의 재발을 예하는 훈련에 도움이 되도록 편집하는 것이 필요하다.
⑥ 고객의 축출 (Eviction)	• 카지노는 종종바람직하지 못한 사람들을(카지노영업준칙 제21조) 퇴장시키는 일이 발생한다. 이 경우 카지노 매니저가 다루기 힘든 고객은 안전요원이 먼저 접근하는 것으로 녹화를 시작한다. • 두 가지 주요 관찰사항은 다른 고객을 위해(危害)한 혐의가 있는 행동이 있었는지, 다른 카지노에서 감시대상자에 의해 속임수 행위를 하다 적발된 전력(前歷)이 있었는지를 조회하여 입증할 수 있는 테이프를 확보한다.

제5절 서베일런스시스템 운영장비(Equipment)

1. 서베일런스 장비

서베일런스 통제실 안에는 비디오 모니터가 6에서 8피트의 높이로 반원 형으로 둘러 싸여 카지노 영업장의 카메라와 연결되었고 메인콘솔(Consols)과 정면으로 위치하며, 콘솔은 모두 카메라를 조종하기 쉽게 접근하도록 대비하는 동시에 모든 모니터에 대한 분명한 시야(視野)를 운영요원이 가지도록 설치한다.

오늘날 모든 카지노는 최신시설로 보호하려 CCTV시스템을 운영하고 있다. 서베일런스 장비로서 비용이 많이 드는 만큼 인상적이나 그것을 운용하는 요원의 훈련만큼 효과가 있다. 이에 서베일런스 요원은 게임의 비즈니스 용어 및 장비의 성능지식으로 카메라의 관찰지역에서 스스로 익숙해져야 한다.

1) 카메라의 구성요소 및 기능

카메라(Camera) 서베일런스 용도의 카메라는 ① 선명도가 480Tvl 이되고 5~50mm의 10배 줌-렌즈로 장착하여 넓은 지역 및 원거리 확대감시 기능이 있어야 하고, ② 회전동작은 수동동작 시 30°/sec에서 240°/sec, 360°까지 자유자재로 스피드 컨트롤이 가능한 기능이 있어야 한다. 또한 ③ 모터의 유연성으로 소음이 제거된 카메라이어야 한다.

렌즈(Lens) 카메라의 렌즈는 카메라가 촬영하는 피사체를 화면에 어느 정도의 크기로 할 것이냐에 따라 선정하지만, 카지노 입장의 특성에 따라 고정초점렌즈, 가변초점렌즈, 줌렌즈 등을 사용한다.

카메라 및 렌즈의 기능으로 ① 줌(Zoom)은 카메라 렌즈가 관찰지역의 한 부분을 밀착 확대하는 기능을 연출하며, ② 팬(Pan)은 키패드(KeyPad)로 조종하여 카메라를 수평으로 왼쪽, 오른쪽으로 조절되며, ③ 틸트(Tilt)는 카메라가 상, 하 수직으로 움직이도록 조절한다.

2) 기본적인 서베일런스 장비 및 내역

장비명	내 역
① 비디오카메라(Video Camera)	-전체 게이밍 지역을 커버할 수 있는 영상촬영기〈사진 1-5〉
② 비디오모니터(Video Monitor)	-카메라에 의해 커버되어지는 관찰지역의 영상수신기〈사진 1-6〉
③ VCRs	-게임장에서 발생한 사건을 증명하기 위한 영상 녹화기〈사진 1-10〉
④ 키패드(Keypad)	-서베일런스 요원들에 의해 사용되는 장비로 카메라의 특별한 부분을 조정하도록 제공하는 장치〈사진 1-8〉
⑤ MATRIX / CPU	-다수의 입출력단자가 있어 순서에 관계없이 입력된 카메라 영상신호를 운용자가 원하는 대로 출력할 수 있다.
⑥ RDU	-특별한 카메라로 메트릭스에 보내진 기능을 조절하여 RUD는 8대의 카메라를 하나로 처리하는 출력이 가능하다.
⑦ 데이트제너레이터 (Date Cenerator)	-비디오 테이프에 녹화시간과 날짜를 기록하는 장비〈사진 1-9〉

3) 서베일런스 부속장비 및 내역

장비명	내역
• RG59u	-카퍼실드(동의로 된 외장) 및 센터로 되어 있는 비디오 케이블.
• 마이크로 프로세서 (Microprocessor)	-카메라에서 카메라로 전환 또는 연속된 한 장면을 가지는 컨트롤 유니트.
• 쿼드 유니트(Quad Unit)	-동시에 같은 스크린에 4개의 화면이 나오도록 허용한 전환유니트.〈사진 1-12〉
• 유니플렉스 유니트 (Uniplex Unit)	-동시에 같은 스크린에 1에서 16화면을 허용한 전환유니트.
• 콘딧(Conduit)	-비디오케이블이 스위칭유니트를 통해 카메라에 연결되어 있는 비전도성 튜브.
• BNC	-비디오케이블에 대한 컨넥터.
• CRT	-Cathode Ray Tube는 보통 모니터에 있고, 때로는 컴퓨터 단말기로 간주하여 접속.
• 영상방해 (VideoInterfer-rence)	-컨넥터가 느슨하게 연결되어 있거나, 형광등 또는 컴퓨터 케이블과 같은 외적인 원인으로 발생한 일그러진 화면.
• 리시버 박스 (Receiver Box)	-모니터실의 수신은 카메라가 가까이 있는 박스로 보내고 그 박스는 PTZ에 보낸다. 어느 시스템은 카메라 2대에 박스 1개를 사용하기도 하고, 어느 시스템은 카메라 1대에 박스 1개를 사용하기도 한다.
• UPS(Uniuterruped Power Supply)	-정전되였거나 긴급상발생시 전원을 공급해주는 시스템.
• 미니-돔(Mini-Dome)	-천장에 설치되며 특별한 이중 카메라가 필요하였던 이전의 돔보다 작은 변형

〈사진1-5〉비디오 카메라(Video Camera)

〈사진1-6〉비디오 모니터(Video Monitor)

〈사진1-7〉미니돔(Mini Dome Camera)

〈사진1-8〉키패드/콘트롤러(Keypad/Controller)

〈사진1-9〉데이트 제너레이터(Date Generator)

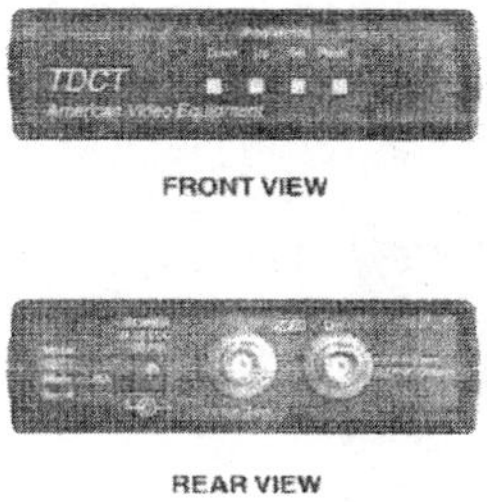

〈사진1-10〉VCRs(Video Cassette Recorder)

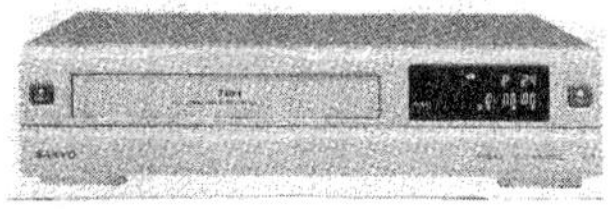

〈사진 1-11〉스플릿터(Splitters, pip's & swichers)

〈사진 1-12〉쿼드스플릿터(Quad Splitters)

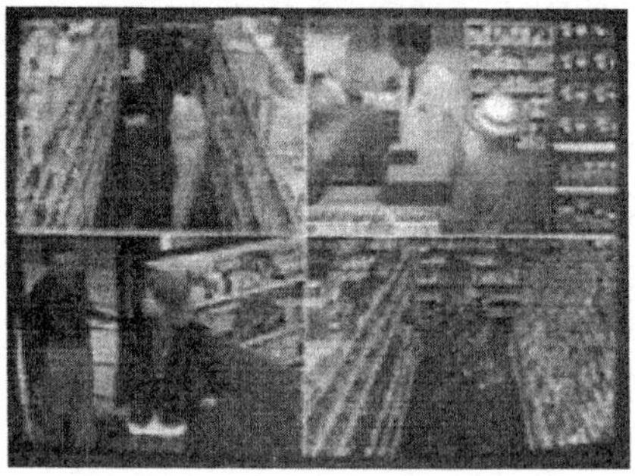

〈사진 1-13〉멀티플렉터(Multiplexers)

2. 장비의 유지관리

CCTV / CCVS유지관리는 한 달에 한 번 외부전문가의 진단(診斷)을 받고 조치하여 관리한다. 서베일런스장비 기술자는 주말, 공휴일에도 항상 대기하고 있어야 하며, 스윗치, CPU, PZT, 모터카메라 등을 수리할 수 있어야 한다.

예방적 차원으로 장비 및 도구를 보수하는 기록은 서베일런스 시스템운영을 관리 유지하는데 대단히 중요한 부분이다.

이에 장비관리대장과 CCTV보수기록부를 만들어 그들의 시프트동안 발생한 장비의 문제를 분명하고 정확하게 문서로 기록함으로써 문제의 근원을 해결하는 서베일런스 장비관리 기술자를 위하여 예상치 못한 일이 없도록 한다.

1) 비디오테이프 보관유지(Retention) 요령

① 양질의 테이프를 사용하고 항상 여분을 준비
② 비디오가 끝나면 리와인드한 다음 보관
③ 테이프보관에는 시간, 날짜, 테이프넘버, 목적이나 이유 그리고 테이프를 녹화한 직원이름 등을 기록
④ VCR은 2-4-6시간의 모드머신이 장시간의 모델보다 효율적임

2) 비디오테이프의 보관일수

비디오테이프의 보관일수는 카지노 영업준칙 제2장 제8조(CCTV의 녹화) ②항에 의거 CCTV녹화물은 촬영장소에 따라 관리번호(월, 일, 시간 표기)를 부여하여 ① 카운트-룸의 녹화장면 : 녹화한 날로부터 20일 이상 ② 기타장면 : 녹화한 날부터 6일 이상 보관하도록 기간을 정하여 규정하고 있다. 그러나 기타의 장면 사항에서는 서베일런스 시스템운영에 도움이 되는 정보자료로 활용하고자 각 카지노에서는 보관일수를 별도로 정하고 있으며 최장 30일 이상 보관하는 곳도 있다.

3) CCTV보수 및 점검 기록부

〈그림 1-5〉 CCTV 점검기록부

일시	장비(기기)	항목	결과	점검원	비고

〈그림 1-6〉 CCTV 보수기록부

일시	장비(기기)	장비 위치	문제	보수일자	결과

3. 카메라의 위치(Camera Placement)

1) 국내의 카지노영업준칙 제2장 제8조(CCTV녹화) ① 항에서는

① 카지노 영업장 출입장면
② 환전(재환전) 및 출납장면
③ 테이블에서 행해지는 게임장면
④ 카운트룸에서 행해지는 계산장면
⑤ 기타 카지노에서 일어나는 행위 등

위 각호에 해당하는 장면을 녹화해야 한다고 명시하였을 뿐 특별히 카메라의 위치, 카메라의 대수 등 설치기준은 특별히 규정하시는 않았으나, 각호가 제시하는 서베일런스 기능의 고유업무를 수행하고자 다음과 같은 카메라 위치를 고려하여 렌즈를 사용한다.

2) 이에 고려해야 할 사항은

- 한 테이블에 두 대의 카메라가 감시할 수 있도록 배치하며.
- 픽스(Fix)카메라와 PTZ카메라를 결합하여 설치하고,
- 렌즈의 사이즈는 천장높이와 카메라 위치에 따라 차별화하며,
- 통로에는 3-Way스플릿렌즈, 룸 전체는 "fish-eyes"렌즈를 사용한다.
- 테이블게임에는 테이블 근처사람에 의해 렌즈가 가려질 경우도 있으므로 각도를 고려하여 시계(視界)를 밀착시킬 수 있도록 딜러의 뒤쪽 옆에 카메라의 위치를

정한다.

- 또한 영업피트, 케이지, 마커뱅크, 칩스뱅크, 카운트룸, 벌트(Vault) 등은 민감한 장소 이므로 서류의 양식을 읽을 수 있는 성능의 카메라를 배치한다.

3) 게임테이블위치 선정과 위치별 카메라의 배치

위치별	배치 내용	
블랙잭 / 캐리비언 스터드게임 테이블		-블랙잭 테이블의 경우 최대직경이 2m미만으로 천장의 직상부 최소 2m정도의 높이로 볼 때 5~50mm의 렌즈로 감시하며, -렌즈로 최대한 가까이 보거나 멀리 보더라도 카드의 컬러, 인덱스 및 손동작, 디스카드 홀더에 카드회수 등을 정확히 감지할 수 있도록 배치하고, -블랙잭 테이블을 한 대의 카메라를 배치하여 감시할 수 있도록 구성한다.
룰렛 / 크랩스 게임테이블		-룰렛, 크랩스테이블은 블랙잭 테이블보다 약 1.5~2배 정도의 테이블 넓이로 카메라를 회전시켜 감시하면 가능하지만, -룰렛게임은 한쪽의 윙(Wing)을 감시할 때, 사각지대가 생기고, 크랩스테이블은 보울형(Bowl)이고 주사위를 추적하여야 하므로 두 대를 설치하여 감시하는 것이 효율적이다.
바카라 게임테이블		-미니바카라 또한 최대직경이 2m 미만이므로 블랙잭 테이블과 같은 방법으로 구성하나, -미들(미디)바카라는 1.5배, 라지(메인)바카라는 2배수로 배치한다.
다이사이 / 빅휠 게임테이블		-다이사이(식-보)테이블은 룰렛테이블과 유형이 유사하므로 같은 방식으로 배치한다. -빅휠(포천휠)은 벽면을 등지도록 설치되는 타입이므로 전면 상부에 설치하여 게임내용을 감시 녹화한다. 이 경우 게임자가 빅휠의 감시에 방해가 되지 않도록 적당한 거리 및 높이에 배치한다.
슬롯머신게임		-슬롯머신은 설치대수 및 가동률에 비례하지만 통상적으로 가동률이 높은 곳은 10대 단위로, 가동률이 낮은 곳은 50대 단위로 카메라를 2~2.5배로 배치하는 구성을 가진다.

현금출납창구 칩스뱅커	-카지노업영업준칙 제8조에 의거 출납장면을 녹화할 수 있어야 하며, 내부에 잠금장치를 설치하도록 되어 있다. -주로 현금의 출납이 이루어지는 장소이므로 출납창구별로 개별적으로 녹화할 수 있도록 카메라를 배치한다.
카운트 룸	-카지노영업준칙 제8조 ①항 4호에 의거 계산장면을 녹화 할 수 있도록 적절한 위치에 설치한다.
정문 및 출입구	-출입구에는 출입하는 손님의 얼굴을 잘 볼 수 있도록 설치하여야 하며, 요주의 인물을 출입 감시하는 것은 사고 시 자료제출 등에 이용한다. -출입문이 넓거나 시야를 방해할 우려가 있을 경우에는 카메라 2대 설치를 고려한다. -주요 장면은 비디오 프린터 출력이 가능하도록 하며 화면이 흐릴 때를 대비, 디지털 녹화를 병행하여 공감이 부족한 경우, 중요한 장면만 CPU별로 저장할 수 있도록 한다.
서베일런스-룸	-서베일런스 룸 내부는 중요한 비디오테이프와 문서 등이 보관되는 장소로서 절대적인 보안이 요구되는 장소이므로 일차적으로 잠금장치를 하고 사고 시, 외부인의 침입 등으로 자료 및 장비손상을 방지하기 위해 카메라를 설치한다.

4) 로칼카메라(Local Camera)의 설치

① 각종상황 및 전체 감시용 카메라를 각 피트의 중앙 또는 외곽 통로에 적절히 배치하여 게임테이블의 카드. 칩스뿐만 아니라 플레이어와 딜러의 행동 모습 모두 감시가 가능하도록 한다.

② 각 출입문에는 별도의 카메라를 배치하여 영업장 내에 출입하는 출입자를 녹화, 감시할 수 있도록 한다.

③ 환전, 출납, 테이크실(드롭박스보관실), 카운트룸, 전산실, 키(Key)보관함 등에도 카메라를 설치하여 사용자 및 출입자의 현황을 녹화 또는 감시한다.

라스베이거스의 "발리스" 카지노의 내부전경

※천장(Celling)의 돔-카메라를 주목할 필요가 있다.

제6절 카지노 서베일런스 CCTV 시스템

1. CCTV시스템 개요

텔레비전 시스템은 폐회로 시스템과 개회로 시스템의 2가지로 분류된다. 통상화상 정보를 불특정 다수에 전달하는 것으로 주로 무선에 의한 영상 전송을 TV방송이라 부르고 있다. 이에 반해 폐회로 시스템은 화상정보를 측정의 목적으로 특정의 수신자에게 전달하며 주로 유선에 의한 영상 전송방식을 사용하고 있다. 이것을 일반적으로 CCTV(Closed Circuit Television)라고 불린다.

CCTV는 ITV(Industrial Television)로 불리기도 하는데, 이는 방송 텔레비전 이외에 산업용, 교육용, 의료용, 방재용 및 사내의 화상정보 전달용 등으로 그 용도가 다양하며, 특히 CCTV에 의한 화상정보 전송은 다른 데이터전송이나 음성정보 전송에 비해 취급 정보량이 압도적으로 많아 현장의 분위기나 사람의 감정까지 전송할 수 있는 장점이 있다.

CCTV는 기본적으로 촬상장치, 전송장치, 표시장치의 3개 부분으로 구성되는데, 최근엔 여기에 기록장치를 부가하는 경향이 있다.

텔레비전 방식으로는 방송 텔레비전에 준하여 흑백화면에서 컬러 화면으로 전환하고 있으며, 컬러 방식에는 NTSC, PAL 등의 표준 컬러 표준 텔레비전 방식을 그대로 사용하는 것이 많으며, 최근엔 수평 주사선수가 1.125인 하이비전 방식을 채용해 고해상도를 얻도록 한 것도 나왔다.

또한, 신호의 전송에는 종래엔 동축 체이블이 사용되고 있었으나, 최근엔 고화질을 위한 광파이버 케이블로 대체되어 종래의 아날로그 전송방식으로부터 디지털 전송방식으로 전환해가는 추세이다.

CCTV시스템은 컴퓨터와 인터넷의 등장 및 발달로 CCTV와 이를 응용한 분야가 다양하게 등장하고 있으며, 이에 카지노도 이 시스템을 응용하여 서베일런스에 적용하고 있다.

CCTV는 인간의 시각 확장이며 TV의 특성을 이용하는 방법으로

- 원거리의 관찰
- 보이지 않는 영역의 관찰
- 인체의 근접이 불가능한 상황의 관찰
- 다수인에 의한 동시관찰 및 집중적 감시

등이 있으며, 이외에도 영상신호의 기록재생(녹화)행동관찰 등의 이용종류가 있다.

2. CCTV 시스템의 구성요소

CCTV시스템의 구성요소는 피사체를 촬영하여 전기신호로 변화하는 촬상계, 이 전기신호를 원격지에 전송하는 전송계, 전송되어온 영상신호를 재생 표시하는 수상계로서 3가지계로 구성된다.

작은 시스템에서도 이 3가지계중 하나라도 빠져서는 안 된다. 큰 시스템이 되면 이들 각계의 내용이 복잡하게 되며 이것을 통괄 제어하기 위해 제어계를 구성하여야 한다. 이외에 각계 안에 혹은 상호간에 영상의 기록, 재생이 요구되며 또한 정보처리장치에 의한 영상의 해석, 처리를 요하는 경우도 있다. 이 때문에 영상의 기록재생 가공, 처리를 포함하는 화상처리계를 결합하여 CCTV시스템을 구성하게 된다.

1) 촬상계

촬상계는 TV카메라를 주체로 하는 것이며 목적에 따라 선택한 카메라의 종류, 렌즈의 종류, 필터의 종류 등이 결정되고, 다음에 이 카메라를 고정하기 위한 설치 브라켓(Bracket), 카메라 하우징(Housing) 등이 필요하다.

그 위에 카메라 본체, 렌즈계, 카메라와 피사체의 상호위치관계의 원격제어가 필요할 경우에는 RX(리모트콘트롤)에 필요한 주변기기를 카메라에 부속시키지 않으면 안 된다. 또 피사체에 대해서 특수한 조명이 필요한 경우에는 조명의 설치 및 제어를 포함하여 고려한다.

2) 전송계

화상을 이용할 목적지점까지 영상신호를 전송하는 것이 전송계이며 유선 전송과 무선전송으로 크게 나누어진다. 통상 CCTV의 경우에는 한정된 목적을 위해 사용되기 때문에 유선에 의한 것이 많으며, 무선의 경우는 무선 주파수의 할당을 필요로

하기 때문에 실제로는 실시가 곤란한 경우가 많다. 유선전송의 경우에도 영상신호를 그대로 전송하는 베이스밴드(Base Band)전송, 반송파를 변조하여 전송하는 반송파 전송, 또는 최근에 PCM화하여 전송하는 PCM전송, 레이저에 의한 광통신방식 등이 있으나 목적과 경제성에 따라서 가장 적당한 방식을 채용한다.

또 전송계에서는 직접신호의 가공, 전환 등을 보통 행하지 않으나 대규모 시스템에서는 전송계 내에서 영상전환을 하여 최선으로 유효 이용을 도모하는 것 등이 있다.

3) 수상계

전송되어온 영상신호를 수신 재생하는 것이 수상계인데, 단지 인간의 시각에 의한 만큼 화상이 이용되는 경우와 이들의 영상신호에서 다시 제어(制御)행동을 일으키는 경우가가 있다.

수상계에서는 일반적으로 오직 화상의 재생에만 적용되는 것은 아니고 그 외의 시스템, 예를 들면 교통관제, 공정관리 등과 조합하기 때문에 화상의 가공, 기록, 재생, 하드카피화, 정보처리장치에 의한 화상처리계 등이 이용된다. 또한 정보수집 센터적 요소를 포함하는 것도 적지 않기 때문에 제어계의 집중과 센터로서의 기능을 구하는 경우가 많다.

3. 카지노의 CCTV

카지노 내에 설치 운영되는 CCTV 및 카드키이시스템(Card Key System)을 게임진행을 원활히 하며 사고의 사전방지 등의 목적으로 설치되는 시스템으로 설치와 외관이 고급인 카지노의 내부 인테리어와 조화가 이루도록 함은 물론 적절한 장소에 설치되어 감시의 기능을 제대로 수행할 수 있도록 해야 한다.

카지노 내부의 시설은 관광진흥법의 카지노업 영업준칙을 준수하여 설치되어야 하므로 CCTV시스템 및 카드 카이시스템은 법규내용에 충족하도록 설치하여 검사기관의 검사 시, 설치는 물론 운영전반에 대한 모든 시설이 만족할 수 있어야 한다.

카메라 위치 선정은 카드와 손동작을 모두 포착할 수 있는 위치로 정하며 조형물이나 근무자들의 위치에 가려 보이지 않는 일이 없도록 하며, 케셔룸, 뱅크룸, 테이크룸 등 돈의 거래가 이루어지는 중요한 곳에는 특히 모든 위치를 한눈에 볼 수 있도록 하여 부정행위 등을 찾아 낼 수 있어야 한다. 사내에 설치되는 LAN시스템은 전체게임을 디스플레이 해주는 단순한 기능부터 모든 자료의 수정 및 관리가 이루어지도록 구성하며, 여기에 CCTV시스템 및 방범설비에도 연동되어 데이터의 직접 효과를 높일 수 있다.

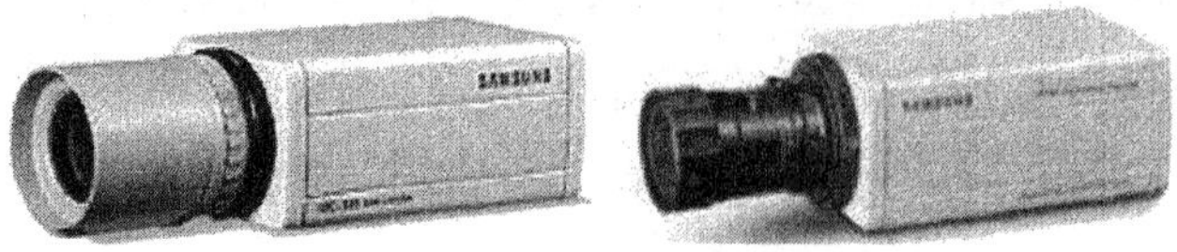

4. CCTV 카메라

카지노 서베일런스 시설을 도입함에 있어 가장 중요한 사항은 최적의 카메라를 선정하는 것이다. 이는 코스트 다운은 물론 설치 이점을 최대한 활용할 수 있기 때문이다.

효율적인 카메라 선정가이드로 카메라의 제반특징과 다기능에 직면해서는 응용 및 적용환경에 따라 어떤 카메라를 선정해야 각 사이트에 적합한 기능을 최대한 발휘 할 수 있는지를 판단하여 카메라, 렌즈, 모니터, 비디오 전송방법 등을 최적으로 선정해야만 사용자(운용자)의 기대에 부응하는 화상을 보유할 수 있다.

1) CCTV 카메라를 선정한 경우 그 성능을 평가하는 요령으로

① 테스트 하는데 필요한 장비를 조립해서 작동거리를 확인한다.
② 가능한 한 카메라와 렌즈는 같은 회사의 제품을 선택하며, 특히 시야각이 동일한 파래미터(Parameter)제품인 렌즈 일체형을 선택하는 것이 좋다.
③ 제품사용 시 화상떨림이 발생하는지 확인한다.
④ 보고자 하는 장소에 위치선정이 잘되어 있는지 확인하고 가급적 빛의 변화가 가장 적은 장소부터 원하는 장소를 보는 것이 좋다.

어떤 CCD센서는 적외선 스펙트럼에서는 효율적으로 작동하지 않는 경우가 있으므로 시설업자에게 그 성능에 대해 미리 체크해야 한다.

2) 전문용어에 대한 숙지

카메라의 각종 특성들은 대개 기술적인 용어로 표기된다. 예를 들면, 셔터속도나 역광부정, 외부동기 등과 같은 전문용어는 카메라의 성능을 표기하는 대표적인 용

어이다.(부록Ⅱ : CCTV관련 전문용어 참조)

이에 카지노 서베일런스 요원들은 이에 관한 기본적인 용어를 숙지해야만 보다 효율적인 카메라 선정을 할 수 있다. CCTV카메라는 설치하는 환경에 따라 매우 다양하게 사용되므로 하우징과 하드웨어의 연결, 배선시의 주의점 등에 대한 기본지식이 있어야만 설치, 운영, 관리가 가능하다.

3) CCTV카메라 설치 시 주의

- 조명이 불충분하면 카메라의 상이 잘못 보인다.
- 너무 많은 화면 콘트라스트(Cintrast)는 불필요한 반사를 일으킨다.
- 거리에 비해 잘못된 전력선
- 허술한 접지는 선의 이미지(Image) 또는 잡음의 이미지를 만든다.
- 잘못된 렌즈의 선택
- 잘못된 위치 선택

4) CCTV 카메라 렌즈(Lens)

CCTV의 카메라 렌즈의 선정방법으로

- CCD(Charge Carpled Device)촬상소자 크기(2/3, 1/2, 1/3, 1/4 인치) 여부
- 주위의 밝기가 시간에 따라 변화하는지의 여부
- 역광인 경우가 있는가
- 줌(Zoom)이 필요한지
- 원격제어가 필요한지
- 프리세트(Free Set)가 필요한가
- 오토포커스(Auto Focus)가 필요한지

각각의 렌즈 특성을 고려하여 종류별로 선택해야 한다.

카메라 렌즈의 종류는 C마운트 / CS마운트 방식에 따라 보통 고정초점렌즈와 자변초점렌즈, 줌 렌즈 등 크게 3그룹으로 분류한다.

① 고정초점렌즈(Fixed Focal Lens)

피사체 또는 피사체 범위가 고정된 것으로 주로 감시나 관찰 혹은 측정시스템에 적용된다. 크게 매뉴얼 아이리스 렌즈(Manual Iris Lens)와 오토아이리스렌즈(Auto Iris Lens)로 구분하며 전자는 편의점, 백화점, 은행 등 조면조건이 일정한 장소에 설치되고, 후자는 야간감시, 주차장, 철도역의 플랫폼, 은행 등의 ATM 등 조면조건이 열악

한 장소에는 아이리스를 자동으로 조절되는 렌즈이다.

② **가변초점렌즈**(Vari Focal Lens)

줌렌즈의 일종이지만 배율, 줌 비율이 보통의 약 2배로 자동조리개와 수동조리개의 2종류가 있다. 설치지 초점거리가 약 2배 정도로 변할 수 있기 때문에 정확한 화각을 렌즈 교체 없이도 선택할 수 있는 특징이 있다. 현재 출시되고 있는 모델은 초점거리가 3.5~8mm, 4.5~10mm, 6~12mm가 있으며 설치지 초점거리가 약 2배가 가변될 수 있으므로 정확히 화각을 렌즈 교환 없이도 선택할 수 있는 특징이 있다.

③ **줌렌즈**(Zoom Lens)

광학계의 일부를 광축에 따라 이동시킴으로써 피사체의 위치를 변화시키지 않고 초점거리를 연속적으로 변화시킬 수 있는 렌즈로 비디오카메라용 줌렌즈의 일반적인 구성은 배율을 바꾸는 별배 렌즈계의 결상기능을 하는 결상렌즈계로 구성된다.

5. 네트워크 카메라(Network Camera)

1) 네트워크 카메라의 정의

네트워크 카메라는 웹카메라(Web Camera)로 알려져 있으며, 이는 인터넷을 통해 어느 곳에서나 실시간으로 볼 수 있다는 개념이 "웹카메라"라는 이름을 만들었다.

기존 CCTV카메라 시스템은 설치 및 유지 보수시에 높은 비용(동축케이블, 멀티플렉스, 리코딩장치)이 발생하고 아날로그 방식이므로 전송 시에 발생하는 화상의 노이즈 및 일그러짐이 발생한다. 또한 설치된 장비만큼 사용자의 수도 제한적이고 동축케이블의 전송특성상, 별도의 고가장비를 사용하기 전에는 사용상의 거리제한도 상당하다.

그러나 네트워크 카메라는 웹기반의 디지털카메라 시스템이기 때문에 별도의 비디오 케이블과 제어장비가 필요하지 않고 기존 네트워크 케이블과 시스템을 이용하면 된다. 인터넷을 통하여 깨끗한 디지털 영상전송이 가능하고 다수의 사용자가 동시에 접속해도 같은 영상을 실시간으로 제공해 줄 수 있다.

최근에는 네트워크 카메라 기술에 저장장치를 내장한 일체형 감시카메라가 등장하였는데, 기존 DVR시스템보다 경제적이면서 효율적인 분산형 시스템을 구현할 수 있는 장점이 있다. 다시 말하면 단일의 네트워크 카메라들을 네트워크로 서로 연결하고 전용영상 서버시스템을 사용함으로써 최대 100채널의 영상을 압축, 저장, 관리할 수 있다.

2) 네트워크 카메라의 기본구조 및 설치

최근까지 네트워크 영상 솔루션(Solutions)에는 복잡한 PC시스템 등 고가의 추가 소프트웨어 및 비디오 케이블 등이 필요했지만, 일체형 네트워크카메라의 출현으로 추가 장비나 복잡한 설치작업 없이 영상전송을 구현할 수 있게 되었다.

네트워크 카메라는 영상압축기술을 사용한 일체형 디지털 카메라로, CCTV카메라 크기의 케이스에 CCD모듈(Module), 영상 압축기, 웹서버 컴퓨터를 내장하는 것이 일반적인 형태이다.

최적화면 웹서버를 내장하고 있어 H/W, S/W없이 인터넷 또는 인트라넷에 접속하여 원격지에서 웹브라우저를 통해 영상을 볼 수 있을 뿐만 아니라 원격으로 팬(Pan) / 틸트(Tilt) / 줌(Zoom) 등 카메라 영상제어가 가능하다.

3) 네트워크 카메라의 특징

- 컴퓨터 초보자도 10분이면 설치가 가능할 정도로 간단한 설치방법.
- 범용 프로그램인 넷스케이프(Netscape) 및 익스플로리어(Explorer)를 기본 웹브라우저로 선택하여 전문가뿐만 아니라 일반인도 쉡게 사용할 수 있다.
- 한대의 네트워크 카메라에 다수의 사용자가 접속하여 영상 감시가 가능하다.
- 720×486해상도의 고화질 영상을 초당 30프레임까지 압축전송이 가능
- 다양한 해상도(720×486, 360×243, 180×120, 90×60)선택 및 효율적인 영상전송 기능제공
- 영상의 움직임 검출기능을 내장하고 있어서 움직임 검출 또는 센서 입력시의 영상을 지정한 E-Mail로 전송하거나 FTP를 통해 다른 컴퓨터에 저장할 수 있다.
- 리스크 프로세서(Risk Processor)기반의 하드웨어에 안정된 OS탑재로 높은 신뢰성을 제공한다.

4) 네트워크 카메라의 구조도면

다음의 그림은 일반적인 네트워크 카메라의 구조인데 제조업체 및 네트워크 카메라의 성능에 따라 그 구조가 다소 차이가 있을 수 있다.

CCTV 시스템과 네트워크카메라 시스템의 구성 비교도

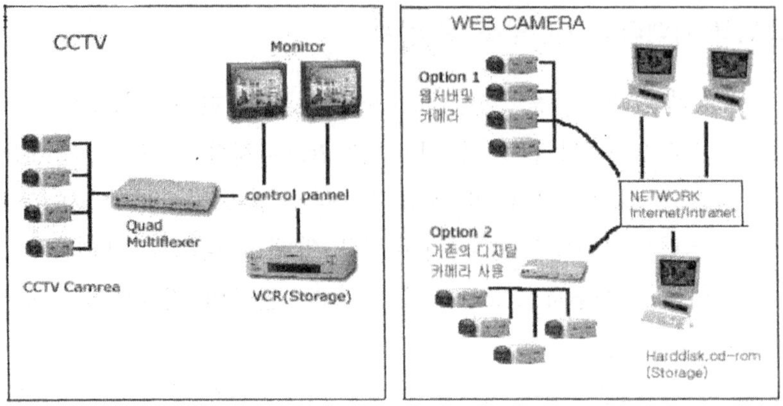

6. CCTV주변기기-시스템 및 콘트롤러

1) 영상신호분배기(Video Distributor)

영상신호분배기는 CPU를 거치지 않고 바로 VTR로 화면을 보내기 위해서 신호를 분배해주는 장비로 총 1698대를 수요할 수 있는 대용량 장비를 사용하며, 신호분배기 게인(Gain)의 저하, 영상 이득의 저감 및 신호 손실 등이 있어서는 안 된다.

2) 메트릭스 스윗처 / VideoMatrix CPU

① 임의로 카메라 영상을 모니터에 사용자의 의도에 따라서 자유로이 디스플레이 할 수 있도록 하는 장비로서 복수의 카메라 영상을 복수의 모니터에 크로스포인트 스윗칭 방식으로 표시하는 시스템이다. 각 모니터는 각각 독립하여 모든 카메라 영상을 선택할 수 있으며, 그때 모니터는 각각 독립하여 모든 카메라 영상을 선택할 수 있으며, 그 때 모니터 댓수가 대응하는 스윗처(Switcher) 가진 것과 같은 기능을 한다.

② 다수의 카메라영상을 입력받아 다수의 모니터에 출력하는 장비로 대용량 시스템에 적합하다.

③ 각 모니터(Monitor)에는 임의 지정으로 카메라영상을 호출할 수 있으며 제한 지정도 가능하다.

④ 본 기기는 카메라의 모든 기능을 통제하는 장비로 키보드(Keyboard) / CDU / AIU 등의 기본 구성품이다.

비디오 메트릭스 CPU는 내부 프로세서(Processor) 및 LSI(Large Scale Integrated)회로 기술이 응용이 된 첨단장비이어야 한다. 모든 제어, 영상 및 시간표시 신호 등이 다중 멀티플렉서(Multiplexer)시스템으로 동축한 라인으로 CPU에 전달되는 시스템이다.

CPU에 제공되는 프로그램은 다양한 카메라 시퀀스(Sequence), 알람(Alarm)제어, 패스워드(Password)관리 및 분류제어, 오퍼레이터(Operator)의 레벨(Level)선정 및 분류, 시스템분리 등의 역할을 수행하여 기본적으로 RS-422신호의 통신이 가능하고 기본적인 프로그램, 영상, 화면, 제어 등이 일반 IBM PC로도 가능하며 또한 프로그램의 입력 및 변경 등이 PC를 통해서도 가능하다.

또한 프로그램은 운용자에게 원-스크린메뉴를 이용하여 프로그램 시퀀스, 투어 시퀀스 패턴 등 시스템운용 소프트웨어를 입력할 수 있어야 하며, 누구도 시스템에 접근할 수 없도록 다단계 신호체계 및 관리자 체계를 구성할 수 있어야 한다.

또한 CPU에 데이트 보드(Date Board)를 장착하면은 RS-485통신이 가능하여 RS-232 통신 시 보다 훨씬 원격에서의 감시가 가능하다 예를 들어 CPU Matrix를 다른 장소에 두더라도 PC를 통해서 제어 및 화면감시 등이 가능하게 된다. 이 경우 PC의 사양은 본 CPU 메트릭스에서 요구하는 시방을 갖추어야 한다.

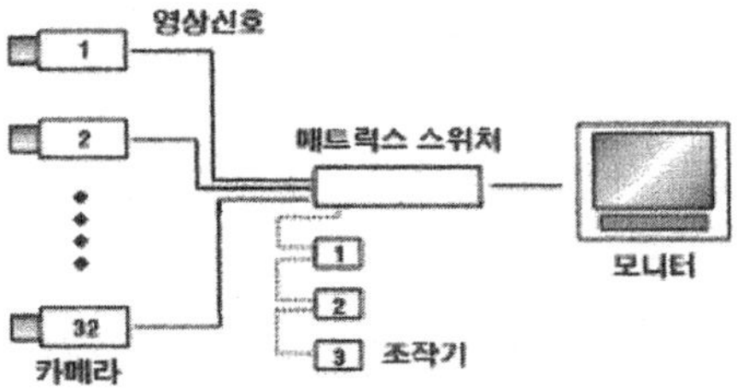

그림의 사례는 카메라 32대, 모니터 8대, 조작기 3대의 예이다. 각각의 모니터는 독립하여 32대의 어떤 카메라에서도 선택할 수 있다.

3) 타임랩스 VTR(Video Tape Recorder)

카지노 내부에 설치된 모든 카메라는 기본적으로 1:1로 연결되어 있어야 하며 해당화면의 게임오픈 / 크로즈나 중요한 룸의 녹화에는 언제든지 테이프만 넣으면 녹화가 시작되도록 구성되어야 한다.

VTR로 직접 입력되는 영상신호는 CPU를 거치지 않는 신호이므로 ID, Time등이 화면에 녹화되지 않아 해당 화면을 보더라도 시간이나 장소가 불분명하면 자료로서의 가치가 없으므로 별도의 ID, 타임 제너레이터를 사용하여 녹화화면에 나타나도록 하여야 한다.

각 주요실 출입문 및 출납, 환전, 테이크실, 전산실, 운영실 등에는 별도의 카드리더를 이용한 출입문 통제용 카드-키를 설치하여 인가자 외에는 지정된 장소에 출입이 불가능하도록 하며, 카드를 가지고 정상적으로 입출하는 사람들도 사용자가 원하는 시간, 장소별로 녹화가 가능하며, 입출이 거절된 상황도 카메라에 의해 녹화할 수 있다.

각종 녹화용 VTR의 녹화상태 감시를 위해 별도의 오토레코딩 엑놀래지(Auto Recording Acknowledge)스윗처에 두어 현재 녹화되고 있는 VTR의 녹화상태를 임의로 선정 10인치 소형모니터(Monitor)에서 녹화상태의 이상 유무를 확인할 수 있게 시스템이 구성되어야 한다.

각종 감시용 모니터는 녹화용 VTR과 별도로 운영되어야 하며 이의 컨트롤은 "데이트 비디오 메트릭스" CPU 및 익스팬션 유니트(Expansion-Units)를 걸쳐 CCTV용 키-보드로 콘트롤되어져야 한다. 운영자가 감시를 용이하게 할 수 있도록 기본 16대 이상의 모니터와 4대 이상의 마스터 모니터에 영상의 디스플레이가 가능하여야 하며 어떤 모니터에 어떤 카메라 화면도 호출하여 줌, 회전, 카메라조도 및 조절 등의 기능을 수행할 수 있어야 하고 이상의 모든 상태는 VTR에 녹화가 될 수 있어야 한다.

VTR을 장기간 사용하는 경우는 열의 발생으로 헤드에 무리가 가거나 화면이 무너시는 등의 분제가 생길 수가 있으므로 VTR선반의 뒤편은 항상 통풍이 되도록 설치하며, 지나치게 열이 많이 발생할 경우는 별도의 에어컨디션을 설치하여 적절한 온도를 맞추어 항상 좋은 화질을 얻을 수 있다.

VTR은 A/S등 사후관리를 잘 유지하여 고장이나 오동작시 언제나 빠른 조치가 이루어질 수 있어야 하며, VTR의 고장으로 주요화면 녹화를 놓치지 않도록 철저한 점검과 안전한 설비가 이루어져야 한다.

녹화된 테이프는 정해진 내부의 일정기간을 보관하되 습기가 많고 먼지가 많은 곳에 보관하면 녹화화질과 관계없이 자체적으로 테이프가 늘어지거나 화면이 무너지는 현상이 생길 수 있으므로 테이프를 보관하는 장소는 항상 항온, 항습을 유지할 수 있어야 한다. 자동녹화시스템은 LAN(Local Area Network)시스템과 연동하여 로칼의 LAN시스템에 보내져 오는 신호를 받아 오픈되면 자동녹화가 시작되고 전면

의 그래픽 맵(Graphic Map)에 자동녹화 불이 들어오고, 운영자가 녹화상태를 확인하고 싶을 때는 “ARAS”를 통해 10인치 모니터로 원하는 모든 화면을 수시로 테스트 할 수 있으므로 녹화가 되지 않을 경우는 수동으로 사용할 수도 있다.

4) 프레임스윗쳐(Frame Switcher)

- 다수의 카메라 영상을 1화면씩 순차적으로 전환하여 최대 8대에서 16대까지 카메라 영상을 하나의 VCR에 녹화할 수 있도록 하는 기기이다.
- 모니터 상에는 1개의 고정화면 또는 순차적으로 화면이 변화하여도 VTR녹화는 8개 모두 동시에 녹화되며, 이는 쿼드(Quard)의 단점을 커버할 수 있다.
- 영상은 1 / 24초를 하나의 프레임으로 구성하고 VTR에 녹화하는데 이 VTR녹화 시간인 1 / 24초를 다시 8~16등분(카메라의 대수만큼)하여 1~16개의 영상을 개별 녹화시킨다. 이에 녹화된 영상은 리얼타임영상(1초에 24프레임)이 아니며 구분동장으로 녹화된 영상이다.
- 재생은 다시 프레임 스윗처를 통하여 운영자가 보고자하는 1개의 화면만 재생한다.
- 단, 4분할은 되지 않으며 재생은 반드시 프레임 스윗처를 통해서만 가능하며 중소형 시스템에 적합하다.

다수의 카메라 영상을 풀 프레임으로 1초간의 코마(Comma)를 되도록 많이 모두 녹화하고 싶은 경우 카메라 대수만큼 VTR이 있다면 문제가 없으나 일반적으로 경비, 장소문제로 프레임 스윗처를 사용한다.

① 프레임 스윗쳐는 각 카메라의 영상을 프레임 또는 필드마다 교체하여 VTR에 기록한다.

② 프레임 스윗쳐는 카메라 대수 4,8,16대용이 있으며 <그림-8>과 같이 1~8, 1~8과 1 / 30초마다 녹화하고 재생영상은 1로부터 8의 카메라 영상을 임의로 하나를 선택하여 1번만을 혹은 2번만을 혹은 8번만을 보는 것이 가능하다.

③ 카메라 8대의 경우는 각 카메라 영상의 코마간격은 8 / 30초 8대 카메라의 입력영상을 4분할 / 9분할 영상 표시로서 감시기능 16대용의 프레임 스윗쳐는 16분할 영상표시가 가능하다.

〈그림-8〉

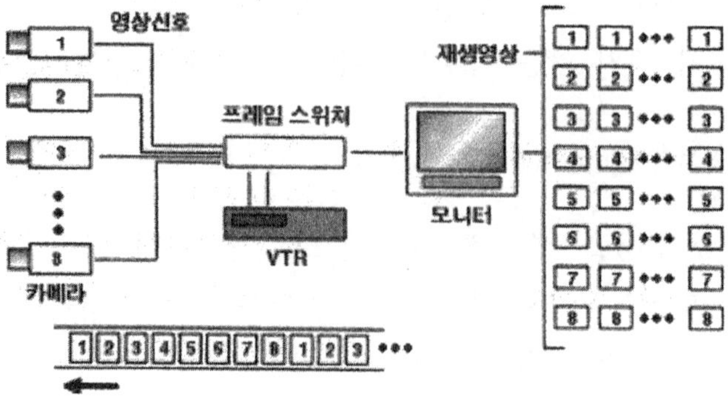

5) 콰드 스플리터(Quard Splitters)

- 4개의 개별 영상을 입력받아 1개의 화면에 4분할해서 동시 감시하는 장비이며, 일반 감시목적에 많이 사용하고 있는 장치이다.
- 컬러, 흑백전용과 칼러와 흑백이 가능한 제품 등이 있다.
- 1개의 화면에 최대 4개까지 화면이 분할되므로 17″이상의 모니터를 사용하는 것이 가장 좋다. 이는 모니터 화면이 너무 작으면 제대로 영상을 감시하기 어렵기 때문이다.
- 단점으로는 화면에 보고 있는 상태에서 녹화하고 재생하였을 경우, 1개의 확대화면으로는 볼 수 없다.
- 모니터에 자체적으로 화면분할 기능을 갖고 있는 제품도 있다.

〈그림-9〉

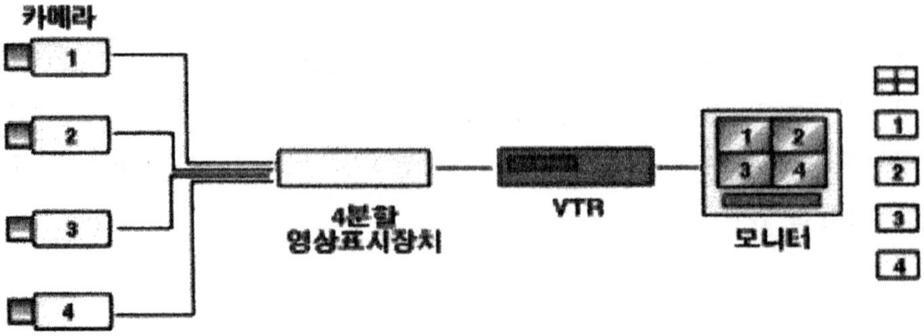

6) 비디오 센서(Video Sensor)

비디오 센서는 영상에 변화가 있는 경우만을 자동 검출하여 알람을 발생시켜 감시하는 장치이다. 이 장치는 <그림-10 >과 같이 모니터 화면 내에 검출될 수 있는 장소에 크기와 위치를 가변되도록 적은 윈도우를 설정한다.

이 윈도우에 변화가 있다면 알람을 발생한다. 원리는 밝음, 콘트라스트의 변화를 검출한다. 사용하는 경우 다음과 같은 특성이 있다.

- 센서는 윈도우 내의 밝음 또는 색의변화를 검출하여 이상신호를 발생한다.
- 환경조건(주위의 밝음이 변화하는 조건)을 충분히 검토할 필요가 있다. 윈도우에 침입자가 들어와 콘트라스트(Contrast)가 변화할 뿐만 아니라 전체에 밝음이 급격히 변화하여도 침입자가 있다는 판단을 요한다.
  윈도우 기술에 의하여 교묘하게 잘못된 판단을 피하는 것이 행하여지고 있으나 완전하지는 않다. 원리적으로 배경과 같은 밝음의 물체가 있다면 검출되지 않는다.
- 검출대상 장소에 센서 윈도우를 세팅하며, 센서윈도우의 크기, 숫자, 위치는 자유로이 설정할 수 있다.
- 화면내의 특정장소에서 검출하는 방식과 전 화면에서 과거의 현재를 비교하여 변화가 있다면 이상신호를 발생하는 방식이 두 가지가 있다.
- 기타 밝음의 변화뿐만 아니라 이동물체만을 검출하는 무빙(Moving) 또는 모션딕테이터(Motion Dictator)도 있다.

〈그림 1-10〉

7) 캐릭터제너레이션(Character Generation)

카메라 영상의 화면에 문자 및 간단한 도형을 삽입하는 장치이다. 표시 화면의 장소를 빨리 판별하기 위해 사용된다. 최근의 DSP(디지털신호처리)카메라는 알파벳, 숫자를 카메라에 발생시켜 화면에 삽입하는 기능을 가지고 있다. 캐릭터 제너레이터는 가나문자, 영숫자, 한자 등을 발생할 수 있는 주변 기기로서 이용된다.

8) 펜 틸트(Pan / Tilt)

- 카메라를 상하-좌우 회전하는 회전기로 감시범위를 확장하기 위한 장비이며 카메라의 영상에 잡히지 않는 부분(사각지역)을 해소하기 위한 장비이다.
- 스틸(Steel) 및 플라스틱 압축물로 제작되며 탑재능력 및 방수여부에 따라 구분된다.
- 팬 틸트(Pan / Tilt)는 탑재 중량에 따라 소, 중, 대형으로 구분된다(설치하고자 하는 카메라와 기타장비의 중량에 따라 적합한 팬 틸트를 선정해야 한다).

9) 옴니스캔(Omniscan)

주변 인테리어와도 주화를 이룰 수 있도록 설계 제작된 돔(Dome)형태의 장치로 인테리어를 중시하는 고급건물과 보안을 중시하는 중요 건물에 주로 사용되며, 카메라 하우징과 팬 / 틸트기능을 동시에 수행할 수 있다.

팬 / 틸트구조물과 상단 덮개는 천정위쪽에 설치하도록 노출을 최소화했고, 팬/틸트 구조물은 회전 시에 소음과 진동을 최소화하기 위해 DC스테핑모터를 사용한다.

하단 커버부분은 카메라의 영상에 직접적인 영향을 주므로 빛과 투과물이 좋으며, 굴절현상이 없도록 고급소재의 특수기술로 제작된다.

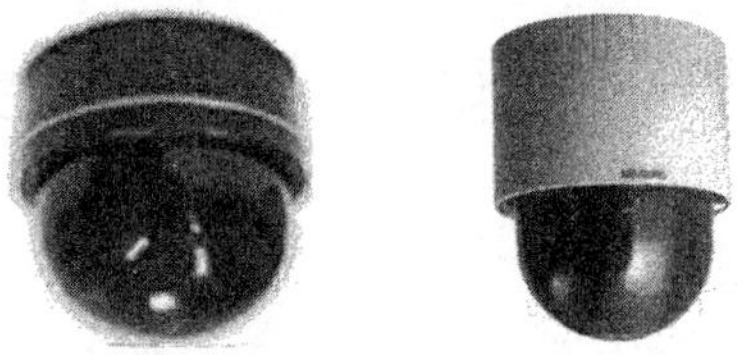

10) 브라켓과폴스탠드(Bracket&Polestand)

- 카메라를 고정시키기 위한 장비로 실내에는 브라켓(Bracket), 실외에는 폴스탠드(Polestand)를 사용한다.
- 브라켓은 천정취칠부형과 벽위부형으로 구분되며 현장여건에 적당한 제품을 선택하여 사용한다.
- 폴스탠드는 최대 90kg까지 적재할 수 있어야하며, 녹슬지 않도록 녹방지 동장을 하거나, 스테인레스 스틸(Stainless Steel)로 제작한다.

7. 카지노 CCTV시스템 컨셉(Concept)및 흐름도(Flow Chart)

1) CCTV 시스템 컨셉〈도면-2〉

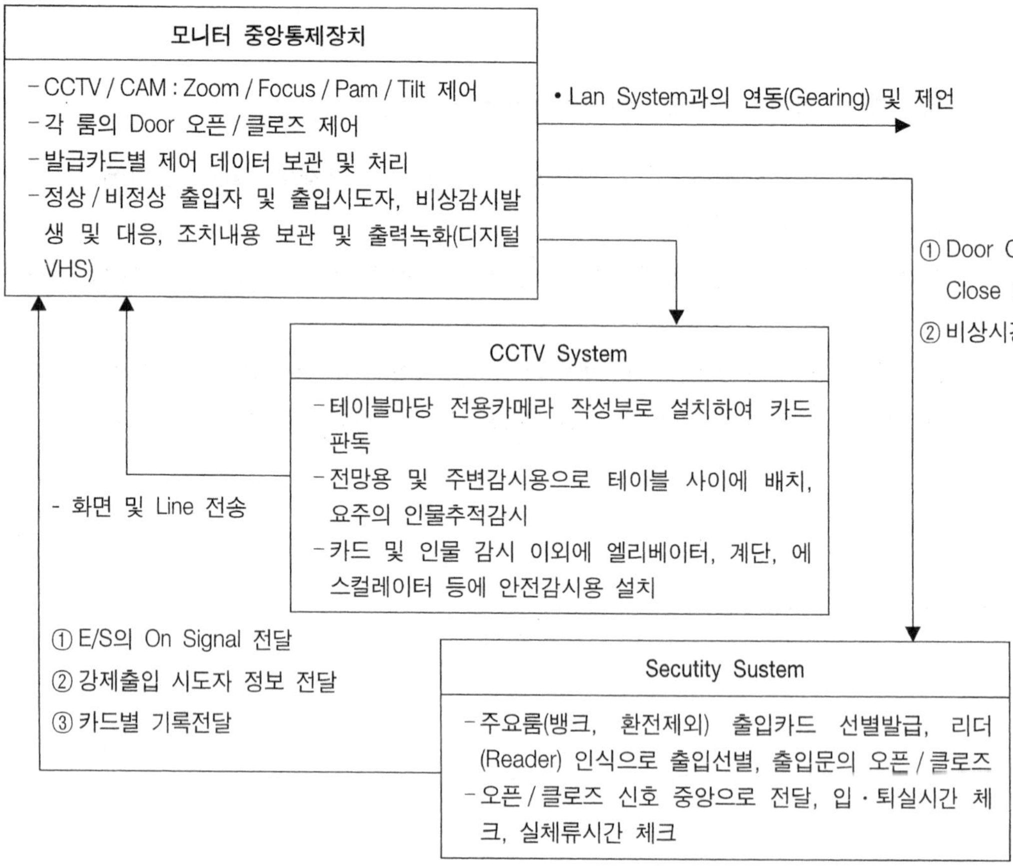

2) 시스템 흐름도〈도면-3〉

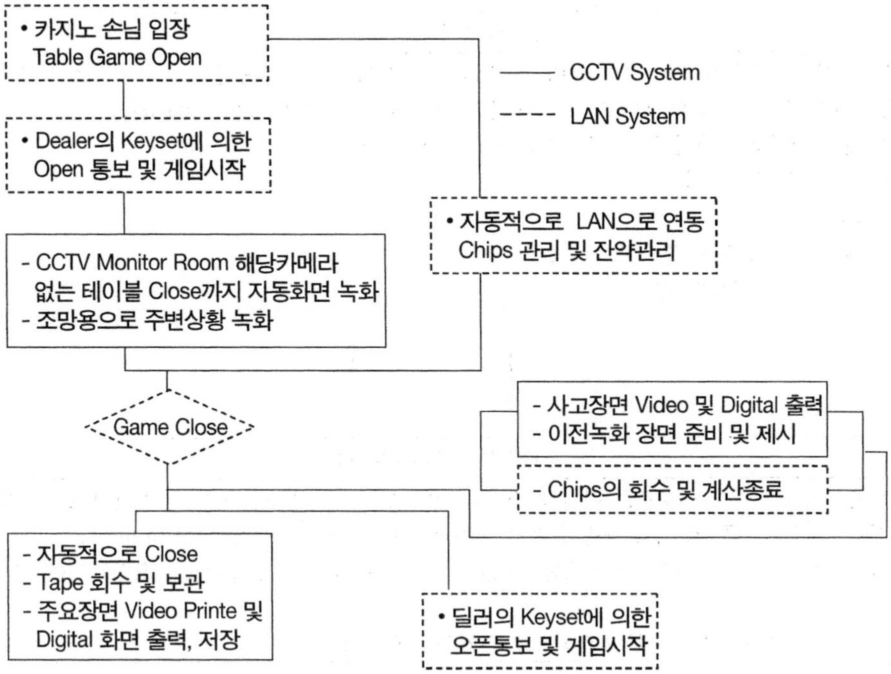
• 카지노 손님 입장
Table Game Open
CCTV System
LAN System
• Dealer의 Keyset에 의한
Open 통보 및 게임시작
• 자동적으로 LAN으로 연동
Chips 관리 및 잔약관리
- CCTV Monitor Room 해당카메라
없는 테이블 Close까지 자동화면 녹화
- 조망용으로 주변상황 녹화
Game Close
- 사고장면 Video 및 Digital 출력
- 이전녹화 장면 준비 및 제시
- Chips의 회수 및 계산종료
- 자동적으로 Close
- Tape 회수 및 보관
- 주요장면 Video Printe 및
Digital 화면 출력, 저장
• 딜러의 Keyset에 의한
오픈통보 및 게임시작

3) 시스템 구성요소

〈도면 -4〉

Local CCTV Camera
-카메라, 10Xfna 렌즈(5~50mm), 리시버 팬 / 틸트 등이 하나로 구성된 일체형 카메라를 사용한다. -동축 케이블 1가닥에 영상, 데이터 신호를 같이 전송할 수 있는 비콕스(Bicoax)타입. -빛의 3원색 R,G,B 신호를 각각 디지털처리한 고감도 카메라 -자체적으로 ID지정이 가능 -ALG, AGC 기능 -초당 24° / Sec 초고속 팬 / 틸트채용 -360° 엔들레스(Endless)회전.

↓ ↑

CCTV Video MatriX
-동축 한가닥에 비디오 신호뿐만 아니라, 데이터 신호까지 실어보내는 비콕스 시스템으로 배선의 간소화는 물론 결선의 오류 및 접촉 불량 등에서 오는 오작동을 막을 수 있는 시스템이다. -데이터 전송처리가 길 경우 RS-485통신지원도 가능하며, 내부신호 교환등에 RX-232통신을 할 수 있다. -모든 프로그램이 메뉴방식으로 처리되므로 사용자가 편리하다.

Local CCTV Camera
-도어(Door)를 오픈 / 클로즈 시키는 직접적인 장비로 문에 설치된다. -통전(通全)시 열리는 타입으로 접전시에도 도난의 위험이 없으므로 비상시에는 강제 오픈이 가능하다.

↓ ↑

Card Reader
-발급된 카드의 데이터를 읽어 들이는 기기로 문의 오른쪽 벽면에 노출또는 매립형 으로 설치가 가능하며, 프락스미티(Praximity) 즉 근접식이다. -설치상태, 통신유무 등을 자체 확인하여 경보음 발생으로 운영자에게 통보가 가능하다.

↑ ↓

Alarm Control Unit
-최대 8개의 리더(Reader)까지 조정 및 백-업이 가능한 장비로 제어(制御)시스템 및 프로토콜(Protocol)오픈 등의 기능을 수행.

↑ ↓

Card Key 制御 System
-최대 128리터, 24,000카드, 512그레이드분류, 768출력 접점까지 확장이 가능한 대용량 시스템으로 효율적임. -안정성 및 편리성이 입증된 윈도우 95환경에서 운영되므로 멀티 테스킹(Multi Tasking) 및 엑셀. -운영프로그램이 한글지원으로 더욱 편리함.

제7절 카지노 서베일런스 기기의 기능 및 사양

1. 칼라 CCD 카메라

1) 기능(Function)

기존 영업장 테이블 감시용 카메라는 직상부에 "다운라이트타입(Down Light Type)"의 하우징 안쪽에 카메라 "브랙킷(Bracket)"를 부착하고 카메라 부분만 천장 밑으로 약 7cm정도만 노출되도록 설치하여 기존의 타입에 비해 노출도 많이 되지 않으면서 다양한 기능을 발휘할 수 있다.

크기가 130mmΦ 정도의 크기로 카메라, 렌즈, 돔 하우징, 리시버 등이 일체형으로 조합된 고기능의 카메라로 카메라의 선명도가 480Tvl로 고화질이며 렌즈는 5~50mm의 10배줌을 채용하여 저배율일 경우, 가까운 카드 판독이나 사람들의 얼굴 판단등에 애용될 수 있으며 최대 50mm의 고배율로 감시할 때는 넓게 감시할 수 있다.

Pan / Tilt는 수동조작시 최소 3°/Sec에서 20°/Sec까지 자유자재로 스피디콘트롤이 가능하므로 다양한 위치에 빠르게 감시 및 녹화할 수 있다.

2) 기기별 사양

전원 : 24V AC, 60Hz
소비전원 : 9W
크기 : Φ130mm × 191mm
무게 : 2kg
카메라– 픽업방법 : 인터라인, 동시에 2라인을 저장하여 기록
픽업장치 : 1 / 3"CCD, 보색칼러필드
스캐닝 : 525라인, 60필드, 30프레임
해상도 : H480Tvl, V350Tvl
신호대잡음비 : 48 dB
최저조도 : 3 Lux

기능– 카메라 ID(16캐릭터, 포지션)
ALC / Mannal
전자셔터(8단계), AGC on / off
렌즈– 초점거리 : 5~ 50mm(×10)
최대구경비 : F1,2(Wide)~F 1.9(Tele)
최소피사체거리 : 1.2M
아이리스(Iris) : Auto / Manual

2. 콘트롤러(Controller)

1) Pan, Tilt, Zoom 콘트롤러(SJ480 1PZx)

팬 / 틸트 헤드로부터 구동신호가 제어실로 직접 들어올 때 사용하여 팬(Pan), 틸트(Tilt), 포커스(Focus), 파워를 제어한다.

파워(Power) 제어 출력에 있어 오토–팬, 라이트, 와이퍼 등의 기능으로 응용할 수 있다.

AC24V는 공통단자가 있어 별도의 감압변압기(Down Transformer)를 사용할 필요가 없다.

◇ Specification

구 분	내 용
• 사용전압	- AC110 / 220V 60Hz
• 변동전압 변동률	- 10% 이내
• 재질	- 앞면 : 알루미늄, 카버 : 스틸1.0t
• 도장	- 텍스초 분체
• 색상	- KC Gray
• 사용전력	- 6W 이하
• 중량	- 3.8kg
• 사이즈	- 432DX300WX44H
• 제어출력수	- 1ch / 2ch / 4ch
• 렌즈출력전압	- DC +- 12V
• 감지기입력수	- 8개

② 팬 / 틸트의 기능

- 카메라를 상하-좌우-회전하는 회전기로 감시범위를 확장하기 위한 장비이며, 카메라의 영상에 잡히지 않는 부분(사각지역)을 해소하기 위한 장비이다.
- 스틸(Steel) 및 플라스틱 압축물로 제작되며 탑제능력 및 방수 여부에 따라 구분된다.
- 팬 / 틸트는 탑재 중량에 따라 소, 중, 대형으로 구분된다(설치하고자 하는 카메라와 기타 장비의 중량에 따라 적합한 팬. 틸트를 선정해야 한다).

2) 카메라콘트롤리시버(Camera Control Receiver) 돔-카메라용

돔형카메라를 제어하는 리시버로서 MPU, CPU, Control Keyboard 등의 제어기로부터 신호를 받아 프로트콜(Protocol)로 변환 후 돔-카메라로 RS-485방식으로 데이터를 출력한다. 카메라 전원을 제어할 수 있는 릴레이(Relay)접점이 출력된다.

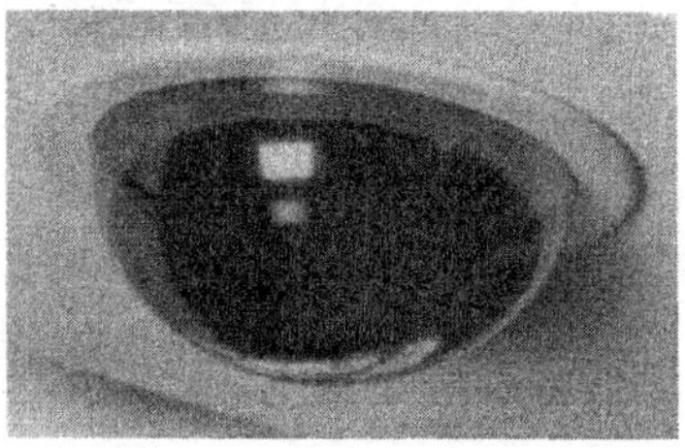

◇ Specification

구 분	내 역
• 사용전압 • 압력전압변동률 • 재질 • 색상 • 사용전력 • 중량 • 사이즈 • 라인구동방식 • 제어출력방식 • Light 릴레이 허용전류	– AC110 / 220V 60Hz – 10%이내 – ABC사출 – 백색 – 10W 이하(Load전력제외) – 3.2kg – 185 DX276WX150H – 커렌트루프(Current Loop) – 8A

3) 카메라콘트롤리시버 동축케이블 제어방식

리시버제어 데이터를 따로 포섭하지 않고 영상용 동축케이블 한가닥으로 제어되는 리시버로서 제어 데이터용 케이블이 불필요하여 설비비의 원가를 절감할 수 있다.

이 기기를 사용하기 위해서는 영상신호에 데이터 신호를 합성해주는 "Date Compositor" 가 제어기 쪽에 설치되어야 한다.

컴포지터에 연결된 동축 케이블 번호에 의해서 지정되므로 이 기기에는 번호를 설정할 스윗처는 따로 없다.

◇ Specification

구 분	내 역
• 사용전압	– AC 110 / 220V 60Hz
• 압력전압 변동률	– 10 % 이내
• 재질	– 앞면 : 알루미늄 형판주물, 카버 : 스틸 1.0t
• 도장	– 텍스초분체
• 색상	– KC회색
• 사이즈	– 432 X 300 W X 44H
• 제어출력수	– 8 ch
• 출력당 허용전류	– 3A
• 출력컨넥터	– 220V 무접지형 콘센트

4) 신호분배기(Signal Distribution Unit)

리시버의 제어 케이블은 멀티드롭방식(Multi Drop)을 사용함으로써 여러 대의 리시버(RX)가 병렬로 연결된다. 각 리시버의 케이블이 멀티 드롭으로 연결되지 못하고 각각의 리시버 케이블이 또는 여러 리시버가 그룹으로 묶여야 하는 현장조건일 때 신호분배기를 사용해야 한다.

◇ Specification

구 분	내 역
• 사용전압	- AC 110 / 220V 60Hz
• 압력전압변동률	- 10%이내
• 재질	- 앞면 : 알루미늄형판주물, 카버 : 스틸 1.0t
• 도장	- 텍스초 분체
• 색상	- KC회색
• 사용전력	- 5W이하
• 중량	- 3.4kg
• 사이즈	- 432 D X 300W X 44H
• 분배출력수	- 8ch

5) 데이트 컴퍼지터(Date Compositor)

리시버(PTZ Control Receiver)를 제어할 때 케이블을 따로 표설하지 않고 카메라와 연결된 동축 케이블에 영상과 데이터를 출합하는 기기로서 제어선의 구매비용과 설비비용을 절감할 수 있는 장비이다.

이 기기를 이용할 때 원-케이블(One-Cable)방식의 사용리시버를 사용해야 한다. 이 기기는 기본 16채널이며 카메라로 부터의 동축케이블이 이 장비를 거쳐서 다음 장비로 영상을 출력한다.

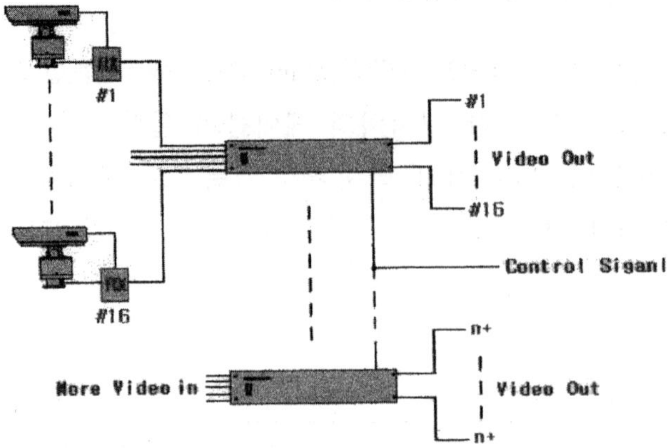

◇ Specification

구 분	내 역
• 사용전압	- AC 110 / 220V 60Hz
• 압력전압변동률	- 10%이내
• 재질	- 앞면 : 알루미늄형판주물, 카버 : 스틸 1.0t
• 도장	- 텍스초 분체
• 색상	- KC 그레이
• 사용전력	- 8 W 이하(4ch)
• 중량	- 3.2kg Max
• 사이즈	- 139 D X 220W X 95H
• 영상 입·출력수	- 16ch

3. 비디오 콘트롤(Video Control)

1) 비디오 메트릭스 스윗처(Video MatriX Switcher)

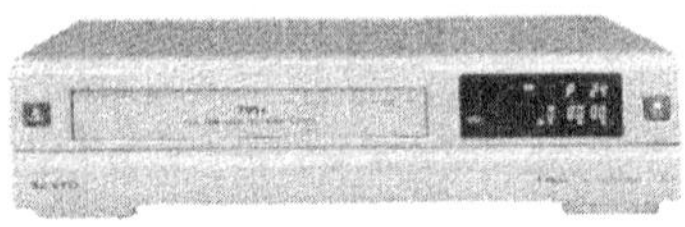

① 기능

카메라 영상을 자유자재로 모니터로 선택 출력하는 기기로서 이 기기는 단독으로 동작할 수 없으며 MPU(Multi Processing Unit) 또는 CPU(Central Processing Unit) 등의 기기와 연결되어 사용된다.

Local에서 수신되는 카메라 신호를 기본 128ch 확장시 256대까지 수용이 가능하고

또한 48대의 모니터-아웃이 가능하며 모든 기기의 조정은 콘트롤 키이보드(Control Key Board)로 시행한다. 별도의 알람 인터페이스 보드(Alarm Inter-face Board)를 삽입하여 오프닝, 클로징 S / W등의 신호를 받아 그래픽 맵(Graphic Map) 자동녹화 등을 수행하는 기능이 있으며, 각종 데이터를 송출하는 리시브의 신호를 비디오 신호와 같이 "원싱글케이블"로 전송된다.

② 기기별 사양

최대입력 : 256ch Input

최대출력 : 48ch Output

최대사용 키-보드 : 8 ch

VCR연결 : 32대까지 가능

알람입력 : 최대 128대 입력

프린터 및 RS-232C로 타 컴퓨터와 연결가능

2) 키이보드(Key Board)

여기서 사용하는 키-보드는 CCTV전용 키-보드로 조정이 사용자 위주로 이루어지도록 자판이 구성되어 있다. 위쪽에 LCD 디스플레이가 가능하도록 LCD 창이 표시되며 상하좌우 조절은 조이스틱으로 간단하게 이루어지도록 구성되어 있어야 한다. 비디오 메트릭스 및 콘토릭스 키-보드는 사용이 간편하고 차후 시스템 증설시 확장이용이 하여야 하며 고장이적고 A/S가 우수하고 신뢰성이 있는 제품을 사용하여야 한다. 데스크 설치 이외에도 락(Rack)에 부착할 수 있어야 한다.

① 기능

로컬카메라(Local Camera)의 조정, 모니터(Monitor)선택, 카메라의 회전, 줌(Zoom), 포커스(Focus), 아이리스(Iris) 등의 기본 조정외에 알람 프로그램(Alarm Program) 입력, 프리셋트 포지션(pre-set Position) 입력, 투어시퀀스(Tour Sequence) 조정, 살보(Salvo)기능 조정, 각종 데이트(Date)의 송출 등 메트릭스와 관계된 모든 조정기능을 수행한다.

② 기기별 사양

- 알람표시 기능
- LCD창에 디스플레이 되어 메뉴 프로그램 진행

- 상하-좌우-줌, 포커스, 아이리스 조정
- 카메라 및 모니터 송출
- 프리셋트 및 알람입력
- 투어 시퀀스 및 살보기능 수항
- 보조(AUX) S/W조정기능

3) 칼라모니터(Color Monitor)

카메라에 의해 포착된 영상은 통제 장비인 모니터로 전송되어진다. 일반적인 CCTV모니터는 전파를 수신하는 튜닝장치를 제외하고는 TV수상기와 같은 구조로 구성되어 있다.

① 기능

CATV용 고화질 모니터로 수평해상도가 500라인 이상이며 컴포지트(Composite)신호 외에도 y/C, S-VHS 등의 신호 입력이 가능한 고급 장비이다.

② 기기별 사양

입력전원 : AC 90 ~ 250W
소비전력 : 정상 65W, 최대 95W
수평해상도 : 500Tvl
입력신호 : IVp-p 75onm
CTR : 14″ 9″ 편향
입력카메라 : 2ch
오토 실렉션 : 타임조절 및 선택기능(2ch)
입출력단자 : BNC, Y / C 입력자
크기 : 365 × 316 × 366mm
무게 : 13kg

③ 모니터의 종류와 성능

비디오 카메라 등 각종 신호를 사람이 감시하기 위한 장비인 모니터는 영상의 품질체크, 영상프로그램 제작상의 체크, CCTV감시용 화면체크 등으로 대별할 수 있다.

마스터 모니터는 화상을 정확히 체크하기 위해 방송국이나 프로덕션에서 드라마 촬영이나 방송 프로그램 촬영 시 화상을 저장하는 것으로 색 재현, 화면의 이그러짐, 해상도 등 종합적으로 우수한 특성이 요구된다. 라인모니터는 일반 화상 체크용으로 방송국이나 프로덕션에서 촬영 시 화상을 감시하는 모니터로 마스터 모니터에 비해 그리 우수한 특성이 요구되지 않는다.

감시용 모니터는 장시간 사용할 수 있는 최고의 신뢰성이 요구된다. 모니터의 성능은 전기회로의 안정도와 브라운관에 의해 좌우되는데, 가장 중요한 것은 백색 균일도, 해상도, 명암비등이 높고 밝아야 한다.

백색균일도는 색순도를 완전하게 조정한 상태에서 콘트라스트를 최소로 하고 밝기를 올려가면 화면 전체에서 백색이 일정하게 표시되는가를 체크하는 것으로 CRT의 형광체 피치가 적을수록 색 번짐 현상이 일어나기 쉬워 백색균일도는 저하된다.

이에 성능을 높이려면 최종적으로 편향코일을 장착할 때 정확히 조정할 필요가 있으며, 해상도를 높이기 위해서는 브라운관 내부에 있는 세도우 마스크의 구멍이 작을수록 해상도는 높다.

④ 모니터의 선정

대부분의 모니터는 전량 CRT를 사용한 것이였지만, 최근에는 평면이 특징인 LCD나 플리스마가 상품화 되어 CCTV분야에서도 사용되기 시작하고 있다.

CRT는 TV용과 컬러 모니터에 따라 크게 다른데, TV용은 아름다운 색 재현에 중점을 두고 있으나 컬러모니터용은 충실한 색 재현에 중점을 두고 있어 시각상으로도 TV와 모니터에서 재현되는 화면에 따라 색은 다소 차이가 있다.

CCTV 모니터의 종류는 컬러인 경우 대개 10인치, 15인치, 21인치, 29인치가 있으며 흑백인 경우는 9인치, 14인치, 17인치, 20인치 등이 대체로 많이 쓰고 있다. 일반 수상기를 접근시켜 서로 다른 CCTV카메라 영상을 표시하게 되면 미소한 수평 주파수차로 발생하는 전자기 유도에 의해 노이즈가 발생할 수 있으므로 수상기 사이에는 전자 유도방지용 차폐막을 삽입할 필요가 있다.

LCD모니터는 14인치가 주류를 이루고 있고, 플리스마 모니터는 42인치 이상도 있다. 모니터의 화면크기를 선택하는 기준은 모니터를 설치하는 장소에 제약이 따르므로 사용자의 취향도 어느 정도 고려하면서 인체공학적으로 보는 장소에서 모니터까지의 거리, 화면높이 등을 다각도로 선정한다.

⑤ 모니터의 관리

컬러모니터는 자계의 영향을 많이 받으므로 강한 자성체나 스피커와 가급적 멀리 설치해야 하며, 여러 대의 모니터를 사용하는 것이 바람직하다. 또한 설치장소로는 내부에서 열이나는 부분이 많으므로 통풍이 잘되는 곳과 직사광선이나, 습기가 없는 곳이 바람직하며, 필히 내부에서 물이나 액체가 흘러들지 않도록 해야 한다.

컬러모니터의 브라운관은 고압으로 작동되므로 전면 유리에 많은 먼지가 붙어 계속 사용시에는 밝기가 떨어지는 문제점이 있다. 그러므로 사용자는 한 달에 한번정도 전면 유리를 닦아 주어야 하며, 내부에 높은 전압(25K)부분이 있어 화재나 감전의 위험이 있으므로 함부로 뒷 커버를 열어서는 안 된다.

4) 케이블 보정기(Cable Compensator)

원거리로 전송되는 영상신호의 열화현상을 보정하고 카메라와 주장비와의 사이에 접지로 인한 전위차노이즈를 입력과 출력을 전기적으로 절연하여 노이즈를 제거하는 기기이다.

기기전면에는 영상신호의 레벨조정용 볼륨과 고주파성분을 보상할 수 있도록 고역(Toil) 보상용 볼륨이 있다. 이 기기는 동축케이블에 직접 유입되어 발생되는 "노멀 모드 노이즈(Normal Mode Noise)"에는 효과가 없으며 반드시 접지에 의한 "컴먼 모드 노이즈(Common Mode Noise)" 발생에만 효과가 있다.

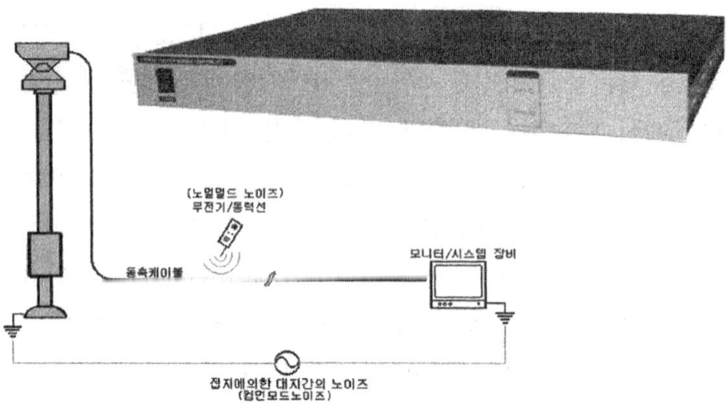

◇ Specification

구 분	내 역
• 사용전압	- AC 110 / 220V 60Hz
• 압력전압변동률	- 10%이내
• 입출력영상신호	- 1.0 Vp-p
• 임피던스(Impedance)	- 75Ω
• 입출력 컨넥터	- 1Ch
• 영상 입·출력수	- 1Ch
• 총 채널수	- 4Ch
• 재질	- 앞면 : 알루미늄형판주물, 커버 : 스틸 1.0t
• 도장	- 텍스초 분체
• 색상	- KC 그레이
• 입력코드	- 3Pin 접지 SVP모드
• 사용전력	- 10W이하
• 중량	- 4.5kg
• 사이즈	- 432DX300WX44H

5) 멀티 쿼드 뷰(Multi Quad View)

- 4개의 개별 영상을 입력받아 1개의 화면에 4분할해서 동시 감시하는 장비이며, 가장 일반적으로 많이 사용된다.
- 컬러, 흑백전용과 컬러와 흑백 전용이 가능한 제품도 있다.
- 1개의 화면에 최대 4개까지 화면이 분할되기 때문에 17″이상의 모니터를 사용하는 것이 이상적이다(모니터화면이 작으면 제대로 영상을 감시하기 어렵다).
- 단점으로는 화면에 보고 있는 상태로만 녹화가 된다. 즉 4분할 상태에서 녹화되고 재생하였을 때 1개의 확대화면으로는 볼 수 없다.
- 모니터에 자체적으로 화면분할 기능을 갖고 있는 제품도 있다.
- 중, 소형 시스템에 적합한 기기로 각 영상에는 ID, 시간/날짜가 표시되고 "프리즈(Freeze)" 기능과 "풀 스크린(Full Screen)" 다기능 등이 있다.
- SJ4808MQ는 8개의 영상을 출력할 수 있으며 4화면을 A/B 두 화면으로 나눌 수도 있으며, 콘트롤 키보드로 리모트 제어가 가능하도록 RS-232 / 커렌트 루프 포트가 있다.

◇ Specification

구 분	내 역
• 사용전압	- AC 110 / 220V 60Hz
• 입력전압변동률	- 10%이내
• 재질	- 앞면 : 알루미늄형판주물, 커버 : 스틸 1.0t
• 도장	- 텍스초분체
• 색상	- KC그레이
• 사용전력	- 12W이하(Load 전력 제외)
• 중량	- 3.4kg
• 사이즈	- 432DX300WX44H
• 영상입력수	- 8Ch
• 영상출력	- 모니터 / 쿼드
• 디스플레이레이트	- 30f / sec
• 알람 입력수	- 8Ch
• 비디오타입	- NTSC

6) ID와 타임제너레이터(Time Generator)

카메라 영상이 모니터에 표출될 때 카메라 번호, 위치 등을 문자 또는 기호 등으로 화면에 표시하여 영상을 녹화하거나 감시자가 어떤 카메라인지를 알아보기 쉽도록 한다.

외형은 19"랙형이며 OCD(On Screen Display) 카드 삽입에 따라 최대 16개 영상에 문자를 표시할 수 있다. 한글 입력이 가능하여 국내 시스템에 적당하다.

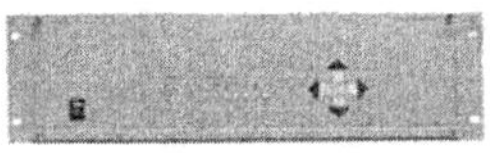

◇ Specification

구 분	내 역
• 사용전압	- AC 110 / 220V 60Hz
• 압력전압변동률	- 10%이내
• 재질	- 앞면 : 알루미늄형판주물 - 커버 : 스틸 1.0t
• 도장	- 텍스초분체
• 색상	
• 사용전력	
• 중량	- 8.8kg(Max)
• 사이즈	- 4820X300WX133H
• 영상입력수	- 16입력
• 영상출력수	- 16출력
• 시간표시형식	- 2006-03-01 12 : 55.3z
• ID문자수	- 영문기준 16자

4. 전송기(Transmission Unit)

1) FM변조기(Modulator)

본기기는 카메라에서 오는 영상신호를 FM으로 변조하여 장거리 전송되게 하여주는 기기로 카메라와 모니터 사이의 전위차, 노이즈 등 여러 가지 악조건에서도 영상신호를 전송하여 양질의 화면을 디스플레이 하여주는 기기이다.

- 최대 전송거리는 약 2km로 초과시에는 FM증폭기(Amplifier)를 사용한다.
- Video전송통과 비디오, 데이터합성 전송이 용이하다.

2) FM복조기(Demodulator)

복조기는 장거리 전송되어온 변조된 FM신호를 다시 비디오 신호로 복조(複調)하여 영상신호가 손실없이 깨끗한 화면을 모니터에 디스플레이 하여주는 기기이다.

영상신호를 베이스 밴드(Base Band)로 전송하는 데는 한계가 있으므로 영상신호를 변조하여 양질의 영상신호를 전송할 수 있는 기기이다.

FM머쥬레이터와 FM디머쥬레이터가 한 조로 구성되며 FM머쥬레이터에서 영상을 변조, 증폭하여 송신하고, FM디머쥬레이터에서 복원한다. 영상을 변조하여 전송하면 외부로부터 유입되는 각종 노이즈로부터 보호받을 수 있으므로 장거리 전송에도 사용되지만, 제철소와 같은 노이즈가 심한 지역에주로 사용된다.

◇ Specification

구 분	내 역
• 사용전압	-AC 110/220V 60Hz
• 입력전압변동률	-10%이내
• 재질	-ABS 사출
• 색상	-백색
• 사용전력	-4 이하
• 중량	-3.2kg(Max)
• 사이즈	-185DX276WX150H
• 변조 주파수	-10Mhz
• 영상입력레벨	-1Vp-p / 75ohm
• 전송처리	-약 2km / 10c 비디오케이블

5. 경보기(Alarm Unit)

감지기의 접점을 입력받아 경보를 처리하는 기기로 기본 24채널이고 AIU로 확장하면 96채널까지 확장이 가능하다.

경보 발생시 경보상황을 "그래픽 콘트롤러"와 연계하여 그래픽 램프를 구동할 수 있으며 AOU에 신호를 출력해서 경보출력을 릴레이로 출력할 수도 있다. 경보가 발생하면 프린터에 경보상황을 출력할 수도 있다.

경보가 발생하면 프린터에 경보상황을 출력할 수 있도록 프린트 포드가 준비되어 있다.

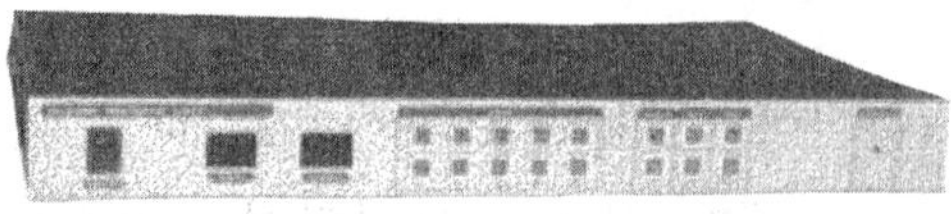

◇Specification

구 분	내 역
• 사용전압	- AC 110 / 220V 60Hz
• 압력전압변동률	- 10%이내
• 센서입력수	- 24Ch(AIU사용시 96채널까지 가능)
• 정보 출력수	- 1Ch 릴레이 출력
• 프린터 출력신호	- 병렬(Parallel)
• 재질	- 앞면 : 알루미늄다이캐스팅, 카버 : 스틸1.0t
• 도장	- 텍스초분체
• 색상	- KC그레이
• 입력코드	- 3Pin 접지 SVP코드
• 사용전력	- 10W이하
• 중량	- 3.4kg
• 사이즈	- 4320X300WX44H

6. 시스템 주변기기 관리장비

1) 통괄처리장치(Multi Processing Unit)

시스템 구성에서 주변기기를 통괄제어하는 기기로서 비디오 메트릭스, RX, ID / 타임제너레이터, 콘트롤키보드, 센서 등의 장비 등을 관리하는 장비이다.

이 기기는 중, 대형시스템에서 사용되며 256X64비디오 메트릭스, 경보시스템제어, 8대의 서브 키보드(Sub Keyboard) 컴퓨터콘트럴 시스템에 사용된다

각 키보드의 영상제어 가능/불가를 지정할 수 있어 특정 영상들을 볼 수 없도록 할 수 있다. 같은 리시버(RX)를 두 곳에서 동시에 제어할 경우 우선순위를 지정하여 순위가 높은 곳에서 우선 제어가 가능하도록 할 수 있다.

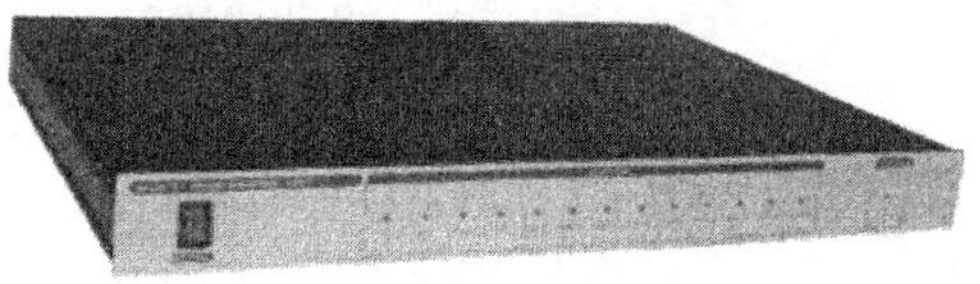

◇ Specification

구 분	내 역
• 사용전압	- AC 110 / 220V 60Hz
• 입력전압변동률	- 10%이내
• 재질	- 앞면 : 알루미늄형판주물, 커버 : 스틸 1.0t
• 도장	- 텍스초분체
• 색상	- KC그레이
• 사용전력	- 10W 이하
• 중량	- 3.8kg
• 사이즈	- 432DX300WX44H
• 제어기 연결 가능수	- 256X64 비디오메트릭스
• 감지기 제어능력	- 256센서(Sensor)
• ID 문자수	- 영문 16문자 / 한글8자

2) 중앙처리장치(Central Processing Unit)

시스템 구성에서 주변기기를 통괄 제어하는 기기로서 Video Matrix, RX ID / Time Generator, Controy Key Board 등의 장비들을 관리하는 장비이다.

◇ Specification

구 분	내 역
• 사용전압	- AC 110 / 220V 60Hz
• 입력전압 변동률	- 10%이내
• 재질	- 앞면 : 알루미늄형판주물, 커버 : 스틸 1.0t
• 도장	- 텍스초분체
• 색상	- KC그레이
• 사용전력	- 8W이하(4Ch)
• 중량	- 3.2kg(Max)
• 사이즈	- 139DX226WX95H

3) VTR 콘트롤러(Controller)

경보가 발생해서 자동 녹화나 사용자 임의의 녹화기를 조작할 때 CPU, MPU, 콘트롤 키이보드 등으로 원격 제어한다.

Record, Play, Stop, Rewind, Fast Forword 기능제어가 가능하며 릴레이 접점 출력방식과 리모콘 제어방식이 있다.

접점방식은 VTR의 전면 조작 스윗치로부터 선을 연결하는 방식이고 리모콘 방식은 VTR콘트롤러에 각 기능을 리모콘으로 데이터를 기억시켜서 VTR전면의 적외선 수광부에 적외선 발광소자를 붙여서 원격제어한다.

◇ Specification

구 분	내 역
• 사용전압	- AC 110 / 220V 60Hz
• 입력전압변동률	- 10%이내
• 재질	- 앞면 : 알루미늄형판주물, 커버 : 스틸 1.0t
• 도장	- 텍스초분체
• 색상	- KC그레이
• 사용전력	- 10W 이하
• 중량	- 3.2kg
• 사이즈	- 432DX300WX44h
• VTR제어출력수	- 1Ch / 2Ch / 3Ch
• 출력형식	- 노 -접점 또는 적외선

4) 쿼드 콘트롤러(Quad Controller)

화면 분할기를 단일 키이보드(Ketboard) 또는 시스템에 연결하여 제어하는 기기이다.

이 기기는 시스템과 연결해서 사용하며 단독동작기능은 없다.

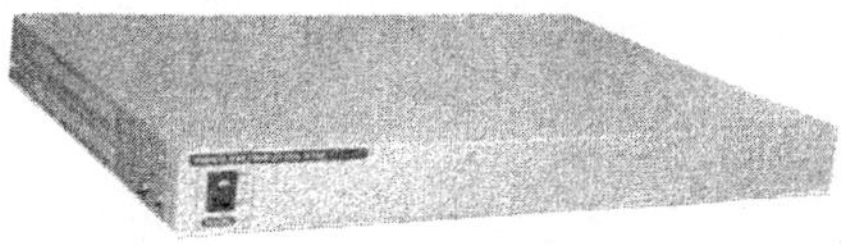

◇ Specification

구 분	내 역
• 사용전압	- AC 110 / 220V 60Hz
• 입력전압변동률	- 10%이내
• 재질	- 앞면 : 알루미늄형판주물, 커버 : 스틸 1.0t
• 도장	- 텍스초분체
• 색상	- KC그레이
• 사용전력	- 10W 이하
• 중량	- 3.4kg
• 사이즈	- 432DX300WX44h
• 쿼드제어출력수	- 1Ch / 2Ch / 4Ch
• 출력형식	- RS-232
• 출력 컨넥터	- 9Pin D-Sub Connector

※화려한 실내장식과 함께 게임 테이블 및 슬롯머신 위에는
수많은 미니돔 카메라가 설치되어 있는 카지노 내부전경

카지노 서베일런스 시스템의 이해

제2장

카지노 서베일런스 시스템의 운영

제2장 카지노 서베일런스 시스템의 운영

제1절 서베일런스 부서의 포지셔닝 및 업무관장

1. 서베일런스 부서의 위상(Positioning)

서베일런스 부서는 고유의 업무 특성상 카지노와는 경계(Border)를 가지고 카지노 자산을 보호(인적 · 물적 자산 포함)하는 업무의 중요도로 인해 해외의 대부분의 카지노는 CEO 또는 카지노 오너(Owner)에게 직접 보고하는 체계로 보고서는 문서 또는 영상기록이지만, 그 보고양식이 요구하는 내용과 근거로 문제를 제시하여야 한다.

이러한 문서 또는 영상의 공개, 발표는 서베일런스 디렉터 또는 최고경영자에 의해서만 승인된다.

서베일런스 부서(Surveillance Department)도 본질적으로 지휘체계에 의해 통솔되어지며 보고하는 체계가 최고경영자이라 하더라도 타 부서의 상위 부서가 아니라 다만 카지노의 모든 부서를 안전하게 보호해주는 부서임을 인식시키고 밀접한 관계를 가지고 카지노내 모든 부서의 운영에 실무적 차원에 지원을 해주는 부서이다.

따라서 서베일런스의 업무와 기능과 권한을 최고경영자의 경영철학, 방침, 정책에 따라 축소, 확대될 수 있으며 이에 따라 서베일런스 부서의 위상(Positioning)이 정립된다고 볼 수 있다. 현재 국내의 카지노 서베일런스 시스템의 실태는 사업의 운영방식, 시설규모, 이용객 등 환경적 요인에 의거 최소 관광진흥법이 제시하는 수준에서 경영의 중심으로 운영하는 등 다양하게 서베일런스 부서의 위상이 설계되어 있다.

〈도표 2-1〉 서베일런스 부서의 보고체계

CEO사장 / 카지노 Owner
서베일런스 디렉터
서베일런스 시프트 슈퍼바이저
서베일런스 운영요원

※국내최고의 서베일런스 시설 및 장비와 인력을 보유하고 있는 "강원랜드" 카지노 호텔의 외부전경

2. 서베일런스 부서의 업무관장(Control)

서베일런스 부서의 업무는 단기적, 장기적인 목표를 두고 계획하고, 카지노에서 발생할 수 있는 모든 문제점이 운영요원 상호간에 합리적으로 솔루션(Solution) 될 수 있도록 업무가 이루어져야 하며, 카지노는 항상 변화하고 발전하고 있으므로 이에 대비할 수 있는 지식을 연마하고 훈련하여 최첨단의 기술, 기능을 배우고 최신의 장비를 사용할 수 있는 부서로서 본연의 직무를 수행한다.

1) 서베일런스 부서의 업무관장 및 책임

① 서베일런스 부서의 책임은 모든 고객, 직원의 의심스러운 행동 및 재산의 변동에 관해 보고하는 것이다.

② 서베일런스 부서는 직접 총지배인 / 부사장 / 사장에게 보고한다.

③ 서베일런스 부서 운영요원의 주업무는 감시, 기록, 보고이다. 보고는 서베일런스 부서에 제출하고 제출된 보고내용은 보안을 유지하여야 하며, 동료 및 타 부서의 직원의 질문에는 언제나 슈퍼비아져(Supervisor)와 의논한다.

④ 서베일런스 부서운영요원을 "디렉터(Director)"에게 질문당한 내용은 즉시 보고하고, 서베일런스 룸의 출입은 관련된 사람외에는 통제할 책임이 있다.

⑤ 서베일런스 주요 관심업무는 카지노의 자산보호와 게임보드(Game Board)이며 내부 직원의 속임수, 사기에 대해서는 증거물 확보, 체포 또는 벌점을 부과하도록 지원하는 데 있다.

⑥ 시큐리티와 서베일런스 업무의 차이점으로 서베일런스 요원은 체포 또는 구금에 대한 행동을 취하지 않고, 오직 모니터를 통하여 감시, 기록, 보고 또는 정보 제공만 할 뿐이며, 보고된 내용에 행동(Action)을 취하는 것은 시큐리티의 책임(Responsibility)이다.

2) 서베일런스 운영요원에 대한 부서내부의 통제

- 카지노의 여타직원들과 어울리는 것을 억제한다.
- 자신의 근무시간 외에 카지노 영업장, 바, 라운지, 식당에서 시간을 보내는 것을 금지하며 바로 귀가하여야 한다.
- 업무에 관계된 사안 즉 서베일런스 업무내용을 관계자 이외의 사람과 대화하는 것은 금지이다.
- 서베일런스룸에 허가받지 않은 사람을 출입시키는 것은 절대 금지이다.
- 카지노, 부서의 재물을 절취, 손상시키거나 횡령, 남용해서도 안된다.
- 근무시간의 복장은 깨끗하여야 하나, 캐주얼은 무난하다.
- 서베일런스 룸의 장비에 대한 내용을 허가받지 않는 사람과는 의논해서는 안된다.
- 만약에 카지노 직원(영업부서) 중에 친·인척이 있으면 서베일런스 요원의 자격요건을 고려해야 한다.
- 상부의 특별한 승인이 없는 한 카지노 직원이 서베일런스 부서로 전직할 수 없다.

-특별한 사항이 아니면 퇴직한 사람, 카지노가 해고한 사람은 요원으로 채용할 수 없다.

3) 서베일런스 부서의 요원채용자격 및 근무요건

구분	요건내용
개인적인 자질	• 과거나 현재 카지노에서 범죄기록이 없는 자 • 지난 7년 동안 마약을 사용한 적이 없고 약물시험에 통과한 자 • 알코올 중독자가 아닌 자 • 교도소 혹은 유사한 시설에 유치된 적이 없는 자 • 경범죄, 중죄를 범한 적이 없는 자 • 건강하며 근태사항이 좋은 자
외모 및 복장	• 단정하고 청결할 것(두발, 의복, 몸냄새) 등 • 양식이 있는 복장(바지, 셔츠, 신발 등)-반바지, 운동화는 자제하며 넥타이, 슈트 자켓은 좋음.
업무능력 및 성격	• 동기부여 없이 혼자서도 업무를 할 수 있어야 하고 스스로 하고자 하는 의욕이 있어야 하며 인내심을 가져야 한다. • 의견을 제시하면 수렴할 수 있는 자세가 되어 있어야 하며, 지시에 따라 업무를 수행할 수 있는 능력과 일주일에 5~6일 일일 8시간 근무를 할 수 있어야 한다. • 한 장소에서 계속 업무를 할 수 있어야 하며, 영어를 읽고 쓸 수 있어야 하고, 계산능력이 있어야 한다.
근무환경	• 생활용품이 구비된 싱글룸 제공 • TV모니터로 8시간 시프트를 감시할 수 있는 환경 조성 • 냉장고, 온수, 커피, 음료를 제공 • 보너스, 퇴직금, 휴가

※ 자료: John M. Brubaker "The Eye in the Sky" 1993. 부록 III, pp. 124~127.

3. 서베일런스 부서의 문서양식 및 보고서 작성

1) 비디오 테이프 일지

새로운 테이프를 처음 사용할 때 서류로 작성하려는 기록이다. T-160을 사용하여 약 75분을 녹화하는 것이 VHS 테이프의 정상적인 상태이다. 각각의 기록과 관찰을 한번의 녹화로 같은 테이프에 포함시키는 것이다.

테이프의 상태와 관련하여 고려되어야 할 사항으로 테이프의 보관실 온도는 F75°가 이상적이고 스모킹을 허용한다면 환기시키는 것이 좋을 것이다.

〈그림 2-1〉 ◆비디오 테이프 녹화일지(Video Tape Log)

테이프	녹화일자	이동일자	사유	재생일자

※ 자료: Geotge L. Lewis "Casino Surveillance" 1996. 제3장 p. 31. 그림 15.

2) 서베일런스-룸 출입대장

서베일런스 룸의 출입자를 다음과 같은 사항으로 기록한다. 서베일런스 요원이 아닌자로 서베일런스 룸의 출입을 허가받는 사람의 이름, 날짜, 입퇴실 시간 및 출입사유를 명시한다.

〈그림2-2〉 ◆서베일런스 -룸 출입대장

출입자		출입일시			출입사유	책임자서명
성명	부서	일자	입실	퇴실		

※ 자료: 한국카지노협회 "카지노영업준칙" 2004 별제 제1호서식.

3) 게임패이스심사(Game Pace Audit)양식

이 문서의 양식은 각 딜러의 딜링속도를 시간으로 체크하는데 사용한다. 서식은 가장 대중적인 게임에 대해서만 기술되어지며 아울러 서베일런스 사고보고서와도 연결된다.

어떤 사항은 동의하지 않는 부분이 있음에도 딜러의 스피드는 대단히 중요하다.

바람직한 수익의 마진(Margin)에 도달하려는 카지노를 위한 순서로 게임은 스피드의 좋은 등급으로 진행과 절차가 이루어져야 되므로 심사의 형태는 이러한 행동을 정확하게 기록해야 한다.

만약에 그렇지 않으면 그 리포트는 카지노에 도움보다는 손실을 줄 수 있다. 이러한 양식으로 심사하는 경우 운영요원이 시간을 소비하지 않도록 다양하게 고려해야 할 사항이 있다.

그 양식에 각 딜러의 평가에 필요한 자료의 내용을 구분하는 형식으로 구성한다.

심사진행은 같은 딜러로 15분 동안의 연속적인 결과를 심사하는 것이다. 어떤 요인으로 작용되는 공백은 "체인지(Change)"가 있었기 때문이며, 그 사유를 기록하면 될 것이다. 예를 들면 게임중에 Fill 또는 Creit이 있었던가, 또는 게임자의 이의 제기, Marker의 서명 또는 지불행위 등의 경우가 해당된다.

게임상의 행위에 일어나는 이러한 많은 요소를 감안하여 평가하는 방식으로 블랙잭 게임에서 디스카드(Discard)를 심사하는 것이다. 그리고 다시 시작하는 다른 기회를 기다리는 것이다.

카지노 당 500명의 딜러가 있다고 간주하여 모든 딜러를 심사하는 시간을 가지고, 딜러당 적어도 3회이상 심사를 가져야만 "페이스(Pace)"를 측정할 수 있을 것이다.

게임 페이스 평가로 블랙잭 게임의 시간당 딜링 처리속도, 룰렛의 시간당 볼 스핀, 크랩스의 시간당 다이스 롤과 같은 페이스 평가서는 경영자가 납득할 수 있는 서류가 되는 것이 중요하다.

〈그림 2-3〉 ◆Roulette 게임속도(Pace)평가서

<table>
<tr>
<td rowspan="2">Date: ____ Time: ____
Shift: ____ Day: ____
Obsv: ____ Table#: __
딜러이름 : ____________
먹커이름 : ____________
칩스가격 : ₩_____₩_____₩_____₩_____
15분 동안의 스핀 총수 × 4 = S.P.H ________
심사 중에 발생한 Change 기록
게임자의 체인지 총액 : ____________
____
구매 : ____________
킬러 : ____________</td>
<td>Note : 딜러와 먹커는 심사동안 동시에 남아 있어야 하며, 또한 심사동안 항상 최소한 세명의 게임자가 모두 있어야 한다.</td>
</tr>
<tr>
<td></td>
</tr>
</table>

* S.P.H = The spin per hour in roulette game

〈그림 2-4〉 ◆Blackjack 게임속도(Pace) 평가서

Date: ____ Time: ____
Shift: ____ Day: ____
Obsv: ____ Table#: __

딜러이름 : ____________________ 테이블#: __
게임의 유형 : 멀티팩 ____ 슈 ____ 자동셔플러 ____
셔플의 넘버 : ____________________
셔플의 시간 : Sec. ______ Sec. ______ Sec. ______
15분 동안의 핸드 총수 × 4 = H.P.H ________
Note : 심사하는 동안에 발생한 기록 :
Fill의 횟수 : ____________________
구매의 횟수 : ____________________
게임자의 체인지 : ____________________

Note : 모든 심사는 셔플 후에 첫 번째 카드가 버닝된 후에 시작할 것이며, 전체적인 심사를 하는 동안에는 최소한 3명의 게임자가 있어야 함.

※ H·P·H = The hands dealt per hour in blackjack game

〈그림 2-5〉 ◆Craps 게임속도(Pace) 평가서

Note : 심사는 딜러가 교대할 때 시작할 것이며, 전체적인 심사를 하는 동안 최소한 8명의 게임자기 있어야 함.

Date: ____ Time: ____
Shift: ____ Day: ____
Obsv: ____ Table#: __

스틱맨이름 : ____________________ 테이블#: __
2nd 베이스 딜러 : ____________________
3nd 베이스 딜러 : ____________________
박스맨이름 : ____________________
15분 동안의 롤의 총수 × 4 = R.P.H ________
게임자의 Bet 범위 : ____________________
Note : 심사하는 동안에 따르는 기록 :
구매 : ____________________
컬러-업 : ____________________
_
콜 벳 : ____________________
Cash 게임자 : ____________________

※ R·P·H = The rools per hour in craps

4) 게임속도 평가 비교 차트 및 딜러의 셔플타임 심사

이것은 21-게임(블랙잭)의 셔플 스피드를 문서로 기록하는데 사용하는 간단한 양식이다. 카지노는 시간당 딜링되어지는 핸드의 총수에 비례하는 부분적인 근거로 이러한 게임의 양식(차트)으로부터 수익을 가져오는 데이터(Data)가 된다.

〈그림 2-6〉 ◆게임속도 평가 비교 차트

딜러이름	시프트	게임자인원	H.P.H	비고

딜러가 딜링으로부터 Re-Shuffling, Pick-ing, Paying 등은 루징게임자와 맞서는 것에 벗어나 최대의 생산성이 잠시 쉬는 시간이 하는 인상을 지울 수 없다. 이와 같이 가장 오랜 셔플은 가장 오랜 게임의 중단이다.

〈그림 2-7〉 ◆게임속도 평가 비교 차트

딜러이름	셔플타임	게임타임	게임

5) 서베일런스의 사고인지 및 절차위반 보고서

〈그림 2-8〉 ◆사고인지 보고서(Incident Report)

사고의 날짜 : ____/____/____ 시간 : ____________ 운영자 : ____________
사고의 유형 : ______________________________ 성명 : ____________
사고의 경위 : ____
____
____
연속으로 기록하였는지 : Yes ______ No ______
복사한 합성테이프의 타임 : ______________________ # ____________
합성테이프의 사진넘버 # ______________________
사진제작넘버
DAR ____ IR ____ PVR ____ PIT _____ 치터카드 _____ 하이롤러 _____ Extra _____
오리지날 Tape # ____/____/____/____ 시리즈 ______ 카지노손실금₩ ________

이 리포트는 서베일런스 각 시프트의 운영요원이 발생한 사고사항에 대하여 세밀하게 작성하는 데 사용된다.

이 리포트는 사고의 시간대에 근무하는 서베일런스 요원의 이름을 모두 기록해야 할 것이고, 합성테이프에 더빙한 사건을 표시해야 할 것이다.

테이프에 사건넘버를 명시하는 것으로 어느 테이프인지 알게 될 것이다. 이렇게 작성된 리포트의 중요성을 도표에 의해 다시 논의하도록 한다.

〈그림 2-9〉 ◆절치위반 보고서(Procedure Violation Report)

종사원 : ____________________ 서베이런스에젠트 : __________

ID # / 직위 : ____________________ 일자 : ___/___/___ 시간 : ______

슈퍼바이저 : ____________________ 장소 : ______________

ID # / 직위 : ______________________________

위반내용 : ______________________________

____

____

____

서베일런스의 조치내용

____

____

연속으로 기록하였는지 : Yes ______ No ______

복사한 합성테이프의 타임 : ______________________________

PVR : # __________ 사진촬영 : Yes _____ No _____ 카지노손실금 ₩ __________

이것은 카지노 정한 진행절차를 위반한 사항을 기록하는데 사용하는 양식이다. 이러한 양식은 제공된 장소의 명칭과 절차를 위반한 종업원의 이름과 인원이 기록되며, 과실이 있었던 아니던 녹화되어지고, 합성테이프에 사전번호를 부여한다.

6) 슬롯머신 필(Fill) / 잭팟(Jackpot) 확인양식

이 양식은 관찰자(Ovserver)가 현안행동을 투-웨이 무전기에 의해 통보해준 사실을 확인하는 필 / 잭팟(Fill / Jackpot)의 단순일지이다.

슬롯체인지부스(Slot Change Booth)와 슬롯지역에 배치한 카메라와 함께 서베일런스 운영요원은 서류작업 및 영업장의 돈에 대한 행적을 탐지할 수 있다.

만약 위반사항이 지불 또는 필(Fill)을 하는 동안 발생하면, 위반 내용란에 Yes에 표시하고, 상세한 목록이 있는 별도의 양식(Fill / Jackpot 입증리포트)에 기록한다.

〈그림 2-10〉 필/잭팟 확인양식

날짜	시간	금액	머신#	위반	VCR#	F/JP	요원
	.	₩		yes / no		Fill / JP	
	.	₩		yes / no		Fill / JP	
	.	₩		yes / no		Fill / JP	
	.	₩		yes / no		Fill / JP	
	.	₩		yes / no		Fill / JP	
	.	₩		yes / no		Fill / JP	
	.	₩		yes / no		Fill / JP	
	.	₩		yes / no		Fill / JP	
	.	₩		yes / no		Fill / JP	

7) 슬롯머신 필(Fill) 및 잭팟(Jackpot) 입증(Verification)리포트

이러한 서식들은 슬롯머신의 지불 또는 필이 진행하는 동안 괄찰되어진 위반사항이 있다면 위반사항을 체크하려고 준비한다. 이러한 업무에 필요한 인원은 각 카지노마다 달리하지만, 금액의 지불 또는 필(Fill)을 하는 업무에만은 이와 같이 참여가 요구된다.

〈그림 2-11〉 ◆Fill 사실 입증 리포트

운영자 : ____________ 날자 : ___/___/___ 시간 : ____________
머신 # ____________ 위치 : ____________ 금액 : ₩ ____________

Fill의 관찰 :		Yes	No	NotObsv.	N/A
A. 부스케셔가 돈을 개봉하기 전에 서류 접수 여부.		___	___	___	___
B. 관련직원에게 통보 여부		___	___	___	___
Fill금액	관련직원				
모든 ₩100머신	부스케셔	___	___	___	___
	플로어퍼슨	___	___	___	___
	체인지퍼슨	___	___	___	___
모든 ₩500머신	부스케셔 / 케이지케셔	___	___	___	___
	슬롯Supr / Tech	___	___	___	___
C. 슬롯부스케셔는 필-슬립에 서명하고 플로어퍼슨에게 코인을 주었는지.		___	___	___	___
D. 플로어퍼슨은 부스의 시계를 벗어나기 전에 그 코인을 확인하였는지.		___	___	___	___
E. 슬롯 시프트 매니저는 필-슬립 검토, 슬립서명, 필을 관찰하는 입증이 있었는지.		___	___	___	___

전직원 포함 : 슬롯시프트 매니저 : ____________ 슬롯플로어퍼슨 : ____________
부스케셔 : ____________ 체인지퍼슨 : ____________
위반사항 : ____________

〈그림 2-12〉 ◆Jackpot 사실입증 리포트

운영자 : ____________ 날자 : ____/____/____ 시간 : ____________

머신 # ____________ 위치 : ____________ 금액 : ₩ ____________

잭팟 지불 관찰 :	Yes	No	NotObsv.	N/A
A. 부스케셔가 돈을 개봉하기 전에 서류 접수 여부.	___	___	___	___
B. 다음 직원에게 통보 여부.	___	___	___	___
잭팟금액 / 통보된 직원				
₩50만 슬롯시프트Mgr / Asst	___	___	___	___
시프트Mgr / 플로어퍼슨	___	___	___	___
₩500만 시큐리티	___	___	___	___
서베일런스, 카지노시프트 Mgr. 핏보스	___	___	___	___
₩1,500만 이상 슬롯매니저, 카지노매니저, CEO / CFO	___	___	___	___
C. 슬롯부스케셔는 지불서명을 하고 플로어퍼슨에게 통화금액을 주었는지.	___	___	___	___
D. 플로어퍼슨은 부스의 시계를 떠나기 전에 서로 금액을 확인하였는지.	___	___	___	___
E. 슬롯시프트 Mgr은 지불-슬립을 확인, 서명 및 관찰에 입증이 있었는지.	___	___	___	___

전직원 포함 : 슬롯시프트 매니저 : ____________ 슬롯플로어퍼슨 : ____________

부스케셔 : ____________ 체인지퍼슨 : ____________

위반사항 : ____________

8) 전화통화 대장 및 일일업무일지

D.A.R(Daily Activity Report), IR(Incident Report)로서 기록되는 또다른 리포트로 이는 서베일런스 디렉터에 대한 보고용으로 업무 중에 발생한 모든 것을 전체 영상으로 편집하여 서베일런스 직원만 접근하게 되어 있다.

〈그림 2-13〉 ◆서베일런스 부서 일일업무일지(D.A.R)

Date : Shift : Day : S요원 :

시간	장소	발신자	업무내용	VCR	운영

서베일런스 룸에서의 통화는 내부규정에 의한 기본적인 타입의 기록대장이 있으나, 전화통화대장 또는 일일업무일지 어느 쪽이던 이런 업무의 서류양식은 서베일런스 디렉터의 선택권에 달려 있다.

〈그림 2-14〉 ◆서베일런스부서 통화대장(Phone Call Log)

Date : Shift : Day : S요원 :

시간	장소	발신자	Message

서베일런스 룸 전경

제2절 카지노업체 서베일런스 시스템의 운영 현황

1. 모니터 운영 관리실의 조직

1) 설치목적 및 편제

▷ 영업장 내의 영업활동 전반에 대한 과학적이고 합리적인 관리 및 감시체계를 통하여 외부로부터의 불법적인 도전과 내부의 비행을 줄여 회사의 자산과 정직한 고객을 보호하여 편안하게 즐길 수 있는 분위기를 창출하는 데 그 목적이 있다.

▷ 카지노들은 서로의 경쟁에서 생존하고 카지노내의 비행과 자산이 유출되는 것을 방지하기 위한 목적으로 운영하고 있으며 치팅, 공모, 사기, 도난사건 등 카지노내의 모든 불법행위를 예방, 추방, 색출의 임무를 부여받아 성공적으로 업무를 수행하고 있는 중요한 부서임을 인식시키고자 한다.

2) 근무인원 및 편제

▷ 현재 운영관리실의 총 인원은 7명으로 팀장 1명과 요원은 한 시프트에 2명으로 구성되고 1일 3교대로 운영되고 있다.

Note: 본장의 제2절은 국내 최대 외국인전용 카지노그룹인 P그룹의 계열사인 G카지노의 모니터 운영관리 시스템 현황이다. 현재 P그룹은 계열사의 서베일런스 부서를 통합하여 서베일런스 시스템만 운영하는 사업체를 독립법인으로 추진하여 중앙에서 통제하는 시스템을 구상하고 있는 바, 이는 카지노와 경계를 분명히 하여 서베일런스 고유업무를 독자적으로 수행하여 서베일런스 업무를 카지노의 중심으로 이동시키려는 의도가 있는 것 같다. P그룹의 카지노계열사들의 서베일런스 운영시스템은 모두 다 유사하다고 추정되는 바, 이에 G카지노의 "서베일런스 시스템 운영관리 매뉴얼(Manual)"을 모델로 제시하여 여러분과 연구하기로 한다.

2. 업무지침 현황

1) 일반적인CCTV(폐쇄회로) 운영 및 관리

- 테이블에 사고가 발생하면 즉시 테이프 및 사진으로 보관하여 증거로 남긴다.
- 테이블에 사고가 발생하고, 영업장에서 협조요청이 있으면 유선으로 통보하여 해결에 도움을 주고 필요하면 영업장 모니터를 통하여 확인시켜 준다.
- 작은 미스테이크(Mistake)는 플로어 퍼슨, 비중이 큰 미스테이크는 시프트 매니저가 처리하는 절차를 무시하고 무단처리하면 기록하여 보관한다.
- 사건 발생 시 여분의 카메라를 동원하여 주변상황도 녹화해야 한다.
- 환전(재환전) 및 출납(Cage의 창구)에서의 행동은 모두 녹화하여 근거를 남긴다.
- 관찰 중 의심이 나는 상황을 메모하였다가 리플레이하여 확인한다.
- 피트(Pit)의 필(Fill) / 크레디트(Credit)에 대해서는 엑스트라 카메라(Extra Camera)로 녹화 추적한다.
- 사전 정보를 입수하여 특정한 직원이나 손님을 추적하여 관찰한다.
- 기타 카지노에서 일어나는 전반적인 활동에 대하여 녹화, 관찰한다.

2) 카지노 영업장 관찰

▷ 영업장 또는 상부나 판촉부에서 의뢰한 특정한 손님이나 F.I.T 등은 게임 시작에서 종료까지 지켜보고 게임상황을 녹화, 기록하여 의뢰자에 보고한다.

▷ 영업장에서 일어나는 모든 사항은 시간, 날짜 테이블이 명시된 상태에서 시간대별로 분류하여 보관한다.

3) 영업장 전반에 대한 기초자료의 수집

▷ 과학적이고 합리적인 영업기술의 향상을 기하고 업무효율의 증대를 위한 기초

자료를 수집하여 관리, 유지한다.

4) 녹화관리

▷ 카운트룸 계산관련 테이프는 10일, 일반테이프는 3일 이상 보관해야 한다(현재 운영관리실 보관지침: 카운트룸 30일 이상, 케셔 일반테이프 5일).

▷ 사기게임, 치팅 등의 불법적인 게임은 영구보존한다.

▷ 운영요원은 치팅, 카드카운터, 사기게임, 기타 테이프를 보고 그들 방식을 연구하여 서베일런스 업무를 효과적으로 수행한다.

3. 장비현황 및 기기 사용방법

1) 카메라 / VTR

▷ 일반적으로 카메라마다 테이블 숫자에 비례하여 관찰 및 녹화용 카메라를 설치하고 있으며 보통 카메라 대수가 많아 오픈된 테이블은 모두 커버할 수 있다. 예를 들면, 일반 카지노의 경우 전체적으로 테이블당 1대 이상을 배치하여 보다 체계적이고 세분화된 운영을 지원할 수 있다.

▷ 카메라는 성능이 우수한 소형을 선호하여 특정 지역은 최소형 카메라를 설치하고 손님과 직원이 의식하지 못하는 장소에 설치하여 감시를 한층 강화하고 있다. 또한 증거자료 및 관찰을 위하여 오픈된 테이블은 VTR과 테이프로 24시간 녹화한다.

2) 각종 기기 사용의 설명

기기명	설명 내용
키보드	–녹화할 게임 테이블을 설정하여 모니터에 연결시켜 주는 기기로서 Zoom, Focus 등의 세부 조작을 이용. 선명한 화질로 녹화할 수 있게 하는 장치
모니터	–모니터 운영 요원이 영업의 전반활동 및 게임내용을 직접 확인할 수 있게 하는 장치
비디오 프린터	–일련의 상황이 발생하면 프린터가 연결된 모니터로 접속하여 당신의 상황을 사진으로 현상하여 증거자료로 활용하는 장치
비디오	–키보드로 조정된 화면을 인계받아 녹화하는 장치
녹화용 테이프	–모니터와 연결된 비디오를 통해 당시의 상황을 녹화하고 재생하여 같은 화면을 반복 시청할 수 있게 함.

4. 운영관리실 직무기술

1) 운영관리실 팀장

▷ 직무요약

운영관리실 전반에 대하여 관리, 감독하며 회사의 경영방침이나 목표에 최대한 부합되도록 조직을 리드하며 보안유지에 만전을 기한다.

▷ 수행직무:

- 운영관리 업무에 전반적인 관리
- 부서 운영방침 및 이행상태 점검
- 요시찰, 요주의 인물 식별 및 관리
- 운영관리 소요예산 작성 및 각종 보고서 제출

2) 상급관리자

▷ 직무요약

담당 팀장을 보좌하여 CCTV를 통한 영업장의 제반 사항을 관찰하여 영업의 활성화를 도모하는 데 기여한다.

▷ 수행직무:

- 보안교육의 상시실시
- 각종기기의 원활한 작동을 위한 사전 점검
- 각종 조사의 통계 작성
- 각종 자료의 보관과 관리 점검
- 각종 기기의 청결상태 점검
- 운영요원의 스케줄 및 휴무 조정 등을 관리

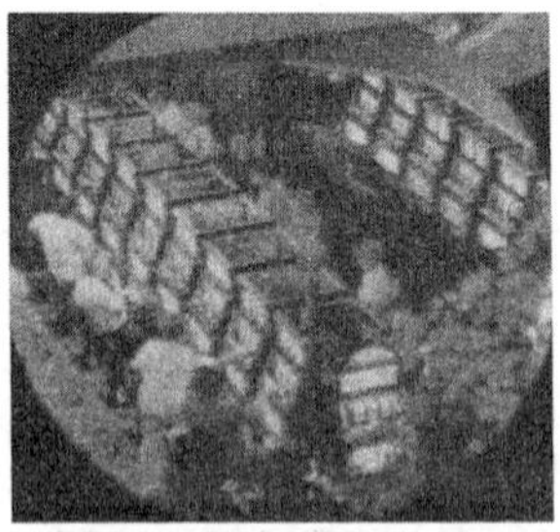

3) 운영요원

▷ 직무요약

CCTV 및 부속기기의 정확한 사용법 숙지 및 게임상황과 관련 업무에 관한 녹화, 재생, 확인 업무를 담당

▷ **수행직무**

- 대내외 및 카지노 직원에게 보안을 유지
- CCTV를 운용하고 이상이 발생 시 즉시 보수를 의뢰, 보고한다.
- 영업장 관찰 및 게임테이블 관찰과 녹화를 실시하고 각종 기기를 수시로 점검하여 이상 유무를 알아낸다.
- 매시간대 별로 고객현황, 직원현황, 시설물현황을 파악 기록한다.
- 미스테이크발생 시 차상급자에게 보고한다.
- 운영실의 청결 및 정리정돈은 생활화한다.
- 근무교대시 인수인계를 철저히 하고 발생 가능한 문제점에 대하여 충분히 상의한다.
- 녹화테이프의 관리 유지
- 운영실 출입자의 체크 및 통제, 외부전화기록
- 서류정리 및 보고서 작성

5. 게임별 관찰 및 문서업무 지침

1) 게임별 관찰업무

카지노의 재산과 영업장 전반적인 관찰은 물론 게임별 지식을 바탕으로 다음의 관찰 요령을 숙지해야 한다.

게임별	관찰 포인트
① 블랙잭 및 바카라게임	• 최초 테이블 오픈 시, 랙(Rack)안의 칩스를 확인 관찰 • 머니칩스 교환시 정확한 환전, 지불 및 머니 박스에 드롭(Drop)확인 • 칩스의 이동상황 관찰 • 크레디트, 보관중의 입출금 확인 • 커미션 및 블랙잭 지불 확인 • 사고발생 시 메인카메라는 사고테이블 집중 관찰 및 녹화, 그 밖의 전체 카메라를 활용하여 테이블의 주변을 관찰 • 게임진행 절차관련 / 고객관리 • 카드카운터 관찰 / 카운터인지 여부 • 치팅 / 도난사고 관찰 • 토크(Toke)처리 방법 및 허슬 행위 관찰
② 룰렛/식보/빅휠게임	• 최초 테이블 오픈 시, 랙(Rack)안의 칩스를 관찰함 • 머니칩스 교환 시 정확한 환전, 지불 및 머니박스에 드롭 확인 관찰 • 마킹 확인 및 정확한 계산에 대한 칩스 지불 확인 • 허슬 행위 관찰
③ 머신게임	• 도어 오픈 시 녹화 및 관찰(사전운영실 통보 여부 확인) • 운영실의 통보받고 오픈하는지 여부 확인 • 자루안의 남은 코인 확인 여부 관찰 • 도어 폐쇄 후 시건장치 확인 여부 관찰 • 호퍼-필(Hopper-Fill)시 코인확인 관찰 
④ 기타	• 현금출납 및 환전관찰 • 칩스의 이동상황 파악 • 업장의 드롭박스 테이크시 남은 현금이 있는지 여부를 관찰 및 확인 • 고객이 아닌 직원이 칩스 환전 여부를 관찰

2) 문서업무 지침

▷ 일일(Daily):

－운영업무일지- 근무인원 및 고객현황, 녹화기록 리스트, 머신게임 운영일지, 머신게임 일일고객 현황.

－미스테이크 발생시
  • 운영업무일지 기록
  • 초과 지불(Over Pay) 기록부 작성
  • 인별 기록부 미스테이크 유형 작성

－폐쇄회로 점검 기록부(데일리)
－CCTV 테이프 사용현황
－서베일런스 룸 출입대장
－인수인계기록

▷ 매월 / 분기별 / 상 · 하반기 / 연도별 집계 현황보고서

－간부회의 보고서 작성
－월별 / 분기별 / 연도별 미스테이크 현황 집계
－개인별 미스테이크 원별 / 분기별 / 연말 종합 집계
－시프트별 미스테이크 현황
－하우스 손실금 월별 / 분기별 / 상 · 하반기별 / 연도별 집계

6. 기타운영 업무관련 절차 주의사항

▷ 서베일런스룸 출입통제

－공적인 업무로 미스테이크 발생 시 사고 테이프를 인지하였다면 모니터실에서 직접 확인 후 업장에 확인결과를 알려주고 간부출입을 통제한다.
－미스테이크 발생 시 담당 간부 또는 판촉직원의 요청이 있을 경우에는 뱅크 모니터로 확인할 수 있게 협조한다.
－타 부서 직원의 운영실 출입을 통제한다(용무로 인한 총무, 시설 직원 이외에는 입구에서 통제).

▷ **총지배인, 팀장의 업무지시 이외에는 거부**

- 특히 영업부, 판촉부와의 업무협조 있어도 부당 지시는 거부한다.
- 영업장의 시프트 책임자 또는 간부가 테이블 현금 드롭 상태 등에 관한 확인 요청이 오면 적절히 거절한다.

▷ **영업장의 직원, 고객에 관한 업무일지**

- 정상적인 절차가 아닌 상황의 직원, 고객도 업무일지에 기록, 특히 미디바카라 등 비교적 게임이 큰 VIP고객의 얼굴, 이름 등 신상정보를 수집한다.
- 치팅 / 사기게임은 메인화면 외의 다른 카메라로 사기게임을 하는 자를 집중적으로 녹화하고 팀장에게 즉시 보고한다.
- 직원의 부정행위는 끝까지 카메라로 추적, 팀장에게 즉시 보고한다.

▷ **미스테이크(Mistake) 발생시**

- Main 게임 테이블 녹화 하면은 그대로 두고 전체 화면에서 클로즈-업 시켜 딜러, 간부 게임 테이블 등 전체 상황을 녹화한다.
- 시간, 게임 테이블 넘버, 딜러, 간부 이름을 적고 육하원칙에 의거 상황을 기록, 딜러의 지불행위가 담당 간부의 확인에 의해서인지를 금액과 함께 기록한다.
- 주관적인 입장이 아닌 눈에 보이는 객관적인 입장에서 사실만을 기록한다.
- 초과지불은 오리지날보다 더 많이 지불하는 경우로 하우스가 이겼는데도 미스테이크로 인해 "노-게인"처리되어도 초과 지불로 간주하고 딜러의 실수로 "올페이(All pay)" 한 것도 포함된다.

▷ **기타사항**

- 서베일런스 운영실 내의 모든 상황에 대해서 보안을 유지해야 한다.

7. 국내 주요 카지노 업체 서베일런스 시스템 운영현황

국내는 물론 해외에서도 국가별, 지역별 또는 운영주체별 카지노의 성격, 감독기관의 법률제도에 따라 서베일런스 시스템의 운영은 필요조건이 다르므로 기본목적은 같을지 몰라도 운영방향에 대해서는 표준기준이 없다.

다만, 현대의 카지노산업의 경영혁신적 차원에서 서베일런스 시스템 운영에 중심을 두려고, 기능강화에 역점을 두고 있다고는 하지만, 눈에 보이지 않는 손익계산은 새로운 기술개발의 투자비용을 감소시키는 실정인 바, 서베일런스의 중요성을 다시 한번 각인시킬 필요가 있다.

◆국내 카지노 서베일런스 운영현황

구분	현황	강원랜드	워커힐	제주 그랜드	제주 롯데
업장 현황	• 업장 면적	8000평	800평	400평	450평
	• 테이블/슬롯	132/960대	78/145대	34/83대	32/60대
	• 종업원	1,350명	700명	200명	193명
	• 운영형태	민,관출자	임대	임대	임대
	• 테이블 가동률	100%	18.0%	3.4%	3%
장비 현황	• 카메라	726대	320대	43대	92대
	• VTR	726대	320대	48대	104대
	• 모니터	30대	40대	14대	34대
업무 현황	• 서베일런스 룸의 명칭	안전관리실 (모니터팀)	모니터 운영 관리실	모니터 운영 관리실	모니터 운영 관리실
	• 카메라 배치	테이블2의3대 머신10의2대	테이블 2의3대 머신 20의1대	테이블 2의3대 머신 20의1대	테이블 2의3대 머신 20의1대
	• 운영요원 (실.팀장포함)	37명	14명	9명	7명
	• 보고체계	요원→시프트→매니저→팀장→실장→전무	요원→매니저→실장→총지배인	요원→팀장→총지배인	요원→팀장→총지배인
	• 보고서	–모니터팀 일일업무일지 일일근무 현황 –절차위반 보고서	–운영관리 업무일지 –근무인원 및 고객 현황 –테이블게임 운영일지 –머신게임 운영일지	–운영관리업무일지 –머신게임 일일 현황 및 운영 일지 –근무인원 및 고객 현황	–운영관리 업무일지 –근무인원 및 고객 현황 –머신게임 일일 현황 및 운영일지
	• 주요업무	–미스테이크 적발 –치팅 적발 및 차단	–레코딩 리스트 –미스테이크 적발 –절차위반 적발 –치팅 적발 및 차단	–레코딩 리스트 –미스테이크 적발 –절차위반 적발 –치팅 적발 및 차단	–레코딩 리스트 –미스테이크 적발 –절차위반 적발 –치팅 적발 및 차단

국내의 서베일런스의 운영기능은 해외사례와 비교하여 대단히 제한적이고 단순한 업무를 요구하므로 동안의 서베일런스 업무의 인식은 그 중요성이 대단히 손상된 바 있다.

이에 서베일런스 요원을 확보하는데 어려움이 있고 개인적인 훈련에 동기를 부여

해줄 만한 자료도 없었던 것도 사실인 바, 국내 업체의 서베일런스 운영은 현실적으로 과소평가할 수밖에 없다.

최근에야 카지노의 전반적인 운영에 투명성을 제고하는 방안을 서베일런스 시스템이 중심이 되어야 한다고 각 카지노의 경영자/운영자 들이 인식하기 시작하였으며 특히 카지노 재벌인 P그룹은 혁신적인 경영방침의 일환으로 카지노 서베일런스를 운영 관리하는 단독법인을 추진 또는 용역을 고려하고 있는 실정이다.

제3절 카지노 서베일런스와 부정행위 관찰

1. 부정행위 관찰 포인트

아담(Adam)가 이브(Eve)의 인류가 태어난 창세기 이래 속임수 행위의 기술이 사기와 기망 등의 다양한 유형의 부정행위가 이루어져 왔다. 카지노산업이 이러한 음모에 대한 장소로 조장(助長)되는 것처럼 보이는 것은 모든 부서 안에 현존하는 기회가 유리함으로 가질 수 있는 각 개인의 직업이라는 것이다.

그러므로 종업원들에게 관심을 갖지 않으면 안되는 것이 부정행위를 하려고 마음먹으면 가장 쉽게 준비할 수 있는 활동을 할 수 있으며 카지노의 방어적 수단이 느슨하였을 경우 순간적으로 분리된 약점을 자기에게 유리하게 가지려는 순서로 행동하기 때문이다.

이에 최선의 방어는 "진행절차(Procedures)"이다. 이는 부정행위를 목록화하여 발생할 수 있는 부정행위를 방지하는데 도움이 되려고 게임관련자들에 대한 절차 즉 진행절차 매뉴얼을 만드는 것이다.

▷ 속임수 및 부정행위의 가능성을 탐지하는 요령

- 인간은 개인적인 습관을 가지는 기질이 있다. 그러므로 만약 음모나 개인적으로 불법행위가 이루어진 것이 탐지되지 않는다면, 그들은 그 행위를 계속해서 존속시킬 것이다.
- 만약 그들이 감지당했다고 느꼈다면 그들은 일시적으로 중단하기도 하고 그 계획에 접근을 변경하기도 한다.

– 다음에 제시하는 문제의 열쇠(Key)는 속임수 및 부정행위의 가능성을 탐지하는 요령으로 쉽고 빠르게 해결의 도움을 줄 수 있다.

그러나 개인적인 실행의 하나 또는 그 이상의 표현이기 때문에 개인적인 부정으로 반드시 간주되는 것은 아니다.

◆카지노 칩스의 이동(Movement) 및 종업원 / 고객의 행동에 대한 관찰 포인트

포인트	관찰 내용
Key#1	• 테이블의 기본 영업자금(칩스트레이)에 많은 칩스가 보이지 않는다. – 이 뜻은 어찌되었든 플로트(Float)가 고갈(Exhaust)되었다는 것이다. 이는 고객이 윈(Win)하였거나, 또다른 의미가 있거나 둘 중의 하나일 것이다. 숨겨질 가능성은 만약 그렇다면, 동등의 가설(Myth)을 설정하고 "서베이(Survey)"의 방향을 모색한다.
Key#2	• 테이블의 게임자를 점검한다. – 커다란 금액의 칩스: 그들의 앞에 있는 고액의 칩스 – 인정할 수 있는 게임자인지 여부 – 게임자가 포켓에 칩스를 넣었는지 여부 – 게임자가 다른 사람에게 칩스를 건네주어 캐셔에서 칩스를 현금화하였는지 여부
Key#3	• 양손에 칩스를 가지고 있는 게임자
Key#4	• 게임자들의 배팅금액(Betting Amount)의 변경 – 커다란 금액 또는 Maxi금액으로 또는 그 반대로
Key#5	• 딜러가 딜링의 진행절차를 무시하는 경우
Key#6	• 크랩스 게임의 게임자가 두 사람이 협력하여 한 사람은 패스라인에 다른 사람은 돈패스라인에 베팅하는 경우 또는 바카라 게임에서 플레이어사이드, 뱅커사이드로 배팅하는 경우
Key#7	• 그들의 플로트(Float)에 손을 대어 시프트동안의 현금출납을 일정한 수준으로 짜맞추기하는 케이지의 케셔
Key#8	• 케셔와 딜러가 손을 만지작거리거나 신체, 얼굴 또는 옷을 손으로 계속 만지는 경우
Key#9	• 케셔와 딜러의 접촉 또는 플로트에 자주 손을 대는 불필요한 행동
Key#10	• 카드게임자와 딜러의 카드 접촉 또는 카드 취급에 불필요한 행동
Key#11	• 게임 진행 동안 게임자의 칩스 접촉 및 취급
Key#12	• 친숙한 손님이 반복하여 같은 딜러의 테이블에 있는 경우
Key#13	• 게임자 또는 딜러에 의한 유별난 손의 움직임
Key#14	• 케셔에 의한 정상적이지 않은 동작 및 자세

위 Key Point는 모든 속임수 행위를 포함한 속임수 또는 부정행위의 장소를 지적하지는 않았지만 이러한 사항들은 조사의 절차를 쉽게 풀어 나가는데 충분할 것이다.

2. 블랙잭 게임의 스캠(Blackjack Game Scam)

카지노의 모든 테이블 게임 중에 가장 대중적인 게임으로 이 게임에 속임수를 수 없이 시도하여 성공하기도 하고 그렇지 못한 경우도 있다.

적절한 서베일런스 적용범위로 이러한 게임의 기록은 체포에 필요한 증거자료를 보여 주는 것이고 그들을 추적하였을 때 속임수 행위자들에게 그들의 행위를 입증할 수 있는 설득력 있는 자료일 것이다.

1) 속임수의 방법 / 관찰포인트 / 처리절차

▷ 펄스 셔플(False Shuffle)

- 방법: 카드를 셔플하는 것처럼 보이지만 고의적으로 골고루 하지 않고 특정한 순서로 그대로 남겨두는 셔플
- 관찰포인트: 적절하게 실행되지 않은 경우의 모든 펄즈 셔플은 사실상의 셔플과 구분할 수가 없다. 사기를 행하는 자(Mechanic)는 컷트를 하여야 하므로 그 카드를 어느 지점에서 컷트하여 조종하는지 관찰
- 처리절차: 셔플을 하는 경우 적절한 리플을 유지하고 카드덱은 슈(Shoe)를 위한 컷트일 경우 사각형이 되어져야 한다.

▷ 스텍킹(Stacking)과 컬링(Culling)

- 방법: 컬링은 딜러가 원하는 위치에 일정한 카드를 모은다는 뜻이고 스텍킹은 게임자가 원하는 곳에 일어나도록 원하는 카드를 위치시키는 것이다.
- 관찰포인트: 카드를 적절히 스텍킹하고 컬링하면 발견할 수 없다. 미카닉은 어떤 순서에 카드를 픽업하고 어떻게 컷트를 컨트롤하는지에 포인트를 가진다.
- 처리절차: 딜러는 카드를 눕혀서 안전하게 픽업하고 카드의 컷팅을 관찰하여 확실하게 만들고 카드덱은 직사각형으로 만든다.

▷ 널리파이-컷트(Nullify-Cut)

- 방법: 정상적인 카드-컷트를 하였지만 카드-덱(Deck)의 내용은 전혀 변화가 없는 컷트
- 관찰포인트: 널리파이-컷트는 단순한 움직임으로 펄즈셔플의 연계되는 동작으로 공범자가 있으므로 슈와 함께 딜링할 때가 훨씬 더 쉽다.
- 처리절차: 컷트를 할 때에는 완전한 직사각형으로 덱을 확실하게 만들게 하며, 게임자에게는 적어도 한 덱 이상 컷트를 깊숙이 할 것을 요구한다.

▷ 피킹(Peeking)

• 방법: 단어가 함축하고 있는 그대로 카드를 실제로 본다는 "피킹"의 뜻. 또는 그들의 의지를 결정지으려는 카드라는 의미도 된다. 피크를 하는 딜러를 위해 여러 가지 방법이 있지만, 단 한 가지 방법만 증명할 수 있다. 그것도 공범자와 함께 "샤이너(Shiner)"를 이용하는 것이다.
• 관찰포인트: 게임자(대상자)에 대한 관찰은 게임상의 행동을 주시하는 것이 아니라 테이블의 특정한 지역을 집중하여야 나타난다. 예) 재떨이, 음료수컵, 게임자의 반지, 담배케이스 등등.
• 처리절차: 관찰할 수 있는 범위를 넓게 유지하거나 게임테이블 위에는 불필요한 사항의 소지를 없애고 경로를 차단한다.

▷ 핀칭(Pinching)과 프레싱(Pressing)

• 방법: 핸드의 결과를 본 후에 게임자 또는 딜러에 의해 어느 쪽의 벳(Bet)이든가 변경하는 것이다. 추가시키거나 또는 게임자의 느낌으로 그 벳을 부분적으로 구원할 수 있다고 판단되었을 때, 오리지날 벳으로부터 제거하거나 스스로의 행동에 의해서 또는 딜러에 의해 그의 벳을 증가시키는 것이다.
• 관찰포인트: 딜러 또는 게임자가 핀치 또는 프레스 벳이 있을때 이를 감지하기는 대단히 어렵다. 게임자 또는 딜러에 의해 지불하는 동안 유별난 움직임에 주의해야 할 것이며, 특히 손바닥에 쥐고 있는 칩스에 각별한 유의가 있어야 한다.
• 처리절차: 게임자의 여러 가지 유형의 벳팅을 자주 기억하는 습관을 개발하고 지불의 순서를 철저하게 지키도록 한다.

▷ 크림프(Criump)

• 방법: 크림프는 카드 가장자리에 표시하는 것으로 그것을 바깥쪽에서 읽을 수 있고 알 수 있도록 한 것이다. 게임자는 어떤 카드의 타입으로 게임할지 결심할 수 있다.
• 관찰포인트: 게임자 또는 딜러로부터 카드를 픽업 하는 동안 특별히 손에 대한 움직임에 대해 주목한다.
• 처리절차: 잠시 정지된 시간 또는 게임 되어진 카드가 있는 동안 어느 경우라도 카드의 조건을 체크한다.

▷ 쿨러(Coolers)

• 방법: 쿨러는 덱의 순서를 사전에 배열하여 한 슈에서 계속적으로 이기려고 게

임자 또는 게임자들을 위해 계획된 것이다.

- 관찰포인트: 플레이 상태에서 쿨러를 가져와 딜러에게 전달되므로 큰 지갑이나 물건 뒤에 쿨러를 숨기는 바 여기에 포인트를 둔다.
- 처리절차: 불필요한 게임에 카메라 방향을 돌리지 않는다. 그들은 여러분의 장비를 알고 있기 때문이다.

2) 블랙잭 컴퓨터(Blackjack Computer)

정교한 전자식 컴퓨터로 담배곽보다 크지 않아 쉽게 숨길 수 있으며 게임된 카드의 흔적을 보존하도록 특별히 고안되어졌으며 블랙잭 게임을 하는 동안 최적의 전략을 게임자에게 조언해준다.

◆컴퓨터의 운용

구 분	운용내용
① 입력	• 작은 전자마이크로-스위치를 통하여 정보를 입력한다. -게임에 덱의 숫자 -게임에 참여하는 게임자의 인원 -카지노 하우스의 룰 -노출된 모든 카드-덱의 수치
② 출력	• 컴퓨터는 데이터를 분석하고, 독특한 카운트 시스템으로 관련지으며 게임자의 전략을 컴퓨터 내부에 프로그램화되어 있다.
③ 신호	• 컴퓨터는 길고, 짧은 버저(Buzzer)의 모스부호 소리를 내는 시리즈를 통하여 신호하고, 게임의 핸들에 최선의 방법으로서 게임자의 도구로 클릭하는 것이다.

▷ 컴퓨터의 적절한 운영의 효과

- 블랙잭 게임을 하는 동안 완전한 게임전략 결정을 만들 수 있다.
- 하우스 어드벤티지를 어떤 카운트보다 조금 더 정확하게 게임자에게 알려주는 것으로 최선의 자금관리를 하도록 한다.
- 하우스룰에 따라 최적의 게임자 전략을 선정하여 히팅, 스탠딩, 페어스필릿팅, 더블링다운, 인슈런스 그리고 서렌더를 결정하여 제공한다.
- 게임에 사용된 모든 카드의 추적을 유지하므로 싱글덱 게임 안에 남아 있는 카드의 가치 또는 8덱에 남아 있는 카드의 값을 계산하여 배팅금액의 리미트를 결정할 수 있도록 한다.
- 컴퓨터는 하우스에 대해 5%~7% 블랙잭 게임자에게 유리하도록 도와주는 카드카운터가 된다.

– 컴퓨터를 사용하지 않을 경우 싱글-파라메터 포인트 카운트(Single-Parameter Point Count)는 0.700이고 멀티-파라메터 포인트 카운트(Multi-Parameter Point Count)는 0.891이고 데이비드(David)컴퓨터를 사용할 경우는 1.00이다.

▷ 컴퓨터의 추가기능

– 셔플트랙커(Shuffle Tracker)는 전략장치로서 컴퓨터 칩을 추가로 산입한 것이 셔플트랙커이다. 이 장치는 셔플 후에 어떤 카드가 나올지를 예측하는 베팅의 한계 및 의사결정을 알려준다.
– 보통 전문적인 팀이 이러한 장치를 사용하며 팀으로 할 때에는 각자의 특별한 역할 기능을 가지고 실행한다. 이를 팀 플레이어(Team Player)라고 한다.
– 컴퓨터는 기본적인 것부터 전문적인 것까지 다양하다. "Casey"와 "David"가 일반적으로 사용되지만 기능은 비슷하나 "David"가 이해하기 쉽고 더 많은 정보를 준다.

3) 블랙잭 컴퓨카운트(Blackjack Compucount)

컴퓨터와 함께 사용하는 전자장치로 블랙잭 게임을 하는 동안 사용되어진 모든 카드를 추적하여 보존한다.

그것은 단지 게임에서 사용된 카드를 추적하는 기능만 있으며 게임자를 위해 전략결정을 만드는 것이 아니라 더블다운, 스플릿, 인슈런스 배팅에 관해서만 알려준다.

▷ 출력(Output)

출력장치는 외관상 특별한 전자 LED(발광소자)손목시계 또는 언어 표현이 되는 이어피스(Earpiece)가 있다.

▷ 입력(Input)

각 신발의 안쪽에 있는 개개의 마이크로-스위치를 조종하려고 발가락을 사용하여 정보를 장치에 입력한다. 스위치는 게임에 사용된 하이 및 로우 카드를 지적하여 오픈 / 클로즈된다.

▷ 운용방법

컴퓨터는 게임자의 몸에 숨기며 9볼트 배터리에 의해 출력된다. 머큐리(수은)스위치는 게임자의 팔의 안쪽에 있으며 팔을 살짝 돌리면 LED시계에 트루카운트를 출력시키거나 이어피스에 언어로 알린다.

◆컴퓨터 게임자를 식별하는 정보

구 분	식별 내용
• 보행	-민감한 입력 스위치는 보통 신발 안에 설치한다. 그러므로 입력된 데이터가 에러가 나거나 손상되지 않으려고 보행을 천천히 그리고 부자연스러운 경향이 있다.
• 발(Foot)의 움직임	-보여진 카드가 있을 때 발끝이 유별나게 예민하게 움직인다.
• 부자연한자세	-그의 신발 한쪽에 커다란 무게가 있으므로 의자의 코너에 똑바로 앉는 경향이 있다.
• 부자연스런 발의 평면	-"Casey"컴퓨터를 가진 게임자는 의자의 가로대 또는 바닥에 발을 붙여야 한다. "David"컴퓨터를 가진 게임자는 한쪽의 신발이 무겁고 부자연스럽다면 다리를 십자형의 자세를 취할 것이다.
• 다리부분 바지의 팽창	-컴퓨터는 보통 고무줄로 다리 밑 부분에 매여져 있고, "David"에 대한 배터리 팩은 컴퓨터 바깥쪽에 위치해 있으며 일반적으로 다리 왼쪽에 감겨져 있다.
• 포켓속의 손	-경험이 적은 컴퓨터 게임자는 자주 손으로 입력하는 시스템을 사용한다. 왜냐하면 배우기에 훨씬 쉽기 때문이다. 코트 또는 바지주머니에 계속해서 손을 넣는 게임자를 주시한다.
• 노-드링킹	-주문은 자주하나 마시지 않는다. 왜냐하면 스위치의 사용에 집중하여야 되기 때문이다.
• 세 번째 베이스	-카운터는 세 번째 베이스에서의 게임이 유리한 것을 알고 있다. 그러므로 컴퓨터 게임자도 마찬가지이다.
• 게임의 유형	-컴퓨터 게임자는 4덱보다 적은 덱을 가지고 게임하기를 좋아하며 최대의 유리함을 달성하기에 적은 시간을 필요로 하는 컴퓨터이기 때문에 싱글덱 게임을 더 선호한다.
• 집중력의 수준	-컴퓨터 게임자는 장치 안으로 데이터를 입력할 때, 집중력을 보다 적어지게 할 필요가 있고 모든 것을 계산하는 카운터와 비교하여 별도로 컴퓨터에 지시를 주는 역할이 있도록 한다. 이것은 게임자 및 감독자와 함께 사교적일 수 있는 사람에게 시킨다.
• 반대의 카운트	-컴퓨터를 사용하는 게임자는 덱(Deck) 또는 슈(shoe)안에 정확히 남아 있는 일정한 카드에 대해 컴퓨터가 알고 있기 때문에 반대의 하이카운트임에도 불구하고 그의 벳(Bet)을 고려하지 않고 증가시키기도 한다.
• 신발의오버사이즈	-발 스윗치를 사용하려고 게임자의 신체에 비하여 신발사이즈가 크다. -벳을 올리거나 낮추는 것은 그의 팁이 다른 게임자에게 보내는 신호로 배팅 서클 범위내의 카운트팀의 상태를 알리는 벳(Bets)임이 틀림없다.

4) 카드카운터의 프로필(Profiles)

카드카운팅은 그것이 적절히 실행되었을 때 게임자에게 유리한 방향으로 갈 수 있도록 확실하게 만드는 것이다. 카운터(Counter)로서 개인적인 자격을 갖는 순서로 세 가지 사항이 필요하다. 그것은 전략의 사용, 카운팅, 자금의 관리이다.

▷ 카운팅

- 시스템을 사용하는 방법(한명 이상의 인물)
- 전자장치의 사용(컴퓨터 등등)
- 개인적(Individual)인 플레이
- 팀-플레이(2~3명의 멤버로 테이블 또는 테이블 주위에 서 있는 자, 배후에 있는 자로 구성)
- 슈가 시작하는 장소에서 착수(카운트, 신호를 주는 일원이 아니라면 라지-벳을 하는 공범자)
- 버닝카드 보는 것을 요구

▷ 카운터가 아님을 위장하는 행동 사례

- 한 시간 이상 게임에 참여하지 않으며 카지노에는 2시간 이상 머물지 않는다.
- 감시당하고 있다고 느끼면 배팅 패턴을 바꾼다.
- 카드가 셔플 되어졌을 때 카드가 딜링되어 지기전의 마지막 순간에 바꾼 벳은 커다란 벳을 만드는 것을 중지한다.
- 마지막 순간에 벳을 만들고 미니멈에서 멕시멈으로 벳팅을 변경한다.
- 카지노 플로어 직원과 대단찮은 대화를 만들고, 잘못된 게임을 만들거나, 결점을 고의적으로 만든다.
- 딜러나 플로어퍼슨에게 문제를 제시하고, 술을 시켜놓고 안마시며, 약간 술 취한 체한다.
- 만약 덱의 카운트가 네츄럴이나 약간 유리하다면 더블업 뱃팅을 하며, 같은 테이블 있는 게임자와 농담, 이야기를 하며 딜러에게 팁을 준다.
- 칩스를 호주머니에 넣거나, 동료에게 건네주어 칩스를 숨기며, 테이블에서 테이블로 이동한다.

▷ 카운터에 대한 대응책

- 셔플을 자주한다.

－카드덱을 반 이상 깊게 컷트한다.
－딜러를 교대한다.
－카지노 직원에 의해 각 개인별로 밀착감시한다.
－블랙잭 게임으로부터 게임자를 차단시킨다.

▷ 카드 카운터의 위장

－카드카운터는 스스로를 위장하려고 극단적인 수단을 취할 것이다. 그 이유는 분명히 카드 카운팅은 유리한 것이고, 유익한 직업임이 틀림없다. 그것은 그들의 생계로 카드 카운팅을 만드는 몇 사람의 개인적인 방법임이 인정된다.

－카운터는 가발을 이용하고, 코밑수염, 턱수염, 얼굴피부색, 그리고 속눈썹 등 활용할 것이며, 남성 또는 여성 어느 쪽이든지 될 수 있다. 또한 복장을 바꾸는 것도 트레이드마크다.

◆카드카운터의 위장사례

구 분	내 용
• 성별	－남성 또는 여성
• 인종	－대부분 백인, 소수의 동양인과 흑인
• 복장	－정장을 입거나, 우아한 복장 또는 반바지, 평상복, 스포츠복 등을 착용할 것이다. 남자는 야구선수복장 스타일과 모자 또는 테두리가 있는 모자와 서베일런스로부터의 분명한 사진촬영을 피하기 위해 선글라스를 착용할 것이다. －여성이 테두리가 넓은 모자, 선글라스 등을 착용하는 것도 얼굴에서 손까지 분명한 사진촬영을 피하려고 행해지는 것이다.
• 위장	－남성(Males) 새로이 기르고 있는 수염 또는 무성한 턱수염과 코밑수염, 가발, 선글라스, 거짓 속눈썹, 다양한 스타일의 안경렌즈, 복장의 다양한 변화 －여성(Females) 가발을 착용, 다양하게 변장하는 화장의 컬러, 다양한 스타일의 안경렌즈, 또는 의복의 변화
• 방법	－단독작업 또는 부부행세, 연인 사이로 행세하는 작업, 팀으로 하는 작업(서로 아는 체하지 않음) 등 여러 가지 형태가 있다. 팀으로 하는 작업은 테이블에 한명 이상이 있고, 또다른 멤버는 "방관자(Bystander)"로 게임에 참가하여 대량의 뱃팅을 하며, 그리고 테이블을 떠난다. －팀으로 작업할 때 한명 이상은 테이블에 있고, 한명은 테이블 부근에서 딜러, 슈퍼바이저의 시선을 다른 곳으로 유도하여 부정행위를 보조하기도 하고, 또는 딜러／매니저급 직원과 공모하여 함께 작업하기도 한다.

▷ 카운트 팀의 행동

- 카운트 팀이 카지노에서 작업하기 전에, 팀은 두 사람 정도 미리 보내어 카메라 위치, 카드덱 사용, 리미트, 카지노 레이아웃, 테이블 배치 등을 통상적으로 걸어가면서 카지노 현장상황을 사전 답사한다.
- 카운트 팀은 최소한 짧은 시간에만 게임을 하며(20~40분 정도), 게임 중의 시간대에는 쉐도우(Shadow) 카운트, 리미트 벳으로 목적을 이루면 테이블을 떠난다.
- 카운트 팀은 주말같은 바쁜 시간에만 플레이하며, 이들은 통상 미화 1만불에서 2만불 정도의 게임자금을 가져온다.

▷ 방어하는 요령

- 모두 8덱슈를 사용하고 2덱에 컷-카드의 자리가 위치하도록 증가시킨다(쉐도우 카운팅을 하는 특별한 팀이라면). 만약 이러한 팀이 카지노에 분명히 있고, 그들의 멤버가 대규모라면 그들이 카지노를 떠날 때까지 슈의 반만 게임 시킨다.
- 게임금액 한도를 5분의 1로 낮추거나, 맥시멈(Maximum) 한도금액을 뱃팅하는 쉐도우 카운터라는 혐의가 있다면 즉시 리-셔플을 한다(이 경우 심사숙고하여 일반손님과의 관계를 고려해야 함).
- 위 방법의 사용을 결정할 때 항상 누군가의 승인과 책임이 따라야 한다.

3. 룰렛게임 서베일런스(Roulette Game Surveillance)

룰렛게임을 보다 나은 이해와 절차를 가지고 어느 곳을 위해 서베일런스의 방향을 설정하기 위해서는 게임의 기본적인 구성부터 인식해야 한다.

◆ 룰렛게임의 구성요소

명 칭	내 용
• 캐누스톱(Canoestops)	- 다이아몬드 모양의 금속 스톱은 볼이 일정한 방향에 도착시키지 않으려는 목적으로 휠-헤드의 림(Rim)안쪽에 장착되어 있다.
• 프레트(Frets)	- 포켓(Pockets)의 칸막이로 볼이 도착하는 곳
• 트랙(Track)	- 크라운을 향하여 중력이 떨어질 때까지 볼을 잡고 있는 휠-헤드의 림(Rim)안쪽
• 크라운(Crown)	- 포켓과 프레트를 함께 보유하고 있는 휠(Wheel)의 축
• 벗어나는 속도 (Escape Velocity)	- 볼이 트랙을 떠나는 지점
• 스캐터(Scatter)	- 크라운과 접촉하여 만들어진 볼의 이동거리
• 쉐이드(Shade)	- 볼이 트랙을 떠나기에 가장 적절하다는 것은 어느 지역 쉐이드로 휠-헤드의 균형이 맞지 않는 근거가 된다.
• 휠바이어스(Wheel Bias)	- 오랜 진행에도 일정한 넘버, 수학적인 확률 가능성보다 더 자주 나타나는 현상

룰렛은 여러 가지 부정한(Scam) 기술이 있는 것으로 알려져 있다. 게임자 개인적으로 행해질 수도 있고 두 사람 이상의 게임자 또는 게임을 하지 않는 자와 공모하기도 하며 딜러가 제삼자와 참여하기도 한다.

▷ 싱글 플레이어(Single Player)

- 혼자서 하는 게임자는 단순하게 테이블의 먼 끝쪽을 사용한다. 그는 테이블의 끝 쪽에서 휠을 향한 위쪽에 이르도록 하면서 테이블의 끝 아래쪽에서 플레이 한다. 이러한 스캠은 혼자서 또는 테이블에서 게임하는 다른 사람과 함께 가질 수 있다. 개인적인 단독행위에서 술을 너무 마신 체하는 것은 만약 그가 잡힌다면 변명의 구실로 삼으려는 것이다.
- 그가 유리한 지점으로 테이블에서 게임한다는 것은 게임자가 레이아웃 끝에서 테이블을 가로질러 휠(Wheel)쪽으로 빈번히 손을 내밀 수 있다는 것이다. 그렇게 하면서 그는 볼(Ball)을 지켜본다. 게임자는 볼이 떨어질 때 한손을 가지고 그대로 벳을 만든다. 만약 그 볼이 하이넘버 안으로 들어갔다면 게임자는 그의 반대편 손을 가지고 넘버 상에 반대편 손에서 칩스를 떨어뜨리는 것이다.
- 이러한 움직임은 일반적으로 신체로 커버되며 속임수를 행하는 자는 통상적으로 숙련되어 있다. 그 움직임은 테이블을 가로질러 팔을 뻗으며 신체에 의해 숨겨지기 때문에 발견하기 어렵다.
- 이와 같은 술책은 테이블 주위에 다른 위치로부터 완성되어질 수도 있다. 그러

나 가장 공통적이고, 성공적이며 이러한 스캠에 대한 효과적인 위치는 컬럼벳존(Column Bat Zone)이 위치한 테이블의 먼 쪽 끝이다.

- 속임수를 행하는 자는 또한 휠-헤드부근 위쪽에 놓여진 넘버인 0,00에 벳팅하여 주기를 딜러에게 볼이 떨어지기 직전에 요청하는 것으로 딜러의 시선을 돌리도록 유도하기도 한다.

▷ **멀티플 플레이어(Multiple Player)**

- 멀티플 플레이어들은 싱글플레이어와 같은 유사한 스캠을 활용할 것이다. 그렇지만 멀티게임자는 하우스의 감독/딜러와 같은 직원들의 주위를 산만하게 만드는 데는 훨씬 도움을 가지게 될 것이다. 보통 그들은 "먹커(Mucker)"가 없는 테이블을 선택할 것이며 또한 그들은 업장 테이블에서 부주의하고 게으르며 지루하게 일하는 딜러는 찾게 될 것이다.
- 또 하나의 다른 스캠은 휠의 시간기록을 하는 컴퓨터와 함께 사용하는 것이다. 휠의 클락킹(Cloking)을 기록하는 사람은 휠 부근에 위치해 있고, 게임의 참여는 필요로 하지 않으며 또다른 공모자는 휠 근처 지역에서 게임을 하고, 또 한명의 공모자는 테이블의 먼 끝 쪽에 있다. 테이블의 먼 끝 쪽 근처에 있는 사람은 컴퓨터(발신기) 장치를 가지고 휠의 클락킹을 하는 사람으로부터 그에게 시그날(Signal)을 주는 곳에 수신장치가 있다.

제4절 카지노 서베일런스와 속임수 행위 사례

1. 속임수 행위(Cheating) 방법

다음에 열거한 방법은 다양한 속임수 행위의 행태(行態)를 모두 나열한 것은 아니다. 행위, 기구, 또는 기만(Deceit), 손기술 등을 속임수 행위의 도구로 이용한 많은 실체의 어떤 부분을 지적하여 제시하는 내용으로 서베일런스 요원에게는 관찰 포인트의 대상이 되는 사례이다.

◆속임수의 용어 / 행위 / 방법

구 분	내 용
• 핀칭(Pinching)	- 벳이 확정되었거나 또는 게임의 결과, 핸드의 결정이 있는 후에 그 벳(Bet)의 칩스를 가져가는 행위
• 프레싱(Pressing)	- 벳이 확정되었거나 또는 게임의 결과, 핸드가 결정된 후에 그 벳에 칩스를 추가하는 행위
• 패스트포스터(Pastposter)	- 벳을 추가하는 자 또는 게임의 액션이 시작되어진 후에 딜러를 기만하여 밴팅한 장소의 벳
• 드레깅(Dragging)	- 오리지날 벳(Bet)으로부터 칩스를 이동시키는 행위
• 레일버드(Rail-Bird)	- 다른 사람의 칩에 손을 대거나 훔치려는 기회를 유리하게 가지려고 테이블 뒤에 있거나 테이블에서 있는 자
• 카드마킹(Card Marking)	- 손톱, 크레용, 샤프 등으로 표시하거나 반지, 보석 등의 물체로 구부리거나 흔적을 내는 등 물리적으로 카드를 마크하는 고안품 또는 방법을 사용하는 어떤 자
• 쇼잉카드(Showing Card)	- 푸싱, 홀 카드를 순간적으로 보여주는 딜러의 방법
• 스텍드 덱(Stacked- Deck)	- 딜러는 특별한 순서로 카드를 엮어 놓아, 적절한 셔플로 나타나게 하는 슈(Shoe)를 준비하며, 그 카드는 파트너/공모자에게 딜링하여 위너(승자)가 되도록 만드는 것이다.

• 칩 지프(Chip Thief)	-손님 또는 트레이(Tray)의 통화, 딜러의 스텍(자금) 등 어느 쪽이든지 칩스를 스틸(Steal)하는 어떤 자 -딜러는 손바닥, 손가락 사이 등을 이용하여 트레이로부터 칩스를 가질 수 있고 동시에 벨트, 셔츠 깃, 입 또는 소매에 감추며 또한 테이블의 패드 사이에 끼워 넣을 수 있다. -손님 또는 딜러가 거의 눈에 띄지 않도록 하는 빠르고 교묘한 손재주 -카메라 관찰을 추적하는 것은 용의가 있는 자가 장소를 정하려는 또다른 방법이고 핸드의 움직임, 핸드의 액션을 개별적으로 주시하는 것도 방법의 하나이다.
• 벳-클레이머(Bet Claimers)	-어떤 게임에서 그 벳이 자기의 벳이었다고 지불을 요구하는 또다른 사람 Note: 많은 속임수꾼들은 알코올의 음료를 마시는 것으로 보이도록 시도하지만 그들은 실제로 소다수 또는 물을 마신다.

▷ 다이스(Dice)

• 로우디드(Loaded)

– 일정한 숫자가 자주 나올 수 있게 부정한 수단으로 만들어진 주사위. 통상적으로 구멍을 뚫어 어느 사이드를 무겁게 한 다음 정상적인 주사위인 것처럼 보이게 마무리한다.

• 일리걸 롤(Illegal Rolls)

– 슬라이더, 선택한 넘버의 주사위를 테이블에 놓으면서 미끄러트리는 행위

• 럽(Lob)

– 구르는 것을 방지하려고 테이블의 구석으로 느리게 던진 주사위

• 락 그립(Lock Grip)

– 손안에서 달칵거리는 소리로 주사위를 잡으면서 그 롤을 슈터의 손을 떠날시 조종되어 진다.

• 다이스 탬퍼링(Dice Tampering)

– 슈터(Shooter)는 포켓에 원하는 내용의 주사위를 가지고 있고 주사위를 손으로 만져 촉감을 가지고 롤링할 시, 그것을 함께 끼어들게 만든다.

▷ 슬롯 속임수(Slot Cheats)

• 탬퍼링(Tampering)

– 개인적으로 머신 작동부분의 제륜장치, 릴(Reel)을 포함하여 코인드롭 그리고 컴퓨터 보드, 칩 등을 변경할 수 있는 자가 할 수 있는 행위

• 드릴링(Drilling)

– 작은 휴대용 파워 드릴을 사용하여 슬롯머신의 어느 사이드에 구멍을 만드는 일반적인 방법으로 그 구멍에 전선을 집어넣어 잭팟 위치에 릴을 멈추게 하는 방법

• 인서트(Insert)

– 슬롯머신은 동일한 측면에 작은 추진기에 날개(Fan)를 가지고 있다. 전선 또는 장치를 올가미로 삽입하여 잭팟 위치에 릴을 멈추려고 팬을 정지시키는 방법

• 요요(Yo-Yo)

– 코인을 어떤 실 또는 와이어 끝에 매달고 머신으로부터 프리-게임을 가지는 코인슬롯 순서를 통하여 올렸다 내렸다 하는 방법을 사용한다. 그것은 사람이 코인 카운터를 통과시키려 위아래로 움직일 것이다.

– 감시자 또는 카메라의 관찰을 차단하는 방법으로 오른손은 코인 슬롯지역을 유지하고 다른 손은 움직이는 줄과 전선을 숨기는 데 사용한다.

• 슬러그(Slug)

– 머신으로부터 프리-게임을 가지려고 만든 모조코인, 속임수를 행하는 자는 보통 컵-코인을 사용하지 않고 포켓 속에 넣고 작업을 한다. 또한 손안에 한웅큼씩 잡고 작업한다.

Note: 관계자와 슬롯 메카닉은 삼자확인 없이 고객에게 잭팟에 대한 직접지불이 있어서는 안 된다.

– 슬롯머신에 불필요한 참여가 관찰대상이 되어져야 한다는 뜻은 슬롯머신에 참여하는 사람이 특별한 장비로 지불에 대한 머신을 준비할 수 있다는 것이다.

• 코인드롭 블록(Coin Drop Block)

– 위닝 고객에 대해 트레이 안으로 떨어지는 코인을 차단하려고 코인드롭 지역 안에 직물같은 물건으로 채운다. 그리고 주기적으로 되돌리는 사람은 방해물을 제거하고 코인을 수거한다.

• 슬로윙 릴(Slowing Reels)

– 눈에 보이는 릴에 물리적인 힘을 가하여 잭팟 포지션에 멈추거나 잠그어지기를 시도하는 방법

• 전자장치(Electronic Devices)

– 머신의 운영과 지불구성을 변경하는 시도를 하기 위해 사용하는 다양한 전자장치

2. 스캠의 사례 및 서베일런스

다음은 딜러 / 케이지케셔 / 코인체인지퍼슨 / 카운트룸 등 업무와 관련하여 발생하는 일반적인 속임수행위 및 스캠(Scam)사례이다. 서베일런스 운영의 착안 포인트가 될 것이다.

◆ 일반적인 속임수 행위 및 스캠사례

구 분	내 용
• 초과 지불 (Overpay-ment)	- 딜러가 친구 또는 팁을 잘 주는 손님에게 행한다.
• 핸드오프(Hand Off)	- 딜러가 친구에게 접근하여 친근하게 악수를 나누는 것처럼 보이지만 실제로 딜러는 손바닥 안에 감춘 첵(Check)을 친구에게 건네는 것이다.
• 신체의 움직임 (Movement of Body)	- 머리카락, 목부분, 포켓, 입, 벨트라인 등에 손이 가는 행위 - 옷을 단정히 하는 동작에서 칩스, 현금, 코인 등을 감추는 행위 - 기침, 재치기 등을 하는 체하면서 코인, 칩스, 현금을 입속에 넣거나 손 또는 손수건에 숨기는 행위 - 양말을 올리거나, 신발끈을 묶거나 바닥에 떨어진 물건을 줍는 것처럼 하면서 칩스를 숨기는 행위(옷소매, 양말, 신발)
• 숨겨진 장소 (Hidden Location)	- 테이블의 러버(Rubber) 또는 패딩(Padding)아래에 칩스를 밀어 집어넣고 나중에 집어간다.
• 테이블에서의 행동 (Tablo Conduct)	- 딜러가 게임을 딜링하는 동안 불필요하게 드롭박스의 뚜껑인 패들(Paddlo)에 접촉하는 것은 작은 조각과 같은 상태로 줄을 둥글게 말려는 기회를 가지려는 행위이다.
• 블랙잭 쇼우 홀-카드 (Show Hole-Card)	- 딜러가 친구 또는 좋은 팁퍼에게 위로부터 순간 카드를 보여주거나 홀-카드의 측면을 밀어 보여주는 행위로 게임자에게 카드의 내용이 무엇인지 알도록 하는 행위
• 초과지불	- 친구 또는 팁퍼에게 지불하는 칩스 스텍 안에 특별히 추가하는 행위
• 스텍 덱(Stack Deck)	- 친구를 위하여 데드게임 상태에서 보통 만들어진다. 딜러는 그때그때의 동작에 의한 상태로 카드를 조작한다. 준비된 카드는 친구가 테이블에 오면 셔플하는 체하기도 하고, 때로는 준비한 딜러가 자연적으로 교대되어 게임자가 이겼더라도 딜러는 의심받지 않는다.
• 표시된 카드 (Marked Card)	- 카드를 계획적으로 표시하였거나 점선, 구부리기 등으로 흔적을 내는 행위로 홀-카드일 때 또는 다음 게임에서 사용된 카드로 결정을 가지려고 게임자가 고려하는 카드 - 예리한 물체(다이아몬드)를 지닌 반지를 사용하거나 또는 다른 고안품(탄소봉)으로 표시하기도 한다.

• 픽-포켓(Pick Pocket)	- 목표대상물 같은 것이 있을 만한 곳을 두리번거리며 찾는다. 대상물에 가까운 것은 수첩이 있는 지갑을 발견하는 것이다. 게임자는 슬롯머신의 한쪽사이드 게임의 자의 뒤편 또는 게임장(룰렛, 크랩스, 블랙잭)에 수첩을 놓고 가기 때문이다.
• 디버젼(Diversions)	- 카지노의 한편에서 고의로 소란을 피우는 등의 방해를 하여 시선을 딴 곳으로 돌리는 동안 다른 한편에서 속임수 행위를 하는 술책. 이는 공범자 또는 파트너와 같이 작업을 한다.
• 크레딧 사기 (Credit Fraud)	- 게임자는 크레딧(신용대여)을 승인받고 크레딧 서류 또는 등급을 설정하고 금액을 약정한 마커가 된 다음, 마커로 게임을 하지 않고 칩스를 현금화한 다음 카지노를 떠난다. - 그 게임자는 가공인물의 이름과 주소를 사용하였기 때문에 원금은 결코 회수될 수 없다. 이는 조직적인 범죄 사기의 유형이다.
• 스캠(Scam)	- 라지마커(Large-Marker)를 가지려는 행위로 상대게임자 또한 라지-마커를 가지려는 자이다. 둘이 크랩스/바카라 테이블에서 배팅을 서로 반대편으로 게임한다(패스라인대 돈패스, 플레이어 사이드대 뱅커사이드).
• 토크패딩 (Talk Padding)	- 딜러가 손님이 준 정상적인 토크(Talk)의 금액에 임의로 추가적인 금액을 가산하여 토크박스와 컴퓨터에 입력시킨다.
• 카드카운터	- 카운팅시스템 및 기본전략으로 게임의 승산을 유리하게 가지려고 시도하는 사람.

다음의 내용은 카지노 서베일런스 보고서에서 인지한 사항의 사례이다. 아래와 같은 사항이 발생되면 즉시 보고되어지며 조사관에 의해 집중적으로 그 혐의자와 인터뷰 및 심문이 행해질 것이다. 아래의 사례는 업무 부분별로 카지노 직원들에 의해 발생하는 치팅(Cheating)과 절도(Theft)행위이다.

◆직원에 의한 부문별 부정행위사례

부 문	내 용
① 케이지(Cage)	-고의로 케셔에 의해 단골손님 또는 친구에게 초과지불을 한다. -단골고객에게 잔돈을 부족하게 지불하고 나머지 금액은 자기 몫으로 한다. -칩스를 교묘히 절취한다. -서랍(플로트머니)으로부터 현금, 칩스를 토크박스로 추가로 보충시킨다. -지폐의 컬러, 사이즈가 똑같으므로 지폐를 한다발로 만드는 경우 고액짜리 지폐를 빼내고 저가의 지폐를 집어넣고 그 차액을 착복한다. -오리지날 마커(크레딧장부)를 없애고 손님으로부터 뇌물을 받거나 또는 그 금액을 케셔, 마커뱅크케셔와 나누어 가진다. -테이블에 잘못된(Fill)금액을 보내고 나중에 슈퍼바이저와 함께 그 차액을 나누어 가진다.
② 슬롯(Slots)	-케셔가 손님에게 부족하게 체인지하여 준 다음 착복한다. -어텐던트가 머신에 관여하여 코인컵을 채우고 중계 및 현금을 바꾸게 하여 머신의 측면을 따라 준비해 주기도 하고, 위닝포지션에 릴(Reel)을 조절하고 나서 잭팟에 대한 필(Fill)을 요청하기도 한다. -슬롯지역에 일하면서 지갑, 수첩을 절도한다.
③ 소프트 카운트 팀 (Soft Count Team)	-팀멤버가 총액을 허위보고 하거나 모든 현금기록을 누락시키는 방법으로 그 차액을 횡령하여 나중에 분배한다. -탁자 밑에 씹던 껌과 현금을 붙여서 고정시킨 다음 나중에 현금을 가져간다. -현금을 쓰레기통에 넣은 다음 하우스 키퍼가 청소할 때 가져가도록 하고 나중에 나눈다.
④ 딜러/피트의 지원 (Dealer/Pit Personnel)	-플로트커버를 열거나 닫을 때 칩스를 스틸링(Stealing)하여 입, 포켓 등에 넣는다. -고의적으로 손님이나 친구에게 초과지불하거나 손님이 루즈하였는 데도 불구하고 비기거나 이긴 것으로 간주한다. -슈퍼바이저/딜러/뱅그게셔가 공모하여 부직절한 필(Fill)을 한 다음, 그 칩스를 횡령하며, 칩스를 현금화할 때는 케이지 케셔도 가담시킨다. -딜러/슈퍼바이저/핏보스까지 공모하여 칩스 또는 코인을 스틸하여 외부인에게 건네준 다음 나중에 분배한다. -딜러가 트레이(Tray)에 있는 칩스를 토크박스에 넣는다.

제3장

서베일런스 운영관련 카지노 내부통제

제3장 서베일런스 운영관련 카지노 내부통제

제1절 피트의 통제절차(Pit Control Procedures)

1. 피트의 구성(Formation)

서베일런스 운영과 관련하여 운영기능의 중심은 게임테이블에 있다고 볼 수 있다. 게임테이블은 세계적으로 카지노 안에 배치는 각각의 특별한 개성(個性)으로 형식을 달리하고 있다.

이에 서베일런스 기능을 효율적으로 운영하려면 카메라 위치, 조명(照明), 업장시설구조, 피트의 형성, 게임테이블의 배치, 그리고 게임의 종류 등이 고려되어야 하므로 일단 고객이 편안하고, 아늑한 시설에 갬블링을 유혹할 수 있는 동선을 바탕으로 테이블이 배치되고 피트를 형성시키며, 그리고 게임테이블을 서베일런스 할 수 있는 조건이 수반되어야 할 것이다.

이에 서베일런스 운영의 기능에 전제(前提)가 되는 것은 각 부문에 카지노가 제시하는 내부통제 절차이다. 절차에 대한 이해와 지식이 없다면, 부서간의 충돌이 예상되고 서베일런스 부서의 위상이 약화될 수 있고 업무에 대한 능력이 과소평가가 될 수도 있다.

서베일런스운영관련 피트의 구성은 첫째, 게임테이블 레이아웃에 위치를 생각하여 구성한다. 피트의 위치, 피트에 누가 있는지를 알기 위하여 테이블 넘버가 필요하며 절차의 입증을 위해 피트내의 모든 서류는 두 사람 또는 세 사람이 확인 서명한다. 두 번째는 피트의 출입통제이다. 피트는 게임업무를 수행하기 위한 딜러와 피트 책임자만 출입할 수 있고, 피트 출입에는 무엇을 들고 갈 수 있는지에 대한 구체적인 사항을 매뉴얼에 명시한다.

2. 테이블의 節次

– 테이블의 절차는 게임을 지연하지 않기 위해서는 간단하고 신속히 처리해야 한다. 카지노에서 시간은 돈이므로 스피드가 중요하다. Fill, Credit, Marker 그리고 손님의 크레딧관련 전련 절차는 딜러의 오른쪽 "패들(Paddle)" 이 있는 곳에서 이루어지는 것이 정상이고, 크랩스 게임의 경우는 박스맨의 정면에 있는 패들 앞에 놓여지는 것이 정상이다.

– 이러한 서류작업은 처리가 완성될 때까지 남아 있어야 하고 모든 관계자가 정확한 서명을 가진 다음 패들로 밀어 드롭박스 안으로 밀어 넣는다. 지나치게 오랫동안 테이블에서 서류작업을 한다는 것은 세밀한 확인이라고도 볼 수 있지만, 서베일런스요원은 지연되는 사유가 무엇인지 알아야 하고 게임테이블에서의 모든 행동에 "클리어핸드(Clear Hand)" 가 있었는지 확인한다.

▷ 필(Fill)과 크레딧(Credit)의 절차

다음은 테이블게임 슈퍼바이저가 요청한 필과 크레딧에 대한 일반적인 절차이며 케이지에서 피트로 또는 그 반대로 실행하는 시큐리티 요원을 위해 제정된 절차이기도 하다.

1) 필(Fills)

"필"은 게임을 적절히 수행하기 위해 필요한 테이블트레이의 칩스를 원래대로 채워놓는 것이다.

a – 필은 요청서에 의해 시큐리티에게 슈퍼바이저에 의해 테이블에서 요청되어진다.
b – 시큐리티는 케이지에서 필을 받는다.
c – 필슬립에 서명하고 동시에 확인하고 서명한다.

d – 그 필의 운반은 피트에 정확하게 칩스 캐리어 안에 넣어 전달한다.

e – 해당 핏보스 또는 슈퍼바이저 앞에 필을 놓은 다음 확인한다.

f – 시큐리티요원은 딜러의 테이블 왼쪽에서 기다린다.

g – 시큐리티요원은 테이블위에 칩스 캐리어를 놓으며 필슬립은 안쪽 정면으로 놓는다.

h – 시큐리티요원이 칩스 캐리어의 커버를 연다.

I – 딜러는 캐리어로부터 칩스 트레이에 옮긴다.

j – 시큐리티는 칩스 캐리어를 이동하며, 딜러는 시큐리티에게 어깨너머로 빈 케이스를 건네준다.

k – 시큐리티는 딜러와 슈퍼바이저가 칩스를 접수하는 과정과 카운트하는 과정을 관찰한다.

l – 시큐리티는 서류의 서명을 지켜본다.

m – 시큐리티는 케이지로 보내지는 필의 엘로우 카피를 받을 것이다.

n – 시큐리티는 딜러가 화이트와 엘로우 칼러의 테이블 필슬립 카피를 드롭박스에 넣는 것을 관찰한다.

o – 시큐리티는 케이지에 캐리어와 함께 필의 엘로우 카피를 전달한다.

2) 크레딧(Credit)

크레딧은 게임 테이블에서 케이지가 기본 필보다 초과한 금액을 콜렉션하는 것이다.

a – 크레딧은 일반적으로 테이블 슈퍼바이저에 의해 시큐리티에게 구두로 요청한다.

b – 시큐리티는 비어있는 칩스케이스와 함께 캐리어를 케이지로부터 가져온다.

c – 시큐리티는 칩스캐리어와 케이스와 함께 피트의 테이블에 가져다 준다.

d – 시큐리티는 딜러의 왼쪽으로 들어가 요구되어진 테이블 위에 칩스 캐리어를 놓는다.

e – 시큐리티는 딜러의 카운트를 관찰하는 것과 케이스에 칩스를 넣어 캐리어 안에 담는 것을 지켜본다.

f – 칩스는 모든 관계자(딜러/플로어퍼슨/시큐리티)가 크레딧 슬립에 서명이 끝날 때까지 테이블에 남아 있는다.

g – 시큐리티는 칩스캐리어 커버를 닫는다.

h – 시큐리티는 테이블로부터 캐리어를 옮기고 화이트 크레딧 슬립 카피를 받는다.

I－시큐리티는 딜러가 드롭박스 안으로 핑크카피를 드롭하는 것을 관찰한다.

j－옐로우 카피는 테이블 위의 "패들" 가까이에 남긴다.

l－시큐리티는 케이지로부터 화이트와 옐로우 슬립을 받는다.

m－시큐리티는 피트(플로어퍼슨)에 2장의 슬립을 전하려고 가져간다.

n－시큐리티는 딜러의 왼쪽편으로 들어간다.

o－시큐리티는 딜러와 플로어퍼슨이 서류에 서명하는 것과 딜러가 케이지에서 발행한 노란색 카피와 테이블에서 요청한 노란색 카피를 드롭박스에 집어넣는 것을 관찰한다.

p－시큐리티는 플로어퍼슨으로부터 케이지 카피를 받아 케이지에 전달한다.

3. 피트의 슈퍼바이저와 서베일런스 업무와의 상관관계

서베일런스 업무	협조이유 및 내용
• 마커플레어 확인 • 하이롤러의 신원확인 • 게임치터(Cheater) • 유별난 움직임 또는 고객의 행동 • 입증 또는 바람직하지 못한 행동을 인지 • 슈퍼바이저/딜러의 확인 조회	－게임자가 마커를 계산하지 않고 떠나기도 함. －알려진 마커인지를 조회 －파일을 위해 사진보관 －알려진 사람 또는 의심스러운사람 －딜러/슈퍼바이저에게 주의요망 －위반보고서/평가보고서/절차실행에 관한 보고서를 확인
• 부정확한 금액지불 • 절차에 벗어난 게임진행 • 테이블상의 하이액션(고액칩스) • 서류, 클리프, 수첩 등이 칩스와 플로트에 방해가 됨 • 게임 케이블에 지갑, 핸드백, 흘린 음료수 등 게임에 지장을 주는 요소가 있음 • 딜러가 불필요하게 칩스를 만지고 있음 • 딜러가 클리어핸드를 하지 않음 • 부적절한 칩스의 핸들링/컷팅/프르브(Prove) • 게임자가 최소/최대금액의 리미트를 오버하는 게임 • 딜러가 부정확한 지불과 테이크를 하고 있음 • 특별한 필과 크레딧의 확인요청 • 서류실수가 발생할 때, 크레딧을 처리할 때, 필슬립을 드롭박스에 넣을 경우	－피트/슈퍼바이저에게 알림 

• 혐의 가능성 있는 게임자를 확인한다. • 게임, 거래를 할 때 게임자를 확인하라는 상부 매니저 및 관계기관의 요청 • 게임자/슈퍼바이저/딜러를 조사하라는 감독기관의 요청 • 피트/테이블에서 발생한 미심적은 행동을 조사하여 달라는 요청이 있는 경우 우선 정확한 경우부터 파악한다. 그리고 파일을 위하여 사진을 촬영하고 어떤 고객인지를 설명하여 입증한다. • 크레딧사기(Credit Fraud)와 콤프를 제공받은 게임자의 개인적인 플레이를 확인한다. • 게임자가 이기고 있는지 지고 있는지 게임상황을 모니터한다. • 딜러의 친구, 친지가 그 딜러의 테이블에서 게임을 하고 있음을 인지하였을 경우	- 카지노에서 위조수표, 절도수표 등을 확인하기 위하여 - 상부 매니저/관계기관에 확인보고서 제출 - 감독기관에 조사보고서 제출 - 스틱퍼슨, 드렁크, 레일버드 등 게임에서 게임으로 또는 영업장의 게임자 활동을 추적 - 부정한 행위로 간주하여 가능한 한 입증하기 위함 - 플로트 트레이(Floot Tray)안에 있는 저가 칩스량의 관찰에 의해 게임자의 포켓에 칩스가 있는지, 어떤 치팅방법의 형태를 사용하고 있는지, 돈세탁을 하는지, 또는 마커를 지불하지 않고 떠났는지를 알기 위함 - 슈퍼바이저에게 알림

4. 케이지업무 서베일런스(Cage Surveillance)

케이지는 카지노 자금의 심장으로 현금출납이 이루어지는 곳으로 출입이 제한되기 때문에 당연히 모든 업무활동이 당연히 기록되어져야 한다. 위너/루저(Winner/Loser) 모두 마찬가지로 지불에 대한 채무 또는 캐쉬로 칩스가 전환되는 과정이 관여되므로 여기에 서베일런스 기능이 필요하다. 그것은 또한 카지노의 모든 통화의 회계처리에 대한 것이고, 캐쉬를 요구할시 단골고객의 지불에 대한 준비로서 필요한 절차이었는지가 서베일런스 대상이 될 것이다.

▷ 케이지지역, 금고실 또는 케이지와의 관련 업무를 서베일런스 할 경우, 카지노가 제시한 업무절차 또는 업무수칙, 업무규정 등을 체크하는 것은 대단히 중요하다. 다음의 사항은 카지노가 규정한 케이지 업무수칙이다.

- 케이지 캐셔(Cashier)는 자신만이 사용하는 서랍을 가져야 하고, 그 지역을 벗어날 경우 동시에 잠근다.
- 케이지 캐셔는 한 가지 기능만을 담당한다(현금서랍, 칩뱅크, 마커뱅크, 슬롯횟수 등등).
- 캐셔 한 사람당 한 건씩 업무를 처리한다.

- 손님에게 카운터 위에 칩스를 놓도록 하고, 고객의 손으로부터 직접 받아서는 안된다.
- 카지노가 제시한 절차의 방법으로 칩스를 카운트 하고, 감독하는 자와 서베일런스 카메라를 위해 잘 보이도록 한다.
- 현금을 카운트 할 때는 손안에 잡고 하지 말고 서랍에서 꺼내어 카운터 위에 올려놓고 지폐를 한 장씩 카운트한다.
- 현금을 손님에게 건네줄 때는 카운터 위에 놓으며 절대로 고객에게 현금을 손으로 직접 건네주어서는 안된다.
- 칩스 또는 현금을 다루었거나 캐셔의 서랍에서 입·출금이 있었던 경우, "클리어핸드"한다.
- 신체, 옷, 머리 또는 얼굴에 손이 가야 할 필요가 있을 때에도 "클리어핸드" 한다.
- 근무복장에 호주머니는 사용하지 못하며 개인적인 거래 또는 개인적인 현금이 섞이는 것은 절대 금지한다.
- 케이지 매니저와 내부감사의 요청이 있을 때를 제외하고는 시프트근무 중에 서랍안의 현금과 칩스를 카운트하는 것은 금지한다.

▷ 손님의 파운드 머니(Found Money)

손님이 잊어버린 돈, 테이블이나 의자, 패딩 밑에 떨어진 칩스 등, 카지노 내부에서 발견되는 돈을 말한다. 이 경우 손님이 찾을 때까지 보관하며 손님이 찾지 않을 경우 카지노에서 정한 장소에 보관한다.

- 직원들이 정직해야 하며 특히 하우스키핑, 캐셔, 딜러, 슈퍼바이저 같은 사람은 쉽게 횡령할 수 있으므로 이러한 사항을 고용계약서에 명시한다.
- 파운드 머니는 쉽게 토크로 처리되기도 하나, 이는 손님이 다시 찾아올 경우 카지노의 이미지에 영향이 미치므로 확실하게 처리해야 하며, 지갑, 핸드백 안에 들어 있는 현금, 코인 등은 파운드 머니라 하지 않고 분실로 처리한다.

제2절 머니 카운트 서베일런스 (Money Count Surveillance)

1. 머니 카운트 서베일런스 개요

국내의 카지노영업 준칙 제2장 제8조(CCTV 녹화) 제1항 2호에 의거 카운트 룸에서 행해지는 계산장면은 녹화하도록 되어 있고 카운트 룸의 계산장면은 녹화한 날부터 20일 이상 보관하도록 명시한 것을 카지노 서베일런스 업무기능 중 그 중요성을 다시 한 번 강조된 대목이다.

카지노의 머니 카운트 방법은 여러 가지 있지만, 국내의 사례는 기준이 일정치 않고 카지노 영업규모 및 운영방식의 정도에 따라 차이가 있어 해외의 공통적인 방법사례를 정리하여 제시하여 본다.

▷ 카운트는 크게 두 가지로 분류하여 소프트 카운트(Soft Count)는 지폐를 계산하는 것이고 하드 카운트(Hard Count)는 슬롯머신의 코인을 카운트하는 것이다. 이에 카운트 팀은 거대한 현금을 취급하므로 취급절차가 비교적 세심하게 정립되어야 하고 카운트 요원은 신원이 확실하고 계산능력이 있는 문제가 없는 사람이 필요할 것이다.

▷ 드롭박스는 시프트별로 수거하여 머니 카운트를 위해 케이지 안에 별도로 마련된 카운트 룸에 보관한다. 드롭박스의 수거는 시큐리티 요원과 카지노 플로어 시프트매니저의 책임 하에 이루어진다.

▷ 드롭박스에 대한 키(Key)의 통제는 안전한 장소에 보관되어져야 하고 두 명이 있어야 열 수 있는 더블 락 박스(Double Lock Box)를 설치하여야 하며, 키 사용대장에 반드시 서명되어야 하고 열쇠를 사용 후에는 즉시 반납되어야 한다.

2. 카운트 룸의 구조(構造)

카운트 룸 내부에는 투명한 카운트 테이블, 지폐카운터, 계산기, 투명한 선반, 투명한 머니홀더를 비치하며 룸(Room)은 양쪽구석까지 관찰하기에 충분한 카메라가 배치되어야 하며 또한 카메라는 사람들의 머리 위를 통과하는 정밀한 관찰을 하기 위해서 PTZ카메라가 배치되는 것이 필수적이다.

▷ **카운트 룸의(내, 외부) 구조**

- 카운트 룸의 외부구조는 벽에 고정되어 있는 그물창살로 케이지가 둘러 쌓여져 있고 밖에서는 보이지만 들어갈 수 없도록 그물망창살이 있으며 물건을 놓을 수 있는 카운터가 마련되어 있다(현대의 케이지외부구조는 은행의 카운터와 비슷한 구조로 창살이 없는 것이 특징).
- 카운트 룸의 내부구조는 들어가는 입구는 시건장치(전자식, 인식시스템)에 개폐되며 작은 방일 경우 투명한 칸막이를 설치하여 돈을 카운트할 수 있도록 한다.
- 카운트 룸이 커다란 경우, 중앙에 투명한 칸막이를 설치하여 돈을 카운트 할 수 있도록 한다. 돈을 정리하는 용기(容器)가 필요하며 작은 방일 경우 테이블 바로 위에 용기를 부탁하여 사용하기도 한다.

3. 카운트 룸의 내부시설 및 사용

▷ **카운트 룸의 내부 시설 및 장비**

- 방이 큰 경우는 테이블 중앙에 있는 탁자에다 설치하며 용기도 투명한 플라스틱으로 된 것만 둔다.
- 룸에는 전기 콘센트가 필요하다. 계산기나 카운트머신 컴퓨터를 사용하기 위하며 필요하며 카운트 머신은 돈을 셀 수 있을 뿐만 아니라 위폐와 진본의 지폐를 구별도 할 수 있다.
- 한 달에 한번 전문가가 기능을 확인하여야 하며 룸 안은 "카트(Cart)"가 들어갈 수 있는 충분한 공간이 마련되어 있어야 함.
- 보안입장에서 필요한 장비는 카메라, 경보신호 및 방지기, 통신시스템, 녹음과 행동을 기록하는 시스템이 필요함.

▷ **카운트 룸 사용의 지침(指針)**

- 카운트 룸 안에는 될 수 있는 대로 물건 수를 줄이며 쓰레기통, 의자를 설치하지 말 것.

- 소프트 룸 안에 컴퓨터가 설치되어 있어 자료를 바로 입력하는 곳도 있으며 개인소지품은 반입할 수 없고, 룸 안에 화장실이 있는 곳도 있으나, 한 사람이 화장실을 갈 경우 나머지 사람들은 모니터실에 통보하고 기다리고 있을 것.
- 껌, 커피, 음료수, 담배, 음식 등의 반입을 금지하며 사소한 물건이라도 속임수에 이용 가능하므로 항상 주의관찰.
- 쓰레기 발생 시 그대로 놔둔다. 카운트가 끝나고 나간 뒤 "하우스 키퍼"와 "시큐리티"가 함께 들어와 매일 청소를 하며 쓰레기는 처리하기 전에 다시 확인한다.
- 충분한 카메라로 방의 양쪽, 위에서 가장자리까지 세밀하게 집중적으로 살펴본 다음 기록한다.

4. 드롭 박스(Drop Box)

▷ 드롭 박스 오픈

- 박스 안에는 손을 넣지 말고 그 뚜껑을 오픈한 뒤 내용물을 흔들어서 쏟아낸다. 손을 넣는 경우는 돈과 서류가 붙어서 나오지 않을 경우로 한정한다.
- 룸 안에 출입할시 유니폼을 착용하여야 하며 유니폼은 호주머니가 없을 것, 반소매로 할 것, 위아래가 붙은 점퍼슈트로 된 것이 좋으며 지갑이나 모자는 사용금지

▷ 드롭 슈이트(Drop Suite)

- 소프트 룸 앞으로 이어지는 통로에 설치되어 있다. 케이지나 다른 부서에서 발행한 서류, 카운팅이 필요한 통화가 저장된 드롭박스를 임시로 보관하는 장소로 한번 넣으면 룸 밖에서는 다시 꺼낼 수 없도록 잠겨지며, 룸 안에 연결되어 있으므로 안쪽으로 들어가야만 내용을 꺼낼 수 있도록 장치가 되어 있다.
- 모든 멤버가 참석되었을 때 소프트 카운트팀의 슈퍼바이저에 의해 룸의 안쪽으로부터 드롭슈이트에 접근되어진다. 드롭슈이트의 사용자는 특별한 잠금장치가 달려 있는 돈 가방을 사용하여 내용물을 넣은 다음 봉인(封印)하여야 한다.

5. 카운트 팀(Count Team)

카운트 팀의 구성은 적어도 3명이 한조를 만들어 머니 카운트와 관찰을 동시에

작업을 하면서 서로 견제기능을 가지는 것이다.

그 목적은 어떤 공모(共謀)를 제한하자는 것이다. 또한 모든 카운트 팀은 호주머니 없는 반팔 원피스형 점퍼복장을 착용한다.

▷ 카운트 팀의 제한규정

– 카운트 팀의 금지사항은 다음과 같다.
- 모자 착용 금지
- 핸드백, 지갑, 메모지, 책, 봉투, 포장지, 개인소지품 등의 반입금지
- 음료수, 커피, 담배, 껌 등 금지
- 라디오, 텔레비전 시청 금지
- 화이트, 지우개 사용금지 – 만약에 실수가 발생하면 팀의 모든 멤버가 서명하고 수정되어진다.

– 카운트가 시작되면 모든 사람은 카운트가 종료될 때까지 문 밖 출입을 하지 못하며 카운트가 시작된 후에는 급한 상황이 아니면 다른 사람이 들어올 수 없다.

▷ 카운트의 절차

– 카운트가 시작되면 서베일런스 부서에 통보한다.
- 필요한 서류, 열쇠 등을 시작 전에 준비
- 모든 문을 잠근다.
- 돈을 취급하고 난 후에는 카메라에 손을 펴서 확인한다.
- 드롭 박스 넘버를 큰 소리로 말한다.
- 탁자위에 드롭박스를 올려놓고 탁탁 쳐서 털어 낸다.
- 돈이 바닥에 떨어지면 크게 콜링하고 "클리어 핸드"를 하면서 뒤쪽으로 물러난다. 돈을 넣은 뒤 물러나서 다시 "클리어 핸드"를 한다.
- 카운트가 끝나면 모든 사람들이 "클리어 핸드"하고 탁자에서 뒤로 한걸음 물러나고 확인자에 의해 총액을 확인한다.
- 모든 카운트 팀이 머니 스트랩핑(Strapping)을 하며 확인자가 각 스트랩에 이니셜 서명을 한다.
- 모든 작업에 지우개는 허용하지 않는다.

– 현금은 경보와 카메라가 설치된 금고에 보관하고 케이지 매니저 또는 벌트(Vault)매니저가 총액을 확인대장에 기록한다.

6. 칩스 서베일런스(Chips Surveillance)

칩스는 카지노통화(Currency)이다. 카드, 주사위, 룰렛 볼은 게임의 도구이지만 "칩스(Chips)"는 현금을 대체하는 통화이고 모든 카지노회계의 중심이 되므로 칩스의 관리는 카지노 사업자에게는 가장 중대한 관심사이다.

이에 최고의 칩스를 가지려면 제작업체의 윤리선언 및 검증 그리고 칩스의 위조(僞造)를 증명하는 방책이 있어야한다. 서베일런스 업무의 또다른 주요기능은 칩스를 장비와 인적자원을 통하여 보호하는 것이다. 왜냐하면 칩스는 카지노의 영업자금이기 때문이다.

1) 칩스 제작의 고려사항 및 검사(檢査)

▷ 칩스 제작시 고려해야 할 사항

- 칩스를 제작한 업체의 배경을 조사하여 검증할 필요가 있다.
  - 칩스 제작업체 직원들이 횡령할 수 있고
  - 주문한 양보다 초과 제작할 수 있으며
  - 칩스의 장점, 단점을 잘 알고 있다.
- 이와 같은 이유로 모조 칩스를 탐지할 수 있는 특별한 장치에 대한 제작업체의 보안시스템이 확실한지, 과거에 문제가 없었는지, 이에 대한 배경조사가 있어야 한다.
- 칩스를 주문할 때는 칩스 모양 자체만을 생각하지 말고 테이블과의 구별이 용이한가, 또는 적절한 사이즈인가, 인테리어와 비교하여 카메라에 잘 포착되는지도 고려해야 한다.
- 칩스를 제작할 때 폭, 무게도 고려해야 할 사항이며 먼저 샘플을 확인한다.

▷ 검사(Test)

- 칩스를 쪼개어 내부의 성분 내용이 어떻게 구성되였는지 확인한다.
  - 칩스를 테이블 위에 놓고 모니터실의 카메라로 촬영하여 영상화면의 배경과 칩스의 컬러, 디자인을 테스트하여 본다.
  - 예리한 것으로 흠집을 내어보아 쉽게 만들 수 있는지의 여부를 확인한다.
  - 어떤 칩스는 메달이 들어있으며 높은 단위(고가)의 칩스일수록 무겁다.

• 칩스는 깨어지기도 쉬우므로 좋은 재질의 칩스를 주문한다.

▷ **칩스플로트 / 트레이카버**

– 칩스트레이의 재질은 스테인레스와 알루미늄으로 되어있으나 제작업자의 추천보다는 직접 선택하는 것이 바람직하다.
– 잠금장치는 자주 사용하므로 흠집이나 고장을 대비해 자주 바꾼다.
– 잠금장치가 잘 열리지 않을 경우 기름 대신 흑연을 사용한다.

2) 칩스 관리의 책임과 필 / 크레딧

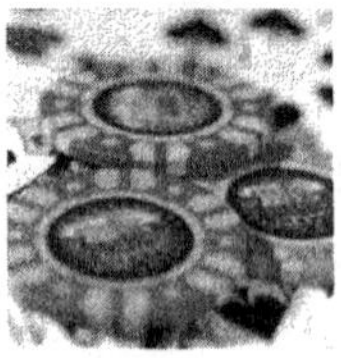

칩스는 상당한 재산의 가치가 있기에 매일 결산되어져야 된다. 이러한 회계적인 책임은 양부서의 영역에 걸쳐 있다. 그것은 카지노 영업부서와 회계부서이다. 칩스는 다음의 4가지 절차에 따라 일상적으로 카운트된다.

▷ **칩스카운트 이유 및 절차**

첫째, 게임이 시작할 때와 종료하여 마감할 때 딜러와 슈퍼바이저가 플러트에 있는 칩스를 카운트한다. 칩스가 없어지기 쉬울 때가 시작과 마감할 때이다.

둘째, 카운트를 시작할 경우 서베일런스 룸에 통보하며 서베일런스 요원은 언제라도 가능성 있는 오프닝과 클로징에 대한 관찰은 방심해서 안 된다.

셋째. 케이지에서는 투명한 커버 및 케이스 또는 깨지지 않는 플라스틱 함에 넣어 경보장치가 설치된 캐비넷에 보관한 뒤 매일 카운트한다.

넷째, 만약 많은 칩스가 없어졌을 경우에 대비하여 "예비(Secondary)"칩스를 보유하고 있어야 하며 문제의 "미싱(Missing)"칩스가 수상쩍은 금액이라면 서베일런스 부서에 즉시 알린다.

▷ **필과 크레딧**

– 필(Fills)은 게임자의 윈(Win)으로 부족한 플로트 트레이의 금액을 채우기 위해 "케이지 칩 뱅크(Cage Chip Bank)'에서 칩스를 가져오는 것이다.
– 크레딧(Credits)은 게임자가 루즈(Lose)하여 테이블의 플로트 트레이의 금액보다 초과할 때 그 초과금액을 칩스 뱅크에 리턴(Return)하는 것이다.
– 서류를 확실히 검증하지 않으면 속임수의 여지가 있으므로 서류의 확인을 철저히 하여 입증하도록 케이지 칩스 뱅크에서는 캐셔/시큐리티 두 명이 서명하고 테이블에서는 딜러/슈퍼바이저/시큐리티 세 명이 서명한다.

제4장

카지노 갬블링 스캠 서베일런스

제4장

카지노 갬블링 스캠 서베일런스

1. 갬블링 스캠 서베일런스 개요

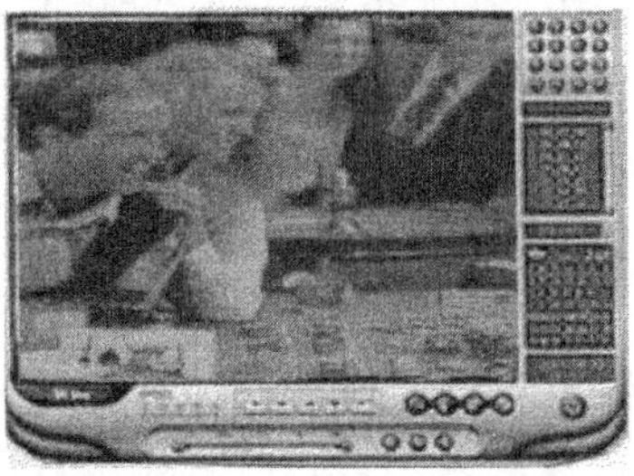

갬블링의 탄생과 더불어 승부의 세계에서 승자가 되고자 하는 탐욕 때문에 부정행위가 동반된다는 사실은 카지노라고 예외는 아니다. 최근국내에도 "블랙(Black)"이니 "화이트(White)"이니 하는 신조어가 만들어졌다. 말 그대로 "블랙"은 "스캠(Scam)" 즉 부정과 관련된 게임행위를 지칭하는 것이고 "화이트"는 정직한 게임 또는 영업활동을 말한다.

국내에도 내국인이 출입할 수 있는 카지노가 개장된 이래, 벌써 프로갬블러(직업도박인)가 생성과정에 있고 또한 일부 외국인 전용카지노 업체는 경영수지악화를 이유로 고객을 상대로 스캠을 자행하고 있는 실정이다.

카지노는 프로 또는 "치터(Cheater)"들로부터의 공략에 어떤 게임보호시스템으로 방어하고 있는지 새로운 형태의 지능적이고 교묘하며 합법적인 "어드벤티지플레이어(Advantage Player)"에 대한 카지노의 예방책은 무엇인지 또한 게임산업체 스스로 자행하는 부정행위가 어떠한 영향을 미치고 있는지 이제야 말로 갬블링 스캠의 실체를 연구 조사하여 하우스는 게임자로부터 게임자는 하우스로부터 공정한 게임의 법칙에 의해 게임을 보호하는 전문지식이 절실히 요구된다.

미국의 "라스베이거스(Lasvegas)"가 갬블링이 합법화된 이후 보이지 않는 곳에서 1세기 동안 그들도 사기와 부정행위 등의 갬블링 관련 범죄와의 전쟁이 계속되고 있으며 지금도 속이려는 자는 끊임없는 기술의 개발로 카지노 게임자를 위협하고, 카지노는 게임보호시스템을 개발하여 카지노와 게임자에게 손실을 주는 속임수를 예방, 차단, 적발하는 방어수단으로 대면하고 있다.

이에 대결하는 도구의 수단은 서베일런스시스템일 것이다. 그러나 모두(冒頭)에서 피력하였듯이 고가의 장비와 완벽한 서베일런스시스템 프로그램을 가지고 있더라도 운영요원의 전문성에 따라 카지노의 수입은 속임수를 행하는 자의 몫이 될 수도 있다.

실제로 오늘날의 "라스베이거스"발전에는 부정행위를 바로잡는 전문가들의 부단한 노력과 FBI의 협력이 있었기에 부정적 요소를 제거하고 차단하여 공정한 갬블링 이미지의 전환으로 사막위에 건설된 카지노 겜블링 왕국에서 지상최고의 엔터테인트먼트(Entertainment)리조트 도시로 탈바꿈하는 데 기여했다고 볼 수 있다.

특히 신규 카지노에서는 노련한 이용객들이 갬블링 지식과 경험이 훨씬 앞서 매니저먼트(Management)는 물론 서베일런스 운영요원은 전문성이 더욱 요구될 것이다. 우선 게임을 보호하려면 부정에 관한 실체를 인지하여야만 사전차단방안을 모색할 수 있기에 본장에서, 각종 게임에서 발생할 수 있는 스캠사례를 내외부인(종사원, 게임자)별로 또는 공모로 이루어지는 행위를 논리적으로 전개하여 구성하여 보았다.

2. 게임보호(Game Protection)

게임보호란 속임수를 차단하기 위한 개념적 선택으로 게임산업의 대표적 관심사 중의 하나이지만, 그 견해에 대한 주장은 다양하다. 영업장실무자 또는 서베일런스 운영요원에게 게임보호에 대한 의견을 물어보면 거의 대부분 "치팅(Cgeating)"과 "카드 카운팅" 또는 게임부호에 관련된 부문만 언급하는 것을 듣게 된다.

그러나 게임보호의 개요는 절도(Theft), 사취, 횡령으로부터의 방어와 숙련된 교묘한 플레이어 그리고 게임절차선택이 게임산업에 실제 얼마나 많은 영향을 미치는지에 요지가 있다.

흔히 들어온 "카드카운터는 카지노 블랙잭 게임에 상당한 위협이 된다."라는 주장은 카지노 선진국에서는 해묵은 이야기이다.

그들은 30년 동안 게임산업이 경계하던 하우스의 기능적 어려움을 역기능으로 반전시켜 블랙잭게임을 세계에서 가장 대중적인 카지노 카드게임으로 선호하게 만들었다는 사실은 괄목할 만한 게임보호의 기능이었다.

카지노게임은 이론적으로 수학적인 확률구조에서 오는 결정을 무작위(Random)의 공존(probability)에서 승산(Odds-on)과 찬스(Chance)를 조건으로 승부하는 게임이다. 이에 수많은 카지노 이용객들은 승부의 가능성(Likelihood)을 50%보다 높게 가지려는 지식과 기술을 연구하거나, 숙지하여 실제로 많은 성과를 얻고 있다.

그 지식과 기술을 사기 또는 속임수행위로 가져가든, 아니면 합법적으로 유리한 상황으로 도출하기 위한 모든 수단(접근방식, 전략, 트릭)을 동원하든, 그들의 지식과 기술의 성공을 경계하지 않는 카지노에게는 커다란 손실을 안겨줄 것이며 자칫 파산에까지 이르게 된 사례도 있다.

"치터"로 인해 빠져나간 손실금액은 엄청난 규모로 꾸준히 발생하고 있다. 실제 객관적으로 살펴본다면 "치터"에 의한 직접적인 손실은 서베일런스기능에 의하며 통제할 수 있는 수준이더라도 규모가 크고 염려되는 점은 내부소행자이다.

특히 게임산업체가 수익을 보전하려고 자행하는 부정행위는 스스로의 무덤을 파는 자멸을 초래할 것이다. 이와 같이 게임보호라는 측면에서 상대적으로 만만치 않은 저항이 존재하며 그 기술과 지식이 정교하고 교활해지고 있음도 본장을 통하여 소개하고자 한다.

제1절 카지노 내부인(Insider)에 대한 서베일런스

■ 게임의 정직성

우선 카지노의 본고장이라 할 수 있는 미국의 갬블링에 대한 정직성에 관해 그 실태를 살펴보기로 한다.

갬블링의 주제는 언제나 카지노가 화두이고 누군가는 "라스베이거스"(Las Vegas)와 "애틀랜틱시티"(Atlantic City)와 같은 장소는 속임수가 없기 때문에 그들은 자주 게임자로서 즐기며 수학적인 유리함으로부터 필요한 만큼의 돈을 만드는 영역이라고 말한다.

이와 반대로, 속임수행위에 의해 얼마간의 돈을 벌자고, 수억 달러에 상당하는 투자를 한 카지노가 면허의 상실이라는 위험을 초래할 카지노 경영자는 없다고 역설하기도 한다. 이것은 라스베이거스의 상업의회(Chamber of Commerce) 홍보방식의 두 가지 장면으로 그들이 자주 사용하는 판에 박힌 주장이다.

그러면 밀착하여 들여다보기로 한다. 다른 이유로 속임수를 행하지 않는 사람, 욕심 때문에 속임수를 가지는 사람이 있다. 그들이 속임수를 행하는 이유가 어찌 되었던, 문제없이 얼마나 그들이 원하는 만큼의 돈을 만드느냐에 있다.

그들은 테이블에 있는 모든 "달러(Dollar)" 또는 모든 사람들의 주머니속의 "달러"를 그것도 가능한 빠르게 가지기를 원할 것이다.

그들 중 가장 탐욕스러운 사람은 언제나 만나곤 하는 카지노 실무자 중에 발견된다는 것이다.

만약 "네바다"와 "애틀랜틱시티"의 카지노 운영자들이 그들을 해고할 생각을 가졌다는 것은 속임수 행위의 공유장소였다는 것이다.

이러한 문제가 발생하는 것을 예방하는 고유의 기관을 네바다주는 "게임통제위원회", 뉴저지주는 "게이밍법률집행국"이 있어 정책적으로 감독한다.

그러므로 사업권 손실에 커다란 위험을 주는 속임수 행위가 필요하다고 조장하는 사람이 카지노 운영자라고 추정하는 것은 현실적이지 못하다.

카지노 소유주는 그가 알지 못하는 고용인에 위임되어진 속임수행위에 대해서 책임을 갖지 아니한다. 그러므로 속임수행위의 배후를 밝히려는 정부와 수사관은 많은 어려움이 있다.

그들은 경영자측에 의해 처벌하였던 속임수 행위의 경험만으로 조사할 수밖에 없으며, 비록 그것이 입건된 사건이라고 할지라도 사실을 입증하기에 대단히 어려운 문제가 있다.

실제로 네바다의 위원회에서 속임수행위와 관련하여 카지노 종사원을 종종 체포하기도 하지만, 전형적으로 한 명 또는 두 명이 기소될 것이고 아마 "플로어맨" 정도에서 징계수위가 결코 더 나아가지 않을 것이다. 이러한 지역의 합법적인 갬블링 중심지에 속임수 행위가 널리 보급되었다면 시사하는 의미가 없는 것은 아니다. 그것이 아니라 할지라도 갬블링을 하는 장소에는 어디에라도 속임수행위의 가능성은 존재하며, 그것은 다른 방법으로 생각하기에는 선입관적 지식이 없다고 보아야 된다.

내부의 속임수 행위라 함은 하우스(카지노)가 지시하였던, 아니면 딜러가 자의적(自意的)으로 행하였던 어떤 이득을 취하려고, 손기술을 사용하거나 또는 도구를 이용하거나 또는 장치를 설치하여 우연의 결과를 인위적(人爲的) 또는 물리적(物理的)으로 조작하는 행위로 규정지을 수 있을 것이다.

이에 각 게임별로 발생하는 속임수 행위의 방법과 기술의 명칭을 알아야만 서베일런스의 직무를 수행할 수 있기에 주요한 속임수행위를 본장에서 서술식(敍述式)으로 설명하여 본다.

1. 블랙잭(Blackjack) I

1) 싱글덱 게임

블랙잭 게임은 속임수 행위를 하는 딜러를 위해 용이한 카드 게임으로 단정짓기에는 어려움이 있다.

그것은 하우스가 제공하는 카드를 가지고 셔플하며, 하우스 딜러에 의해 딜링되는 게임이기 때문이다. 대부분의 카드게임에서 "미카닉"[1]은 위치를 정하고, 강한 핸드를 구성하려고 여러 장의 카드를 조종한다. 그가 카드를 채우려고 노력한다는 것은 특정한 가치 또는 무늬의 카드를 얻는 방법을 가지려는 것이다.

일반적으로 어떤 카드에서든지 딜러를 향하여 내려놓는다. 만약 그가 "히트(Hit)" 할 때는 언제나 적당한 카드를 받을 수 있다는 것이고, "스테이(Stay)"한다는 것은 그 자체를 보호하자는 것이다. 한 장의 어느 카드를 찾는 것이 건초더미 안에서 바늘을 찾는 일은 아니다.

카드-덱 안의 $^1/_2$부터 $^1/_3$덱의 어딘가에서 역할을 할 수 있다.

만약 딜러가 매번 그가 필요한 높은 수치에 "하이-카드"를 받을 수 있고, 그가 필요한 낮은 수치에 매번 "로우-카드"를 받을 수 있다면, 그는 어떤 게임자도 이길 수 있다. 우리가 아는 바와 같이 싱글덱 게임에서 이기는 방법의 대부분은 주로 "세컨-딜[2]"을 사용하여 완성한다.

이러한 방법은 "톱-카드"를 딜링하는 체하며, 덱의 위쪽에서 실제로는 두 번째 카드를 딜링하는 "딜러"의 기술이다.

"세컨-딜"을 익혀 고수가 되기에는 대단히 어려운 손재주의 하나이다. 그러나 노련한 숙련가는 그가 "세컨-딜"로 진행하여 손님들에게 게임을 그만 두게 할 수도 있고, 그 자리에 그대로 머무르게 할 수도 있다.

2) 블리스터 딜링

"세컨드-딜"과 함께 연결되는 것으로, 딜러들 세계에서는 "블리스터-딜링"[3]이라고

---

1) Mechanic : 손기술을 전문적으로 사용하는 카드나 주사위의 속임수 행위자
2) Second-deal : "톱-카드(Top-Card)"를 딜링하는체 하며, 덱의 위쪽에서 두 번째 카드를 딜링하는 기술
3) Blister-dealing : 카드 뒷면에 "핀(Pin)"과 같은 예리한 물체를 사용하여, 어떤 표시를 한 카드를 가지고 딜링하는 기술

불리우는 기술을 사용하여 왔다. 그 덱의 카드는 작은 바늘과 같은 물체로 투사하는 것과 유사하게 모든 "하이-카드"를 가볍게 눌러주는 것으로 딜링에 앞서 준비를 한다. 이것은 카드를 관통시키는 것이 아니라 지극히 순간적으로 각 카드의 덱, 맨 위쪽에 충돌시키는 것으로 그 자리는 딜러의 엄지손가락이 항상 머물러 있는 위치이다.

그 작업은 "제척기(Stapler)" 또는 손톱깍이와 닮은꼴로 축소하여 개조한 "페거(Pegger)"[4]라고 불리우는 장치를 사용한다.

그것은 "블리스터 딜링"을 하기 위하여 특별히 고안된 장치로서 게임시작 전에 아주 신속히 카드를 집어넣을 수 있다.

서베일런스 카메라로 "블리스터"를 본다는 것은 16배의 줌(Zoom)으로도 불가능하며, 발견한다 할지라도 알아본다는 것은 대단히 어렵다. 그것을 촉감으로만 알 수 있기 때문이다.

한 차례의 "페그"를 가진 카드로 딜러는 정당하게 셔플을 할 수 있으며 정당한 컷트를 가진다. 그럼에도 그는 엄지손가락을 가지고 촉감에 의해서, 두 장의 카드가 "하이"인지 "로우"인지를 항상 알 수 있다. 만약 "톱-카드"가 "하이-카드"이고 그가 필요한 카드가 "로우"일 경우 그는 대신 "세컨-카드"로 딜링한다.

물론 거기에는 항상 가능성(可能性)만 있으므로 세컨-카드가 딜러에게 손해를 주는 한 장의 카드가 되어질 수도 있다. 그러나 이러한 세컨드-찬스를 자신이 가지는 것으로 게임자의 연속되는 행운을 차단시켜, 항상 손들게 할 수 있는 대단한 강점을 가지게 된다.

실제로 "볼리스터-딜링"에 의하여 딜러가 "히트"를 가지는 타임을 대부분 벗어날 수 있다는 것은 속임수를 행하기 이전에 모든 9-10(픽쳐카드 포함), A카드가 "페그" 되었다는 것이다. 이 의미는 카드의 반이 거의 표시되었다는 뜻이기도 하다. 그가 테이블의 주위를 돌아가며 딜링을 할 때 그는 각 카드를 감각으로 느끼는 것이다. 매번 딜러는 "페그"된 카드를 촉감으로 감지하고, 그것을 "세컨-딜링"으로 뒤로 돌려 잡는다. 그리고 순서대로 받을 수 있는 게임자에게 딜링하기보다 오히려 자신의 핸드에 그것을 받는다. 거의 모든 상황을 딜러는 그의 손안에서 서로 주고받는 어시스트(Assist)를 하는 "페그"된 카드를 가지고 끝낸다. "에이스스(Aces)"가 되는 것은 매우 드문 경우이지만, 이러한 두 장의 카드가 나왔을 때, 오직 그때만은 "히트"를 가져야만 할 것이다. 그 밖의 타임에는 18, 19, 20 또는 21의 "패트-핸드(Pat-Hand)"를 가지게 될 것이다.

---

4) Pegger : "블리스터딜링"을 하기 위해 특별히 고안된 장치.

3) 피킹(Peeking)

속임수행위를 하는 딜러는 "개프"[5]된 카드덱이 노출될 경우 속임수의 결정적 증거가 될 것이라는 우려가 있어 "개프"된 덱을 사용한다는 것은 있음직하지 않다. 딜러는 손재주로만 조종하는 만큼 그것은 항상 그를 상대하는 게임자의 이야기 뿐일 것이다. 이러한 상황에서 "카드 미카닉"이 "세컨-딜"을 가지고 "피크"[6]을 사용하려 한다는 것은 있음직하다.

그의 엄지손가락에 바탕을 두고 "톱-카드"의 왼쪽 구석 안을 들어 올리거나 또는 엄지손가락 끝으로 카드의 앞쪽 끄트머리를 비틀던가, 둘 중의 어느 것이라도 하는 행위를 말한다.

첫 번째와 두 번째 방법을 동시에 기울려 카드를 엿보는 방법을 "버블"[7]이라 불리 운다. 어느 쪽의 방법이던, 그 동작을 단지 두 가지로 분리하지만, 그것은 한 장의 카드구석 내용을 흘끗 보아 감지하여 딜러가 계산에 넣는 것이다.

그리고나서 "톱-카드"이던지 "세컨-카드"이던지, 어느 쪽으로 선택하여 딜링한다. 만약 싱글덱 게임에 속임수 행위의 의심이 있다면, 서베일런스 요운은 "피킹"에 대하여 감시가 있어야 할 것이다.

서베일런스 요원은 "미카닉"이 솜씨가 좋다면, "세컨-딜" 자체를 관측하는 것보다 "세컨-딜"을 하기 이전의 움직임을 관측하는 기회를 가지는 것이 최선이다.

5) Gaff : 부정행위에 유리하도록 불법적으로 조작하는 속임수 계획
6) Peek : "톱카드"의 왼쪽 구석안을 들어올리거나 또는 엄지손가락 끝으로 카드의 앞쪽 끄트머리를 비틀어 엿보는 행위
7) Buble : 카드의 끝부분을 엄지손가락으로 살짝 구부려서 카드의 순서를 감지함으로써 카드덱의 "톱카드"를 엿보는 행위

4) 하이-로우 픽업

모든 "세컨-딜링"은 하는 블랙잭 딜러가 "톱-카드"가 "하이"인지 "로우"인지를 알 수 있다는 것은 절대적으로 이길 수 있는 요소임이 분명하다 할 것이다. "페그"로 만들어진 덱을 사용하거나, 또는 "피크"를 이용하였거나, 어느 한쪽으로 작업을 하는 동안에도 어떤 카드 미카닉은 "하이-로우 픽업"[8]이라고 불리우는 세 번째 접근을 시도한다.

이러한 "스캠"은 부정직한 딜링이 되는 만큼, 부정직한 셔플에 능한 전문가적인 딜러에게 요구된다. 각 핸드의 디스카드를 거두어 모을 때, 딜러는 "하이"와 "로우"의 경계를 은밀하게 재정리하는 것이다.

이것은 카드로 카드를 아주 빠르게 관측하기 어렵게 하고, 특별한 카드로 자주하는 것은 속임수로 번갈아 일어나도록 미리 준비할 수 있고, 한 장만 또는 필요한 두 장의 카드를 집어내어 옮겨놓을 수 있기 때문이다.

카드를 번갈아 일어나게 한다는 것은 카드의 수치 2~7은 "로우-카드"로 간주하고, 동시에 8~10은 "하이-카드"로 간주한다. "Ace"는 블랙잭 게임에서 1 또는 11로 양쪽다 카운트 할 수 있으므로, 에이스는 하이카드 또는 로우 카드로 간주할 수 있어, 어느 것에 의존하느냐는 사용하기 좋은 쪽으로 결정하여 집어낸다.

전체 덱을 완전히 한 번씩 일어나도록 두 장의 "에이스"는 "하이카드"와 26장의 "로우카드" 중간에 있을 것이다. 능숙한 방법을 가진 "카드미카닉"은 모든 카드가 같은 순서로 실제로 유지하면서도 그 덱의 셔플을 외관상 분명하게 하며, 나중에 카드가 교대로 일어나게 한다. 그 덱이 게임자 중 한명에 의해 "컷트"되긴 하지만 이것은 교대로 일어나는 요소를 바꾸어 놓지는 못할 것이다.

5) 플러핑-덱

핸드의 끝 쪽에서 집어 올릴 때 카드를 정리하는 "트릭(Trick)"으로 셔플 또는 딜링의 숙련자가 아닌 딜러에 의해 주로 사용되어진다. 모두 그가 필요하여 배우는 것으로, "플러핑-덱"[9] 또는 "롤링-덱"으로 알려져 있으며 비교적 연습하기 쉽다.

싱글덱 블랙잭 게임에서 "디스카드"는 통상적으로 덱의 아래쪽에 뒷면으로 놓게

---

8) High-Low Pickup : 딜러가 "디스카드"를 거두어 모을 때, "하이(8~10)"와 "로우(2~7)"로 경계를 구분하여 은밀하게 재정리하는 행위

9) Flopping-deck : 싱글덱 블랙잭 게임에서 딜러에 의해 "바텀-카드"를 뒷면으로 돌려져 다시 핸드에 사용하는 속임수 행위방법. "롤링덱(Rolling deck)"이라고도 함.

되어 있다. 그러므로 만약 그 덱이 게임의 중간에 반대로 되어 있는 모양을 그대로 보여준다면, 위쪽에는 뒷면의 카드가 있고, 아래쪽에는 앞면의 카드가 있다. 이것을 부당하게 이용하여 속임수 행위를 하는 딜러가 있는 것은 사실이다.

딜러가 세 사람의 게임자에게 딜링한다고 가정하여 보자. 라운드가 종료된 후에 카드를 가져오는 중에 그는 첫 번째 게임자의 핸드에는 "에이스"가 있고, 세 번째 핸드에는 "퀸"카드가 있다는 것을 유념한다.

그는 "에이스"와 "퀸"카드를 덱의 아래쪽으로부터 네 번째와 여덟 번째 가드가 되는 방법으로 거두어들인다. 그리고 다음 라운드는 정당하게 플레이한다.

그가 게임자의 카드를 오픈하는 것을 시작하고, 라운드의 끝 쪽에서부터 지불하거나, 가져올 때 그는 습관적으로 교차하여 양손을 함께 앞으로 내민다. 그가 그렇게 하는 것은 덱을 잡고 있는 손이 주변카드의 중심에 놓이게 하고, 손바닥을 올렸다 내렸다 하며 방향을 전환하려는 것이다.

그 덱을 회전시키는 것이라기보다 그 손이 덱 주위를 선회하는 것이다. 잠시 뒤에 그가 다시 손을 돌려 손바닥을 올렸을 때는 딜러가 그 덱을 은밀히 전환하는데 성공하였다는 것이다.

그 움직임은 아주 자연스럽게 실행되며, 타이밍이 맞아 떨어지도록 한다면, 아무리 주의 깊은 게임자가 있더라도 개의치 않고 그대로 진행할 수 있다.

그 덱이 끝나는 방향으로 다음 라운드에 딜러에게 건네지는 카드는 그 라운드 마지막전에 게임 되었던 것과 동일한 것이 될 것이다.

딜러는 그가 자신을 위해 입수하여 보존하였던 카드로 "네츄럴 블랙잭"을 받게 될 것이다.

그 "에이스"와 "퀸"은 4번째와 8번째에 위치해 있었으므로 그의 핸드에 자동으로 떨어지고 만다.

아닌게 아니라 무수한 게임자들, 서베일런스요원, 모두 동시에 그러한 똑같은 카드를 본다는 것은 실감하지 못할 것이다. 이것에는 다음과 같은 두 가지 이유가 있다.

첫 번째로 그 카드는 여러 가지 형태로 떨어진다는 것, 두 번째로 카드의 무늬는 블랙잭 게임에 아무런 역할이 없기 때문에 게임자들, 서베일런스요원, 플로어퍼슨, 모두들 결코 그것들을 주목하지 않으므로 그의 행동은 자동적으로 그들에게 보이지 않게 된다.

게임진행이 끝난 시간대의 인원수에 비례하여 그 "플럽(Flop)"의 움직임만이 게임자들 가운데 승자 또는 패자로 갈라놓을 수 있다는 뜻이다.

서베일런스 룸에서 카드를 "픽업"할 때 어떠한 방법으로 하였던 항상 카드를 재정리하는 딜러가 보인다면, 속임수 행위의 기미가 거의 확실히 있는 것으로 받아들여도 좋을 것이다. 정직한 블랙잭 딜러는 그것들의 상태 그대로 정확하게 카드를 항상 테이크한다.

6) 홀-카드 스윗치(Hole-Card Switch)

오늘날 미국의 "네바다주(State of Nevada)"는 세계의 어떤 주요 갬블링 센터보다 속임수 행위에 관하여 가장 효력있는 강력한 정책을 가지고 있지만 정책대로 이행되는 것은 아니다.

1950년과 1960년대에는 "바스트아웃-맨"10)과 "카드-미카닉"들은 "하이-룰러"11)를 두들기는데 분주한 시기였고, 네바다의 도처에 있는 수많은 갬블링 카지노에 대한 일반적인 결산표의 수익구조를 개선시켰다.

이러한 "허슬러(Hustler)" 중에 최고의 인물로 "에드(Eddie)"라고만 소개된 전설적인 블랙잭 딜러가 있었다. 20년동안 "에디"는 네바다주의 "리노(Reno)"에서 가장 큰 카지노 중의 한곳을 위해 일해 왔으며, 그는 하우스에 대해 그가 위닝한 부분의 "10퍼센트"를 그의 몫으로 보수로 받았기에 백만장자로서 은퇴하는데 부족함이 없었을 것이다.

블랙잭게임에서 사용하는 속임수 행위방법에 추가되는 기술로 "에디"가 특별히 고안하여 만든 "홀-카드 스윗치(Hole-Card Switch)"가 있다. 그가 블랙잭 테이블에서 한 라운드의 카드를 "디바이드(Divide)" 하였을 때, 그의 "업-카드"가 "킹"이라고 가정해보자. 게임이 요구하는 "룰(Rules)"은 이러한 경우 게임을 진행하기 전에 네츄럴(블랙잭)을 가졌는지 홀-카드를 보는 절차가 있다.

"에디"는 그 절차에 따라 그의 홀-카드(Borrom-Card)를 체크하는 동안 그 덱의 "톱-카드"를 엿보는 것이다.

"홀-카드"를 볼 때는 측면에서 홀-카드를 방어하려고, 손에 잡고 있는 덱을 이용하는 것은 딜러에 대한 기본적인 절차이다.

이러한 행동은 "힐-피크"12)와 "버블-피크"13)를 양쪽 다 실행하기 쉽게 만들며, 다

---

10) Bustout-man : 부정한 카드 또는 주사위를 전문적으로 바꿔치기(스윗치)하는 기술자. 보통 "바스터"라고 불리운다.

11) High-roller : 각종 게임에서 "라지-벳(Large-bets)"을 자주하는 카지노의 갬블러. "빅-플런저", "카우보이", "하이스테이크"라고 불리우는 용어.

12) Heel-peek : 엄지손가락을 기반으로 카드의 안쪽구석을 들어 올리는 것에 의해 덱의 "톱-카드"를 은밀하게 엿보는 방법.

13) Buble-peek : 엄지를 사용하여 카드의 앞쪽 끝을 비틀어 카드의 내용을 흘끗보아 감지하는 속임수꾼

른 게임자들의 시야를 차단한다.

만약 그의 홀-카드가 "5"였고, 덱의 "톱-카드"가 "에이스"인 것을 보았다고 가정한다면, 이것은 "에디"를 위해 블랙잭을 가진 것이나 다름없다. 그가 댁을 잡고 있는 왼손으로 "홀-카드"를 뒤집으려 할 때, 그의 오른손을 가지고는 딜러의 "업-카드(앞면카드)"를 옆으로 밀어낼 것이며, "바텀카드"를 옆으로 뒤집는 행위에서는 그의 덱의 "톱-카드"와 그것을 간파 당할 수 없도록 "스윗치"[14]할 것이다.

그가 완벽한 "블랙잭"을 펼치고 모든 뱃팅 금액을 테이크 하였을 때, 그 "5"카드는 결국 그 덱의 맨 위에 놓여있게 된다.

비록 "에디"는 지금 은퇴하였지만 많은 다른 카드 속임수꾼은 이러한 기술을 배워왔다. 그러나 이러한 행위를 블랙잭 게임자들 중에 일만명의 한명도 이러한 사실을 알아차리지 못한다 할지라도 그것은 실제로 덱을 잡고 있는 손으로 "홀-카드"를 넘겨 뒤집는 딜러는 카지노 절차규정에 위반되는 것이다. 그럼으로 서베일런스 요원은 이러한 행동을 하는 블랙잭 딜러를 본적이 있다면, 속임수 행위의 증거로 언듯 보아도 발견할 수 있다.

최종적으로, 카드허슬러들에게 가장 이상적인 속임수 행위방법이 여기에 있다. 그것은 효과적이고 관측이 어려우며, 증명이 불가능하고, 손재주도 필요하지 않으며, 그리고 불법적이지 아닌 것이 있다. 그것은 블랙잭 게임의 기본적인 수학적 확률로 접근하는 것이다.

다음에 오는 핸드에 "위닝"하는 게임자의 기회는 언제나 딜링된 핸드 직전에 남아있는 덱의 "로우-카드"에서 "하이-카드"의 비율에 직접적인 비례에 있다.

그 덱에 "하이-카드"가 과다하게 있는 경우, 게임자에게는 "위닝"의 기회가 평상시보다 더 많다는 것이고, "로우-카드"가 과다하게 많은 경우에는, 게임자가 이기는 기회가 평상시보다 훨씬 적다는 것이다.

이 덱의 "톱-카드"를 엿보는 방법.

14) Switch : 정직한 어떤 것을 대신하여 부정한 카드, 주사위 또는 칩스 등을 바꿔치기하는 행위.

2. 블랙잭(Blackjack) II

1) 슈-게임

"싱글덱 블랙잭게임"에 대한 부정적 요소에 두려움을 가진 게임자들은 "슈(Shoe)"로 딜링하는 카지노에서만 게임을 하게 될 것이다.

이것은 두 가지 이유로 게임자들에게는 "오류"가 될 것이다. 첫째로 다양한 수학적인 확률로 인해 게임자는 싱글덱으로부터 딜링되는 게임일 때보다 "위닝"의 기회가 적다는 것이고, 둘째로는 어떤 방법이던지, 싱글덱 게임보다 "슈-게임"에서 게임자를 속이기가 하우스를 위하여 실제로 훨씬 용이하다는 것이다.

"카드-미카닉"이라면 간파할 수 없는 "세컨-딜링"을 할 수 있도록, 수년 동안 끊임없는 노력으로, 정밀한 연습을 하여야만 했을 것이다. "슈-게임"에서 딜러는 만약 그가 "개프"한 "슈-딜링"으로 하우스에 의해 준비하였다면, 단지 수분간만 연습을 한 후에 똑같은 일을 할 수 있다.

그 "슈"는 현재 딜러를 위해 속임수를 행할 수 있도록 되어 있을 것이다.

"슈"는 직사각형의 박스(Box)형으로 카드 4덱, 6덱, 또는 함께 셔플된 더 많은 덱을 게임에 사용하려고 카드를 수용하는데 사용된다. "슈"의 정면부분은 아래쪽에 타원형의 구멍(Hole)을 가진 "면판(Faceplate)"에 의해 커버되어있다. 이 구멍을 통하여 딜러의 손가락으로 면판의 아래로 한 장식 빠져나오게 취급하여 "톱-카드"를 접촉한다.

카지노 실무자들은 어떤 속임수의 가능성으로부터 게임자와 하우스 둘 다 보호하려고 "슈-서비스"를 하는 것이라고 이야기한다. 그러나 그들 중의 어떤 것은 정말로 믿어도 좋지만, 불행하게도 반드시 그렇지만은 않은 것 같다.

2) 홀드아웃-슈

어떤 갬블링 하우스 운영자도 한화 200만원 정도를 투자하면 "홀드아웃-슈(Holdout-shoe)"제작 구매할 수 있다는 것은 동업자들 간에는 잘 알려진 사실이다.

"슈" 하나에 몇 백만원하면 많은 돈인 것처럼 들리지만, 그러나 이것의 투자가치는 주식이다.

증권시장에서는 찾아볼 수 없을 것 같은 상당한 배당금(配當金)이 지불될 것이며, 그것은 하루저녁 게임에 경비를 되돌려 받는다는 것이다. "홀드아웃-맨"은 그가 원하는 덱이 될 때까지 게임의 외부에서 그것들을 보존하려고 덱으로부터 일정한 카드를 손안에 감추는 기술을 행하는 자라고 하였다. "홀드아웃-슈"도 이와 똑같은 역할을 하는 것이다.

"슈"의 면판에 비밀장치가 있어, 카드를 보존하고 함께 숨길 수 있다. 카드를 딜링하려고 딜러의 손가락이 타원형의 구멍에 들어갔을 때 카드를 약간 뒤로 미는 것으로 숨기는 공간에 머무르게 한다. 타원형의 구멍을 통하여 보여준 지금의 카드는 실제로 위에서부터 두 번째 카드이다. 딜러는 이러한 카드로 딜링할 수 있고, "톱-카드"가 감추어져 머무르고 있는 동안 그가 원하는 한 계속해서 딜링할 수 있다.

결과적으로 이것은 딜러가 "톱-카드"가 감추어져 머무르고 있는 동안 그가 원하는 한 계속해서 딜링할 수 있다.

결과적으로 이것은 딜러가 "톱-카드"로서 또는 "세컨-카드"로 어느 쪽으로든 딜링할 수 있다는 것은 "세컨-딜"에 대한 기계적인 전환이라고 볼 수 있다.

이것은 기술이라는 능력의 의미가 무색한 딜러도, 주어진 순간에 덱의 맨 위에 무슨 카드가 있는지 알게 되는 어떤 방법을 가지게 된다. 그것은 "면판"의 상단에 "프리즘"이 있어 카드가 숨겨진 칸막이 안에 들어가 있을 때, 프리즘은 위로 향한 카드의 실체를 비추게 된다.

이것은 어떤 다른 각도에서는 볼 수 없을 뿐만 아니라 그 "슈"는 위에서 아래로 내려다보는 딜러만 명백히 눈으로 볼 수 있게 되어 있다. 보유한 어떤 카드가 있다는 것은 딜러 자신에게 딜링하려는 것으로 딜러에게 "히트"카드가 필요한 경우 도움이 되려는 것이다.

과학기술의 활용으로 "홀드아웃-슈"가 설계되어진 이래, 최근에는 불투명체의 면판에 대하여 반대로 투명합성수지에 모델이 전적으로 만들어져, "슈"는 전체적으로 투명하게 하여, 어떤 방법이던 비밀장치를 할 수 있다는 것은 거의 불가능한 것처럼 보이지만, 딜러는 여전히 숨겨둔 프리즘의 해석에 의해 톱-카드"를 아직 흘긋 볼 수 있고,"톱-카드" 또는 "세컨-카드"로 어느 쪽으로든지 딜링하여 전체적으로 그의 조종아래 둔다.

3) 앵커-맨(Anchor man)

정직한 "슈"를 가지고 일하는 딜러도 만약 "앵커-맨"과 공범으로 일한다면 "홀드 아웃-슈"에 의해 제공받았던 것과 같은 유리함을 성취할 수 있다. "앵커-맨"을 딜러의 가장 바깥 오른쪽의 마지막 좌석에 앉아있는 플레이어이다.

대체로 이러한 게임자는 얼마 전까지 딜러활동을 하였던 자이다. 이러한 부정한 행위에서는 그 카드들이 어떠한 방식이라도 "마크"가 되어 있어야 하며 "슈"의 정면에 있는 타원형의 입구를 통하여 보이는 곳의 "톱-카드"의 일부에서 그 카드의 수치를 읽을 수 있어야 한다.

"마크(Mark)"를 하였으므로, "앵커-맨"은 딜러의 "홀-카드"를 알고 있다. 딜러가 반드시 뽑아야 하는 경우 그 "앵커-맨"은 그의 핸드에 행동을 하기 전에 "슈"의 톱-카드를 읽는다.

만약 이것이 딜러에게 도움이 되는 카드라면 그는 그대로 "스탠드"함으로서 딜러가 그 카드를 가지게 될 것이다. 물론 그는 실제로 하우스를 위해 일하기 때문에 "앵커-맨"은 이기든지 패하던지 어떤 차액을 계산하지 않는다. 그는 다른 게임자를 이기는 딜러를 어떻게 도와주는 것에만 임무가 있다.

결과적으로 딜러에게는 마치 "싱글덱게임"에서 "세컨드 딜링"을 한 것처럼 혹은 "홀드아웃-슈"를 사용한 것처럼 반드시 "톱-카드" 또는 "넥스트-카드(Next Card)"중 어느 쪽이던지 먼저 선택을 가질 수 있다. 이러한 속임수를 행하는 기술에서 "앵커-맨"의 플레이는 대단히 산만하게 위장한다. 예를 들면, 딜러의 업-카드를 분명하게 주목하지 않고 높은 점수에서 "히트"하기도 하고 낮은 점수에서 "스탠드"하기도 한다.

4) 쇼트-슈(Short Shoe)

다음은 카지노가 테이블을 오픈하기 전에 "슈"로부터 10가치 카드 몇장을 제거하는 것으로 틀림없이 게임자들을 속일수 있다는 것이다. 일부 겜블링 하우스들은 그렇게 하고 있다. "슈" 게임을 시작하기 전에 각덱으로부터 10, J, Q, K 카드를 한 장씩 제거하여 사용하는 방법을 어느 카지노가 실행한 적이 있다. 이에 4-덱 "슈-게임"에서 16장의 "10-가치" 카드가 부족하게 될 것이다.

이는 블랙잭이 나오지 않게 딜링되며 모든 "10-가치"카드를 카운트 하여본다 할지라도 확실하게 이것을 탐지할 수가 없다.

물론 "쇼트-슈"의 사용은 어떤 면에서 감독기관의 방침을 준수하는 카지노들에게는 별개의 문제로 "데드게임"[15]인 경우에도 어떤 덱이고 항상 카드를 앞면으로 하여 펼쳐놓는다.

고의로 제거한 카드들은 "픽업"의 행위로 결정적인 속임수 증거가 될 수 있다. 국내의 카지노업 영업준칙 제3장 게임가구 제18조(카드의 규격 및 관리)의 카드는 52장으로 1덱을 구성한다고 규정되어 있고, 미국의 네바라다 게임통제위원회는 "픽-업"은 위반해서는 안 되는 행위로, 임의로 카지노를 선택하여 테이블에 접근, 게임장비를 압수하여 분석하는 등의 감독을 하고 있다.

그렇지만 거기에는 "쇼트-슈"의 효과를 대체하는 안전하고 간단한 또다른 방법이 있다. "슈-게임"에는 모든 카드가 전부 딜링되어지는 것은 아니다.

그것은 각각 새로운 "슈"로 딜링을 시작하기 전에 카드덱의 뒤쪽 끝으로부터 ⅓에서 1/4에 떨어진 곳에 플라스틱 "컷트-카드"를 꽂는 방법으로 진행하는 딜러를 위한 표준실무절차가 있다. 그것은 "컷트-카드"에 도달하면 게임을 종료하고 "리-셔플"하는 것으로 그 범위가 넘어 사지 못하는 카드는 게임에 사용하지 않는다. 따라서 사용하지 않은 카드는 결코 게임자에게 노출되지 않으므로 이점을 이용하여 만약 딜러가 확실하게 할 수 있다면 "10-가치"카드의 커다란 그룹을 "컷-카드" 배후에 두고 게임을 종료할 수 있다면 게임에 사용되는 "10-가치"카드가 충분할 만큼 존재하지 않을 것이다.

5) 하이카드-슬러그(Slug)

딜러가 제일 먼저 하는 행위로 약 10장 이상(Ace 카드포함)의 "10-가치" 그룹을 함께 "칼(Cull)"로 완성하여 가지는 것이다. 그는 이것을 "픽업"으로 가질 수 있다. 그가 핸드의 디스카드를 테이크할 때, 그는 손안에 "10-가치"카드는 뒤쪽에 있도록 하고, 동시에 "10-가치"가 아닌 카드는 앞쪽 있도록 픽업한다.

이 경우, 되도록 다발(슬러그)로 유지한다.

딜러는 상표가 있는 새로운 카드나 첫 번째 셔플로 옮겨지는 장소에서 카드를 "칼(Cull)"하는 것은 가장 쉬운 방법일런지 모른다.

서베일런스 요원은 새로운 카드의 팩을 뜯어내며 그것을 꺼내 펼쳤다면, 제조공장으로부터 어떤 순서의 카드가 나오는지 주의 깊게 관찰할 필요가 있다.

그것은 덱의 중앙에 정확히 8장의 카드가 모두 "10-가치"카드로 되어 있다. 가장 대중적인 상표의 카드 모두 이와 같은 순서로 되어 있다(Spade A~K, Heart A~K,

---

15) Deadgame : 카지노에서 테이블은 오픈되어 있어 딜러는 배정되어 있으나 게임자가 없는 상태를 말한다.

Club K~A. Dia K~A). 딜러가 새로운 덱으로 첫 번째 셔플을 하는 경우 윗부분에 8장의 "10-가치" 카드를 가져오는 것은 딜러를 위해 쉬운 일은 아니나, 그 카드덱을 함께 셔플을 하고 난 경우에 딜러는 "10-카드"의 두뭉치를 결합할 수 있다. 딜러는 4덱 또는 그 이상의 덱을 함께 셔플하여질 때 그가 원하는 만큼 커다란 "10-가치" 카드 "슬러그"를 모을수 있으며 다른 어떤 카드의 방해도 없이 "슬러그"를 옮겨 그 상태로 믹스하여 가지게 되며, 딜러의 조종아래 "슬러그"의 위치를 정하여 유지한다.

두 번째 단계는 "컷트-카드" 뒤로 "슬러그"가 있도록 보존하는 것이다. 대부분의 게임자는 중앙부분을 컷트한다. 실제로 카지노에서는 중앙에서 너무 멀리 벗어나는 컷트를 하면, 컷트의 수용을 거절하고 다시 컷트할 것을 권유한다. 그 딜러는 컷트를 하기 전에 위치를 정한 "10-가치"카드인 슬러그가 컷트를 한 후에, 딜링이 되지 않도록 마무리한다.

딜러는 항상 "슬러그"에 손대지 않고 보전하면서 게임을 끝낼 수 있다.

3. 룰-렛(Roulette)

영화 "카사블랑카(Casablanca)"에서 미국인이 운영하는 "릭(Rick)"의 카페 안에 룰-렛 테이블이 있는 장면이 있다. 젊은 청년은 그의 젊은 신부와 그 자신을 위해 미국행 비자를 사려고 충분한 "위닝"을 희망하는 갬블링을 하였지만, 행운은 그를 비껴가고 있는 장면이 있다.

영화의 주인공 "험프리보가드(Humphry Bogart)" 그 클럽의 소유자로 그의 뒤에서 나타나면서 그에게 "오늘밤은 22번에 시도해 보시겠습니까?"라고 제의하자 그의 뜻을 알아차리고 딜러에게 "22번에 걸겠다"고 말하였다. 그러자 22번이 확실히 이겼다.

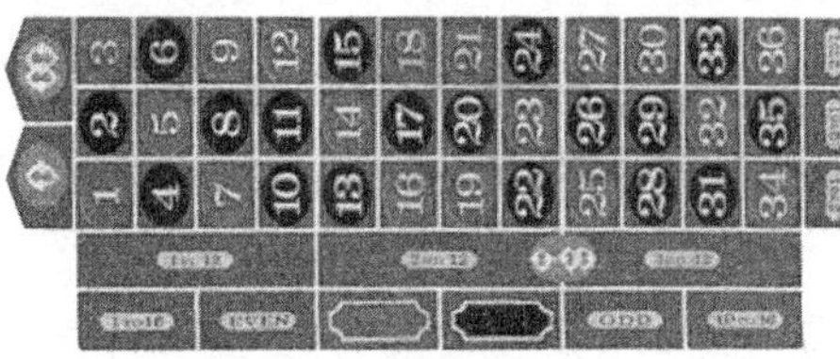

"보가드(Bogart)"의 가르침으로 그는 다시 그 "위닝넘버(Winning Number)"다시 걸었고, 또 다시 22번이 나오는 장면이 있었다. 또 다른 룰-렛 게임의 속임수가 있는 영화는 "스팅(The Sting)"이 있다. 허슬러인 "로버트

레드포드(Robert Redford)"가 그의 직업상의 경력으로 평판이 안 좋은 갬블링 하우스의 "룰렛게임"에서 엄청난 성적을 올려 축제의 분위기에 젖어있는 장면이 나오며, 또한 그가 "룰렛게임"의 "블랙칼러"에 자신의 전체금액을 "올인"하였을 때, 그 클럽의 소유자가 "그루피어(Croupier)"에게 지시하여 테이블의 끝 쪽 아래에 손가락이 몰래 들어가서 단추를 은밀히 눌러 "레드포드"가 베팅한 금액 전부를 그 "휠(Wheel)"의 스핀 한 번에 손실을 당하는 장면이었다.

1) 쥬스-휠(Juice Wheel)

어떤 넘버를 나오게 하려고 "룰렛-휠"을 부정한 수단으로 조작하는 것이 정말 가능성이 있는지, 어떤 부분은 "영화"에서만 일어나는 것이라고 여기에는 의문의 여지가 있다. 그러나 불행하게도 "개프"된 "룰렛-휠"은 지나치게 객관적일 뿐이라고 여겨진다.

"룰-렛"은 두 가지 주요한 부분으로 구성되어 있다.

넘버(숫자)가 위치되어 보유하고 있고, 자유로이 회전하는 중앙부분(Cylinder)과 "볼-트랙(Ball-Track)"이라고 불리는 곳은 볼이 돌아가도록 고정시켜 놓은 목재의 테두리로 외부가 되어 있다.

"룰-렛"을 도박으로 가지려는 카지노 운영자는 같은 코스를 따라 되돌아오는 내부등 거리의 지점에 4개의 전자석(Electromagnets)을 장치할 것이다. 그리고 강철심을 보유한 볼을 사용하는 것이 틀림없다. 게임이 시작하는 곳에는 "휠(Wheel)"이 시계 반대방향으로 돌아가고, 볼은 시계방향으로 회전된다. 그 휠과 볼의 속력을 늦추는 것으로 하우스가 원하는 곳의 "휠" 부분 위에 볼이 도달할 때까지 기다릴 것이다. 그리고나서 순간적으로 "쥬-스(Juice)"[16]의 상태로 방향을 돌린다. 트랙을 통과하는 그 볼을 자석이 당기는 원리로 넘버가 있는 포켓에 그것이 떨어지도록 시도하는 것이다.

그것은 한정된 시간에 특별한 넘버가 나오게 되는 것은 대단히 어려우므로 운영자들의 대부분은 시도조차 하지 않는다. 갬블링 하우스 업주의 대부분이 "카사블랑카" 영화의 주인공처럼 박애주의를 가지고 손님을 배려해주는 정도는 아니지만, 특별한 넘버로 "윈(Win)"하는 일에 전혀 관여하지 않는다. 그러나 계속해서 "루스(Lose)"하는 일정한 넘버에 대해서 그 손실을 보장받으려 할 것이다.

16) Juice : 전류 또는 전자석 장치로 주사위 또는 룰렛 휠을 조정하여 속임수 행위에 사용하는 불법 갬플링을 말한다.

2) 사이징 인투(Sizing Into)

카지노 게임 안에는 게임장비를 조작하여 속임수를 행하는 방법만 있는 것은 아니다. 갬블링에서 포인트는 장비뿐만 아니라 "머니(Money)"에 있다. 유력한 방법으로 딜러는 "위닝-벳" 지불절차에서 게임자의 돈의 일정액을 손에 넣는 것이다.

딜러가 동등한 금액을 지불하는 방법도 카지노 방침에 의해 지시되어진 두 가지 절차 중의 하나를 따라야만 하는 것으로 베트(Bet)의 사이즈에 의존하는 것이다.

이러한 지불절차에 대해 각각 고안되어진 부족하게 지불해주는(Shortage) 방법이 있다. 만약 게임자의 배팅금액 구성이 작은 스텍의 칩스라면, 적합한 절차는 "사이징 인투"에 의한 지불로 딜러를 위한 방법이 있다.

딜러가 "베트(Bet)"보다 더 큰 "칩스의 스텍"을 잡고 게임자의 스텍을 상대로 밀어 같은 높이의 "스텍(Stack)"이 되도록 지불하는 것이다. 딜러는 그때겸지 손가락으로 게임자의 스텍을 당기듯이 끌어 뒤에 있는 지불할 스텍을 상대하여 칩스를 초과하여 잘라냄으로써 벳팅한 스텍과 높이를 동등하게 하는 것이다.

만약 딜러가 게임자에게 부족하게 주기를 원한다면 그것은 높은 쪽으로 나타난다. "벳-스텍"을 상대하여 밀었을 때, 칩스의 두께에 의하여 테이블보다 높게 "지불스텍"을 잡을 것이다.

이것은 게임자의 스텍 아래를 미끄러뜨리는 것으로 "지불스텍"의 맨 아래쪽 칩스가 되는 결과가 되다. 그리고 나서 정상적인 절차로 지불을 마친다.

제2절 카지노 외부인(Outside)에 대한 서베일런스

1. 서베일런스 테크닉

카지노의 서베일런스 시스템에 의해 카지노는 그들의 딜러와 게임자들을 지켜보고, 그들의 플로어맨과 딜러를 지켜보며, 그들의 핏보스와 플로어맨을 지켜본다.

미국의 카지노들 대부분 "도박정보연구소(Griffin Investigation)"에 의해 서비스를 제공받으려고 출자하여 설립한 탐정대리인으로 "블랙-북(Black-Book)"이라고 불리우는 기관이 있다. 그 "블랙-북"에는 계속해서 정보가 업-데이트되며, 이름, 사진, 신상명세 등이 기재되어 있고 카지노 속임수꾼으로 알려진 인물들이 전산의 양식으로 저장되어 있다.

서베일런스요원은 어려운 여건 아래 있음은 틀림없다. 카드 한덱 또는 한 쌍의 주사위를 가지고, 어떤 행위가 일어날 수 있는지, 당면한 문제를 풀어내는 시간에 정력을 소비하며, 전문적으로 단속하는 사람으로 노력하고 있지만, 그들은 엄청나게 많은 게임자들을 주시해야만 하는 것은 다수는 아니더라도, 누가 속임수꾼인지 모르기 때문이다.

그들은 어떤 데이터 안에 있는 딜링 범위에 속임수행위가 있을 때는 지극히 은밀하게 선택된 요원에 의해 밀착감시하지만, 어떤 곳에는 새로운 기술이 끊임없이 개발되어진다는 것이다. 어느 곳의 범위를 가능한 축소하여 이러한 기능을 간파하려고 밀착하여 관찰한다 할지라도 속임수행위의 움직임은 눈에 안 보인다는 것이다.

이러한 상황아래서 CCTV카메라들은 그 기능의 가치가 제한적이다.

결정적으로 손재주(Sleight of Hand)로 하는 속임수경우에는 유죄판결을 얻는 것은 대단히 어려우므로 그들은 "미카닉"을 체포하였더라도 기소하기보다는 오히려 카지노들의 대부분은 방금 위닝한 돈을 가지고 다른 카지노에서 먹이를 찾도록 그를 쫓아낸다. 또 다른 방법으로 재정상의 보상을 준다는 조건으로 이러한 상황을 반전시켜 속임수행위를 시도하려는 자를 잡아내는 것이다. 이에 외부인(게임자의 입장)이 시도하는 모든 속임수 행위에 대한 기술을 살펴보기로 한다.

1) 블랙잭

블랙잭 딜링의 절차는 카지노에서 카지노로부터 다양하게 변화를 주고 있다. 어떤 절차는 싱글덱의 카드를 상용하는 곳도 있고, 또는 두 덱을 함께 셔플하여 딜러가 손에 잡고 하는 곳도 있다. 다른 절차는 여러덱의 카드를 "슈(Shoe)"에 담아서 사용하는 딜링도 있다.

어떤 딜링은 게임자의 첫 번째 두 장의 카드를 "뒷면(Face-down)"으로 디바이드하기도 하고, 또다른 딜링은 "앞면(Face-up)"으로 디바이드 되나, 게임자가 카드에 손을 대는 행동(Touch)을 허용하지 않는다.

우리가 보는 바와 같이 어떠한 속임수 행위 기술로 범위를 결정하려는 그 딜링 절차는 하우스를 상대하여 사용되어질 수도 있다.

2) 핸드-먹킹(Hand-Mucking)

블랙잭게임 테이블에서 외부인(Outsider)의 입장에서 속임수 행위의 가장 효과적인 방법은 "핸드-먹킹"이다. 이것은 바꿔치기에 필요한 어느 카드를 미리 손바닥 안에 감추고 게임에 참여하는 것이다.

전형적인 접근은 다음과 같다. 딜러가 "컷트"를 위해 속임수를 행하려는 자에게 덱을 제공할 때 그 "먹커"[17]는 컷팅의 진행 중에 두 장의 카드를 손안에 넣는다. 이러한 카드의 내용이 무엇인지는 걱정하지 않는다.

카드 한 장은 "4"이고 다른 한 장은 "7"이라고 가정해보자. 그리고나서 속임수를 행하려는 자는 그의 핸드에 "에이스" 또는 "10-가치"카드, 어느 쪽의 카드가 분배될 때까지 정직한 게임을 한다.

예를 들어, 만약 "에이스"가 분배되었다면, 그의 손에 숨겨둔 "4"를 핸드에 두고 "에이스"는 손안에 쥐게 될 것이다.

나중에 그에게 "퀸"에 대해 "7"로 대응하면서 그는 덱으로부터 "에이스"와 "퀸"을 이상적이고 완전한 "블랙잭-핸드"로 가져오는 것이다.

다음 핸드에서 그는 커다란 "벳스(Bets)"를 만든 다음, 그에게 "이니셜" 두 장의 카드가 분배되자마자 그는 완전한 블랙잭을 위하여 그것을 "바꿔치기(Switches)"하게 된다.

---

17) Mueker : 카드-덱을 돌릴때 손바닥에 감추어 바꿔치는 행위를 전문적으로 하는 사기도박꾼

속이는 방식에 "먹크-카드"를 다루는 능력은 쉽게 습득되어지는 것은 아니다. 그것은 그가 원하는 방향으로 시도를 고려할 수 있지만, 대단히 정밀한 실행이 요구된다.

속임수꾼들은 돌파구를 마련하기 전에 순간적인 재치로 그때마다 "스윗치"진행을 반복하는 것이다.

"크로스로더"[18]는 항상 두 장의 "여분의 카드(Extra-Card)"를 가지고 있다. 그가 카지노를 떠날 때에 그의 신체에 카드를 지니는 것으로 체포당하기를 원치 않는 것도 당연한 일이다.

전형적으로 "먹커"는 테이블을 떠나기 전에 반드시 "왁스(Wax)"를 가지고 테이블의 아래쪽에 "엑스트라카드"카드를 부착시킨다.

그는 그러한 카드를 즉시 처분하더라도 그에게 불리한 문제가 되지 않는다는 것을 알고 있다. 만약 그가 차지에서 떠날 때 체포된다 할지라도 덱에 2장의 카드는 부족하다는 사실에 그가 책임이 있다고 증명하지 못한다.

그럼에도 그들이 비디오테잎에 녹화되는 것은 당연하다. 만약 그가 솜씨 있는 "미카닉"이라면, 테이프 상에 아무것도 없어 그의 범죄행위에 대한 증거가 없으므로 배심원들을 납득시킬 것이다.

"핸드-먹커"가 테이블에서 가장 좋아하는 좌석은 "세번째 베이스(3re-Base)"[19]위치이며 딜러의 오른쪽 바깥에 앉게 된다.

그 이유로 딜러가 첫 번째 게임자에게 "히트"로 카드를 줄 때 그의 왼쪽 바깥사람이 되므로 딜러가 방향을 돌릴 때는 순간적으로 "세번째 베이tm"의 게임자가 시선에서 벗어난다.

이러한 순간에 "먹커"는 "스윗지"를 만드는 것이다. 어떤 "먹커"는 첫 번째 베이스좌석에 파트너를 앉혀 "도우미(Helper)"로 활동하게 하여 함께 작업을 한다.

그는 헛기침과 소리로 카드를 받을 것인지 안 받을 것인지를 신호하고, 시야에서 벗어날 때까지 딜러의 주의력을 다른 곳에 집중시켜 그의 파트너가 작업을 끝내도록 하는 것이다. 대부분의 "먹커"들은 단독으로 작업하지만, 그들에 대한 이러한 역할은 의식하지 못하게 하는 봉사(Serve)이기에 "첫번째 베이스"에 앉은 것이 우연인 것처럼 누구에게나 믿게 한다.

3) 프론트 로딩(Front Loading)

18) Crossroader : 직업적으로 카드게임을 찾아 전세계를 돌아다니는 카드속임수 기술자.
19) 3nd-Base : 블랙잭 게임 테이블에서 딜러의 오른쪽 맨바깥쪽자리(위치)

"핸드헬드(Hand Held)"로 하는 블랙잭 게임의 속임수 행위의 한 영역으로, 복잡함을 고려하여 개발된 방법으로 근년에 유행하는 "홀-카드"플레이가 있다. 딜러의 "홀-카드"가치 결점에 사용되는 기술내역의 표현에 참조되는 것으로는 아마도 가장 간단한 방법으로 "프론트로딩"이 있다.

엄격히 말하면 "프론트로딩"은 어떠한 속임수행위가 있는 것이 아니고, 딜링 기술이 미숙한 딜러가 자초한 어떤 행위라고 표현하는 것이 정확할 것이다. 딜러의 앞면카드를 미끄러트리고, 그의 "홀-카드"를 너무 높이 들어 올려 노출시키는 어떤 딜러의 의식하지 못하는 습관을 인용하는 것이다. 통상적으로 이것은 오로지 앉아있는 위치로부터 한명의 게임자만 보게 될 것이고, 특정한 위치일지라도 딜러의 습관에 따라 차이가 있을 것이다. 물론 이러한 딜러들은 소수라 할 수 있다.

그러나 속임수를 행하려는 사람이 있는 곳에 "프론트로더"[20]가 있다는 것은 그 "시프트"가 끝날 때까지 은행에 돈을 입금시키는 것과 마찬가지이다.

"프론트로딩"플레이는 속임수행위가 아니다 라고 단정지을 수는 없지만, 게임자의 실수가 아니고, 딜러가 그의 "홀-카드"를 노출시키는 것인바, 허슬러들은 조직적으로 카지노 내부의 절차인, 이러한 약점을 부당하게 이용한다. "프론트로더"의 노출이 쉽게 보이는 것이 아니고, 아주 잠깐 동안 카드를 정확히 확인해야 하기 때문에 몇몇의 허슬러들은 "순간노출기(Tachistoscope)"라고 불리우는 장치를 가지고 그들 스스로를 훈련하기도 한다.

진지한 "홀-카드"게임자들은 "프론트로딩"을 하는 딜러와 마주치면 아주 신중하게 모든 정보를 유지한다. 다시 말하면 신체적인 특징, 어느 카지노, 어느 시프트, 어느 테이블에서 근무하는지, 그리고 게임자가 어느 자리에 앉아야만 "홀-카드"를 읽을 수 있는지를 기록한다.

만약 "프론트로딩"을 잘하는 딜러가 교대되었다면 속임수를 행하려는 자는 그를 추적한다. 그의 새로운 근무 테이블로 뒤쫓아 가는 것이다.

서베일런스 요원을 혼란시키는 절차로 두 사람이 팀이 되어 작업하기도 한다. 한 명은 "관측자(Spotter)"로서 카드가 나누어질 때, 딜러의 "홀-카드"를 읽을 수 있는 장소의 테이블에 위치하여 자리잡는다.

이러한 게임자는 최소의 베팅만하고 그가 아는 "홀-카드"의 지식을 본인이 이용하여 벳팅을 만들지 않는다.

그 뜻은 그 장소에서 "플로어맨" 또는 "핏-보스"의 주의를 끄는 플레이나, 베팅을 하지 않는다는 것이다. 그의 파트너는 커다란 "벳스(Bete)"를 만드는 역할을 하는

---

20) Front Loader : 자신의 "홀-카드"를 게임자에게 슬쩍 보여주는 블랙잭 딜러

"빅-플레이어(BP)"이다.

"스팟터"의 벳팅금액 한도는 미니멈이지만, "BP"는 한 핸드에 맥시멈 벳팅이 될 것이다. 이것은 두 사람이 합작하여 "BP"의 게임을 성공시키는데 목적이 있는 것이다. 이는 "BP"가 딜러의 "홀-카드"를 읽는다는 의혹을 받지 않으며, "스팟터"의 은밀한 신호에 의해 딜러의 핸드 가치를 알고 벳팅할 수 있다.

4) 글림

"프론트로더"의 "홀-카드"를 읽는다는 것은 다른 카드 아래쪽에 "홀-카드"를 넣을 때, 너무 높게 또는 경사지게 잡는 요소에 의해 가능성이 만들어지는 것이다. 숙련된 딜러는 그것을 안에 넣을 때 카드를 낮게 유지하려 할 것이다. 그렇지만 모험적인 "크로스로더"는 "글림"을 사용하여 이러한 상황에서도 "홀-카드"가 놓인다면 속임수 행위에 이용한다. "글림"은 카드의 내용을 "반영(Reflect)"시키는 것이다.

그렇지만 현명하지 못한 "플로어맨"은 그렇게 알기 쉬운 "글림"을 묵인하고 있다는데 문제가 있다.

"허슬러"들은 의심을 받지 아니하고 "글림"을 위장시키는 교묘한 여러 가지 방법을 고안하여 사용한다.

아마도 가장 영악한 방법은 입방체모양의 플라스틱 얼음 안에 "프리즘"효과가 있도록 조립하여 사용하는 것이다. 술잔의 반을 비운 상태에 얼음 입방체를 띄우고 그 잔을 게임자의 정면 오른쪽, 유리한 위치로 테이블 위에 놓는다. 술잔 안을 통하여 직접 아래를 들여다보는 것으로 게임자는 카드가 나누어졌을 때, "홀-카드"를 비추게 하여 간파할 수 있다.

이에 속임수꾼이 계속된 "위닝"이 끝났다는 것을 알 수 있는 것은 그의 책략이 칵테일 웨이트리스가 그의 빈 잔을 치워버렸기 때문일 것이다.

5) 스푸킹

"프론트로딩"과 "글림"은 오로지 딜러가 카드-덱을 손에 잡고 하는 싱글덱-게임일 때만 가능하다. "슈-딜링"게임일 때 "홀-카드"는 "슈"로부터 질질 끌어 끄집어내어 테이블 표면을 따라 미끄러트리는 것으로 기술이 필요 없이 일정한 위치에 놓도록 되어 있다.

그렇지만, "스푸킹"은 "슈-게임"과 "싱글덱-게임" 모두 다 동등하게 효과적이다.

딜러의 "업-카드"가 "에이스" 또는 "10-가치"카드일 때는 그가 가진 것이 "블랙잭"인지 보려고 그의 "홀-카드"를 확인해야 한다. 딜러가 그의 "홀-카드"를 살펴볼 때, 속임수꾼 역시 훔쳐보는 것을 "스푸킹"이라고 한다.

이러한 상황은 시간대의 38%가 발생하므로, 속임수꾼이 매5핸드에 약 2번 정도, 딜러의 동작을 유심히 본다 하더라도 오로지 안쪽 구석 끝에서만 들어 올리고 눈으로 엿보는 곳은 그의 손으로 가려 방어하기 때문에 누구든지 속임수꾼이 그곳을 흘끗 보아 감지할 가능성이 있다는 것을 믿기 어려울 것이다.

육안으로 볼 수 있는 카드의 위치는 테이블의 딜러 사이드 쪽, 딜러가 서있는 곳에서만 가능할 것이다. 이에 속임수를 행하려는 자는 테이블의 딜러 사이드로부터 "홀-카드"를 보는 것이다. "크로스로더"는 반드시 최소한 2명 이상이 "팀"으로 작업하며 "스푸크"라고 불리우는 이러한 상황을 실행하는 자들을 "스팟터"와 "BP"라고 불리운다. 같은 테이블에 앉는 대신 "스푸크"는 "BP"로부터 반대쪽에 있는 반대쪽에 위치한 "피트"의 테이블에 앉는다.

따라서 "BP"가 있는 딜러의 등 쪽이 "스푸크"를 향하게 된다(블랙잭 테이블의 "피트" 형성은 항상 딜러가 서로 등을 지고 일하도록 배치되어 있음). 위치의 선정은 룰렛 또는 슬롯머신이 대상이 되기도 한다.

"스푸크"는 딜러가 카드를 확인하려고 카드의 구석 안쪽 끝을 들어 올릴 때, 딜러의 팔꿈치 아래의 공간에서 "홀-카드"를 읽을 수 있으므로 다른 테이블에서의 각도는 스스로 위치를 정한다.

그리고 나서 그는 "BP"에게 신호해야 하므로 "스푸크"는 분명한 시야를 가진 곳에 자리를 잡아야 한다.

"스푸크"는 먼 거리에서는 카드의 내용을 볼 수가 없으므로 그는 여러 가지 카드의 "조각모양"을 가지고 훈련하여 숙달되었으므로 끄트머리 점만 보아도 어떤 가치의 카드인지를 판단할 수 있다. 가장 커다란 "스푸킹"은 구성원 단위가 세 명으로 작업하는 팀에 의해 행해지는 것이다. 사람을 추가로 고정시켜 전체적인 속임수를 훨씬 더 까다롭게 만들려고 특별히 세밀하게 구분을 하기 위한 역할을 하려는 것이다.

최근에 "스푸킹-팀"이 라스베이거스의 "디저트 인(Desert in)"카지노에서 검거된 적이 있다.

6명이 채포되었고 현금 125,000달러와 카지노 칩스가 몰수되었다.

그러나 최후에는 카지노의 책임으로 전가하였다. 무엇이 카지노를 걱정스럽게 하였느냐 하면 바람직하지 않은 판례를 인용하여 그들에게 대항하는 법정재정이었다.

6) 게임 중 마킹

게임 중 카드를 "마크(Mark)"한다는 것은 속임수를 위해 딜러의 "홀-카드"를 기억하는 것과는 전혀 다른 접근방법이다. 매번 딜링되어진 "10-가치"카드가 있는지를 인식하여 "인슈런스"[21]를 선택하는 지식을 가지려는 것이고, 이것은 단독으로 그에게 하우스를 상대로 2.5%의 우세함을 가지게 된다.

또한 딜러가 "패트-핸드"를 가졌는지, 아닌지를 안다는 것은 다른 상황을 결정하는데 도움이 된다는 것이다. 이것은 속임수꾼에게 "히트"하거나 또는 "스탠드"하는 결정을 하게 하며, 딜러가 "바스트"하기를 기다리는 여지가 있기도 한다.

부가하여, 만약 "히트"할 것인지, 아니면 다른 선택을 할 것인지를 결정하는 동안 덱의 "홀-카드"를 볼 수 있다는 것은 "허슬러"에게 또 하나의 다른 엄청난 유리함을 가지게 될 것이다.

블랙잭 게임을 하는 동안 카드를 "마킹(Marking)"하는 행위로 크게 세 가지 방법으로 구분할 수 있다. 그 첫 번째는 "칠하다(Daub)"는 의미에 의한 것으로 연고를 사용하는 방법으로 "슈"안에 카드가 뒷면으로 있는 게임이라면 더할 나위 없이 적절 할 것이다. 이러한 경우 "슈"의 정면에 있는 "피더-홀"[22]을 통하여 육안으로 볼 수 있게 되어 있으므로 속임수를 행하려는 자는 "마크"하는 장소를 신중하게 선택할 것이다.

두 번째는 "네일닉킹(Nail Nicking)"[23]이다. 이것은 "크로스로더"가 카드의 가장자리에 엄지손톱으로 찔러 금을 긋는 것이다. 카드의 양쪽 끝에 "마킹"을 하므로 셔폴링과 딜링하는 동안 둘레가 바뀌어도 상관이 없을 것이며, 테이블에 놓여 있는 "홀-카드"가 "10-가치"카드인지, 어쩐지 알 수 있는 것은 딜러의 카드 앞쪽 끝을 살펴보는 것에 의해서이다.

세 번째는 "크림프작업(Crimp Work)"[24]의 형태이다. 속임수를 행하려는 자가 그가 원하는 "마크"로서 카드의 측면을 살짝 구부려 카드의 뒷면 한쪽 끝에서 다른 한쪽 끝으로 "홈(Bend)"이 세로로 있도록 만드는 것이다.

이것을 시험해보면 블랙잭게임에서 딜러의 "홀-카드"로 되어져 있는 것은 물론

21) Insurance : 딜러의 "업-카드"가 "에이스"일 경우 블랙잭이 될 수 있는 가능성이 있으므로 게임자에게 보험벳을 만들게 하는 "옵션(Option)"
22) Feeder-hole : "슈"의 정면에 손가락을 넣어 카드를 뽑을 수 있도록 장치한 구멍
23) Nail Nicking : 카드를 "마킹" 하기 위하여 손톱으로 카드의 가장자리에 금(선)을 새기는 행위
24) Crimp Work : 카드의 측면을 살짝 구부려 카드의 뒷면에 한쪽 끝에서 다른 한쪽 끝으로 "홈"이 세로로 있도록 만드는 작업

테이블 위에 뒷면으로 다른 카드 속에 덮인 상태일 때도 이러한 카드들은 앞쪽 가장자리의 한 지점을 주목하면 쉽게 알 수 있는 방법이다.

7) 캡핑과 드레깅

카드대신 "베팅"으로 하는 조작은 완전히 다른 방법의 접근으로 블랙잭 속임수 방법의 마지막 범주(Category)에 포함된다. 블랙잭은 게임자가 카드를 받기 전에 자신의 "베트(Bet)"를 만들어야만 하는 게임으로 스플릿팅, 더블다운, 서렌더 등과 같은 특별한 상황을 제외하고는 그의 핸드를 보고난 후에는 "베트"를 늘릴 것이고, 특별히 나쁜 핸드를 가졌을 때는 "베트"를 줄이려 할 것이다.

그것이 불법임에도 불구하고 허슬러들은 그런 행위를 하며 이와 같은 행위를 "캡핑(Capping)"과 "드레깅(Dragging)"이라고 불린다.

"캡핑"은 또한 "프레싱(Pressing)"으로도 알려졌으며 카드가 나누어진 후에 어느 곳의 "베트"에 칩을 추가시킨다는 뜻이다. 속임수를 행하는 자의 칩스 아래에 "팻-핸드"가 높여있는 곳에서 발생하는 속임수 방법의 하나이다.

그의 "벳스(Bets)"의 맨 위에 칩스를 추가시키는 것은 아주 쉬운 일이다.

"허슬러"는 "프레싱"에 의해 속임수 행위를 하기도 하지만 "드레깅" 또는 "핀칭"이라는 기술로 이러한 행위를 제고(提高)시키기도 한다. 이 뜻은 "스티프"핸드를 가졌을 경우, 그의 "베트" 뒷부분에서 칩스를 몰래 가져오는 행위로, 가장 손쉬운 방법은 카드를 이용하는 것이다.

속임수를 행하려는 자는 테이블에 한손을 얹어놓고, 다른 한손으로는 그의 카드는 잡는다. 만약 가망이 없는 카드를 가졌다면, 그는 그의 "베트"를 뒤덮듯이 카드를 잡고서 보다 낮은 카드의 끝을 가지고 칩스의 스텍 윗부분을 잘라 자신 몫으로 향하여 가볍게 쳐서 떨어뜨려 그의 다른 손안으로 들어가게 한 다음 그가 특별히 좋은 핸드를 받을 때까지 그 칩스를 손안에 숨기고 있는 것이다.

"핸드-먹커"들의 입장에서 "캡퍼"와 "드레거"들은 딜러의 오른쪽 바깥 가장자리의 마지막 자리에 앉기를 선호한다.

왜냐하면 첫 번째 게임자에게 주의력이 집중될 때 그의 시야 주변에서 작업을 할 수 있기 때문이다.

그들은 첫 번째 베이스에서 바람잡이 역할을 하는 파트너와 함께 작업을 하기도 하며, 그들을 위해 일정한 역할이 실행되는 것을 알지 못하게 하고, 누구라도 우연히 일어나는 것처럼 믿게 된다.

2. 룰 - 렛(Roulette)

1) 패스트 포스트

룰렛 테이블에서의 가장 보편적인 속임수 행위의 방법은 "패스트 포스팅(Past posting)"이 있다. 그 용어는 경마의 레이스로 승자가 결정된 후에 부주의하게 경마에 벳팅을 허용한 사설 마권업자들이 취급하였던 방법으로 "허슬러"들의 해묵은 사기행위에서 유래되었다.

오늘날 이 용어는 마감시간 후에 은밀히 만들어진 "베트"로 어떤 상황이 있는 장소에 적용하여 사용하는 것이다.

누구라도 볼이 미끄러져 도착한 후에 "레이아웃"에 돈을 건다면, 룰렛에서 이기는 것은 어렵지 않을 것이다. 그 비밀은 딜러가 보고 있지 않을 때 행동하는 것이다. 게임자는 "위닝-넘버"를 보자마자 곧, 그는 "뉴-벳"을 만들거나 "루징-벳"을 그곳으로 옮김으로 즉시 "위닝"위치에 있도록 하는 것이다.

속임수를 행하려는 자는 딜러시야(視野)의 사각지대의 위치를 확보하려 할 것이다. 이상적인 최적의 위치는 "레이아웃" 아래쪽 끝 지역에 있는 1st, 2nd, 3rd의 "컬럼(Columus)" 위에 벳팅하는 지역이다.

2) 룰렛 컴퓨터

룰렛게임이 발명된 이래 게임자는 "위닝-넘버"를 예측할 수 있는 시스템을 개발하는 노력을 해왔다. 방법의 하나로, 펜과 종이를 가지고 룰렛테이블 주위에 모인 많은 게임자들이 협의하여 알아 낼 수 있는 것은 다음에 무엇이 나올 것인지를 지적한 다수의 넘버로부터 "외삽법(外挿法)"에 의해 추정한 기대치 안에 "휠(Wheel)"의 모든 스핀(Spin)이 얽혀 있는 기록을 공유하는 것이다.

수학적 논리로 전개하면 모든 시스템은 효과가 없다고 할 수 있다. "룰렛-휠(Roulette-wheel)"의 각각의 스핀을 "랜덤(Random)"으로 진행되기 때문이다. 이 뜻은 먼저 일어난 스핀의 결과가 다음에오는 스핀에 절대적으로 영향을 미치지 않는다는 의미이다.

그렇지만 수년전에 몇몇의 수학자들이 "룰렛-휠"에 어떤 넘버가 나올 것인지, 예측할 수 있는 "마이크로컴퓨터(Micro Computer)"를 개발하는데 성공하였다. 이것의 사용은 이전의 스핀에서 무엇이 일어났는지, 계산하는 방법이 아니라 "휠(Wheel)"을 상대하여 "볼(Ball)"의 속도를 기록하고 회전하는 중에 넘버를 주목하여 볼의 상대적 위치를 입력하고 볼이 어디에 떨어질 것인지의 정보를 전달하는 것이다.

다시 표현하면 "확률론"이라기보다 "물리학"을 이용하는 것이다.

이것은 카지노 안에 몰래 가지고 들어와 게임자의 옷 속에 비밀스럽게 간직할 수 있는 곳에 숨겨둔 컴퓨터에 의해 목적을 이루는 것이다.

"와이어드(Wired)"게임자는 휠과 볼이 다 움직일 때까지 기다리고 나서 휠의 가장 자리(Rim)의 어떤 지점 위에 고정시켜 놓고, 예를 들어 "더블제로(Double Zero)"를 통과할 때 버튼을 다시 누르는 것이다. 그것에 의해 휠의 속도는 기록되어지고, 그 절차로 볼의 속도가 측정되기까지 번복되어진다.

이러한 정보를 가지고 있는 컴퓨터는 마침내 그 볼이 휠의 어떤 섹션 안에 떨어질 것인지를 예측할 것이다. 그것이 정확한 "위닝넘버"를 예보하지 못할지라도 그것은 범위를 충분히 좁힐 수 있으므로 게임자는 모든 가능성에 있는 곳만 커버하기에 부족함이 없다.

"룰렛-휠" 안에는 "볼"이 넘버를 향하여 내려갈 때 역행하도록 설치한 "차단장치(Breaker)"가 있으며 그들 중의 하나에 부딪치면 일정치 못한 방향으로 예측할 수 없는 움직임을 가지게 된다.

그렇지만 시간대의 25%가량은 어떤 충돌 없이 "브레이커" 사이를 미끄러져 나간다. 이러한 스핀에 믿을 수 있는 컴퓨터의 "예보(Predication)"는 큰돈을 만드는 시스템을 만들기에 충분하다.

얼마 전 외신에 영국의 "리츠클럽"이라는 카지노에서 최첨단 컴퓨터를 이용하여 약 백만파운드(한화 21억원)가 속임수꾼들에 의해 빠져나간 사실을 보도한 적이 있었다.

이 기계의 원리는 초정밀 기술을 자랑하는 "레이저스캐너"가 휴대폰에 내장되어 있어 "룰렛-볼"의 스피드를 계산하여 볼의 정확한 완착지점 또는 근사 값을 예보해 주는 수학적인 원리에 기초를 둔 것이다.

3. 슬롯머신(Slot Machine)

겜블링 세계에는 항상 속임수 행위를 방지하려는 예방자치의 기능과 예방조치를 정복하려는 속임수행위의 방법으로 장치한 기능 사이에는 끊임없는 경쟁을 하여 왔으나 "슬롯머신"의 경우처럼 이렇게 극명하게 드러내는 것은 아무데도 없다.

끝없는 기술적인 경쟁은 슬롯머신을 제조하는 자와 그것의 내용을 벗겨보려는 자들의 진행되는 것이다. 누가 그 경쟁에서 승자인가는 미국의 "네바다 게임통제위원회"의 전산실에서 평가하여 지적하였던 바, 연간 "10~12백만달러"가 "슬롯도둑(Slot Thieves)"들에 의해 주정부의 카지노로부터 절취하였다고 발표한 적이 있다.

1) 속임수 방법사례

슬롯의 속임수방법에 따라 그동안에는 매우 효과적이었던 것으로 머신내부의 기술적인 개선에 의해 적지 않게 제거되었다고 추측되는 것 중에 "스푸닝(Spooning)"은 머신의 코인이 방출되는 효과를 가지려고 지불 "추레이(Tray)"를 통하여 머신 속에 "스푼"모양의 장치를 하여 "코인"이 미끄러져 빠지도록 영향을 미치게 하는 장치이다.

"스트링깅(Stringing)"은 이떤 끈으로 코인을 매달아 사용하는 방법으로 코인 넣는 구멍(Slot)에 집어넣고 나서 손잡이가 당겨지도록 하여 플레이를 무료로 하도록 고안한 장치로 코인 넣는 구멍을 영구히 오픈하기에 용이하도록 "슬러그(Slug)"를 이용하여 자유로운 게임을 가지기도 하며, 머신에 맞도록 디자인된 "현금코인"일 때도 동일한 사이즈의 값싼 외부의 코인을 사용기도 한다.

"핸들 슬래밍(Handle Slamming)"은 "릴(Reel)"이 돌아가는 동안 손잡이를 심하게 부딪치게 하는 장치로서 "위닝"이 결합하는 효과를 오래 끌자는 것이고, "리듬플레이(Rhythm play)"는 위닝 결합이 나오게 하기 위하여 손잡이를 당기는 정확한 시간을 동반하여 자유로운 플레이를 유지하려고 코인슬롯에 "액체세제"를 분무하는 것이다.

2) 오프닝 머신

풀기 어려운 문제를 머신의 잠금장치를 열어보는 속임수에 의해 해결하려고 한다. 그것을 열고 지불하는 결합(잭팟)으로 회전되도록 하고, 그것을 다시 닫는 것이다. 그 진행과정이 무섭게 들리지만 노련한 전문가는 4~5초 만에 전체의 작업을 실행할 수 있다. 어떤 카지노들은 그들의 머신에 이중 잠금장치를 하는 것으로 대응하기도 한다.

이것은 속임수를 행하는 자의 역할을 더욱 어렵게 하기 위해 만드는 것이지만 불가능한 것이 아니다.

"슬롯머신"은 또한 머신이 오픈되어 있을 때는 항상 "라이트(Light)"가 반짝이도록 중앙통제실의 계기판에 연결되어 있다. 그렇지만 머신을 오픈하는 데는 5초미만이 걸리므로 표시등을 놓치기 쉽다.

부연하여 충고하자면 카지노들이 자기소유의 슬롯머신을 설치한 이래 머신의 보수를 위해 계속적으로 머신을 오픈하게 되어 있으므로 모든 "점등"의 점검은 대단히 양심적인 종업원이 해야 한다는 것이다.

3) 드릴행위

비용이 많이 드는 것과는 달리 분해하기 어려운 문제는 "드릴러(Driller)"에 의해 해결한다. 여러 가지 "슬롯"관련 부정한 방법의 하나로 내부 작업에 접근할 방법을 얻으려고 머신의 의부케이스에 구멍을 뚫는 행위를 뜻한다.

그 작업은 "펜·사이즈"만한 물체의 끝에 "탄소봉(Carbon)"을 붙이고 초스피드로 행해진다. 그것은 마치 치과의사가 충치에 구멍을 파는 작업과 같다. 그 "모터(Moter)"는 속임수꾼의 상의 안에 휴대하고 그의 소매아래에 탄력적인 케이블로 연결하는 방법으로 구멍을 뚫는 장치를 부착시킨다.

여성속임수행위자는 핸드백 안에 속이는 장치를 비밀리에 감춘다. 정확히 높이가 맞는 핸드백으로부터 드릴의 끝이 틔어 나오게 하여, 백안에 재봉하여 넣은 "머신 모터"로 동력을 주는 것이다.

전체적인 과정은 오로지 순간적으로 가져야 한다. 머신의 "릴(Reel)"의 조정을 유지하려면 적당한 지점에 정밀하게 구멍을 뚫는 행위일 것이다.

수많은 "드릴러"중 최고는 판지를 이용하여 "형판(型板)"을 만드는 자일 것이다. 그 "드릴러"는 자신이 "슬롯머신"의 돈을 꺼내지 않으며 그는 다른 사람에게 "구멍

(Hole)"을 매매하는 행위로만 그의 수익을 올리는 것이다. 적당한 가격을 받기 위하여 형판을 가지고 있는 드릴이 된 머신의 수량과 위치의 소재를 제공한다. 전형적으로 구매자는 2명 이상의 팀으로 "와이어맨(Wireman)"과 "콜렉터(Collector)" 또는 "클레이머(Claimer)"로 구성한다.

그들은 카지노에 함께 입장한다. "클레이머"는 드릴된 머신의 부근에서 게임을 하면서 망보는 역할을 하고 "와이어맨"은 드릴 된 구멍 속에 "와이어"를 집어넣어 "릴"의 연결접속을 풀어 스핀을 자유롭게 한다.

요즈음은 담배 곽 안에 강력한 자석을 숨겨 가지고 사용하며 그는 위닝 결합으로 "라인"이 만들어질 때까지 그 "릴"을 교묘하게 조작한다.

그는 그러한 행위를 하자마자 곧 카지노를 떠나며 와이어, 형판, 자석 등의 물적 증거는 가지고 간다. "클레이머"는 드릴된 머신으로 이동하고 "잭팟(Jackpot)"을 수거한다.

드릴된 구멍은 서베일런스의 카메라도 발견할 수 없으며, 슬롯도둑들은 오로지 "후원자"에 의해 배후를 공격하는 것으로, 모든 카지노의 경계를 정복하여 성공을 가진다.

4) 스퀴즈 플레이

2년 전 정도에 걸쳐 개발된 새로운 슬롯 속임수 행위의 기술로 "스퀴즈 플레이(Squeeze play)"가 있다.

이것은 코인을 집어넣지 않는 한 머신의 핸들을 당기는 것이 불가능하게 만들어진 기계적인 제륜장치(Locking Mechanism)를 교묘하게 회피하는 방법이다.

속임수치고는 거친 방법으로 그가 핸들을 아래쪽으로 당길 때 머신의 측면을 상대로 안쪽으로 핸들을 밀치는 것이다.

이러한 방법으로 그는 실제로 기계적인 "제륜장치" 주변에 그 핸들을 "압착"시킬 수 있고 수량에 제한 없이 자유롭게 플레이 할 수 있다. 아마도 코인을 집어넣지 않고 플레이 할 수 있을 경우 모든 "슬롯머신"은 돈 만드는 머신이 되어버린다.

5) 컴퓨터와 CRT

슬롯머신을 위하여 새로운 속임수 방지통제로 가장 정교한 것은 머신에서 일어나는 모든 것을 기록하는 컴퓨터가 머신에 연결되어 수반하는 것이다. 이러한 컴퓨터들은 또한 일정한 불규칙 변화가 일어나면 머신의 작동이 멈추는 프로그램이 입력될 수 있다.

그렇지만 가장 정교한 기술일지라도 취약한 접속 한 가지가 그대로 있다. 이것은 "인적요소"이다.

슬롯머신의 감시에 대한 첫 번째 시스템은 1975년, "라스베이거스 스트립"에 있는 주요 카지노들이 채택한 이래 카지노에서 가장 큰 "프로그레시브 - 잭팟"이 두 번 당첨된 적이 있었으며 둘 다 백만불 범위 이내였고, 머신의 문은 이전에 열린 적이 있으며, 머신 속에 넣어진 코인은 없다고 컴퓨터는 기록하였다.

다른 말로 설명한다면 의심할 여지없이 속임수에 의해 불법적인 지불이 집행되었다는 것이다.

불행하게도 두 군데 경우 모두 각각의 당첨금을 지불한 후 수주일이 지날 때까지 컴퓨터 출력정보를 아무도 조사하지 않았다는 것이다.

최근에 새로운 슬롯머신의 기술혁신은 "Cathode Ray Tude(CRT)"를 가지고 "휠"이 회전을 돌리는 "비디오 슬롯(Video Slots)"의 새로운 변동을 들 수 있다.

전통적인 머신이 변량을 기초로 한 시계와 같은 기계적인 장치대신 이러한 슬롯들은 컴퓨터의 "마이크로 회로"에 의해 조정되어진다. 카지노 실무자들과 슬롯 제작자들은 대단한 자부심을 가지고 있고 이것은 새로운 머신으로 슬롯 도둑들을 좌절시킬 것이라고 여긴다.

의심에 여지없이 지금은 잠시 주춤할 수 있지만 슬롯에 속임수를 행하는 자는 "돈이 안으로 들어가는 만큼 그것을 빼내는 방법도 있다"고 말하고 있다.

4. 속임수 행위의 공모(共謀)

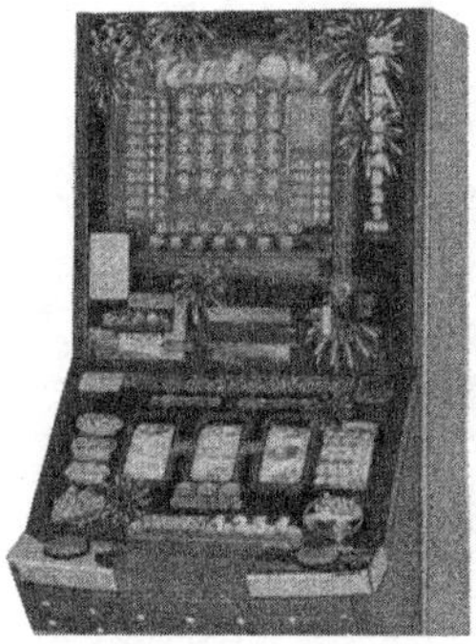

갬블링 하우스를 상대하여 자행될 수 있는 갖가지의 많은 부정행위중 하우스를 주도하는 카지노 직원과 게임자간에 "공모(Collusion)"로 연루되어 있는 문제가 카지노에 가장 위협적인 부정행위의 하나로서 딜러가 그의 파트너를 이기도록 도와주는 속임수행위에 관한 문제이다.

이 문제는 카지노에 서베일런스장비를 통하여 자신들의 직원을 감시하도록 시스템을 운영하고 있으나 아직도 "공모"는 게이밍산업에 끊임없는 문제로 남아 있다.

이와 같은 부정행위는 게임에 의해 딜러의 단독덤핑행위에서부터 전체의 바카라 팀, 또는 일단의 대리인 조직망(게임자로 행세하는 공모자)을 가진 크랩스테이블, 플로어맨, 핏보스와 시프트보스와 같은 감독, 관리직도 포함시키는 범위를 확대하여 어느 구역이라도 할 수 있다.

카지노 실무상에 수없이 일어나는 사례로 경계내의 지역범위를 알고 있는 상태에서 카지노를 그만두기 전에 있음직한 일로 카지노의 큰돈을 빼내려는 부정행위를 하려고 서둘러서 조직하는 것이다.

불필요한 이야기일지 모르지만 카지노의 고위급 간부와 결탁하여 공모한다면 그것을 적발하기에 더욱 어려움이 있다.

문제의 크기에 따라 어떤 "아이디어"는 진술한 사실에서 얻어지게 되며 정말로 확실한 카지노 습격이 있을 때는 언제나 내부의 도움이 수반되었다는 것이다.

어떤 이유에서인지 정보제공자의 마음을 바꾸는 결정은 공모자가 있는 경우이고, 이와 같은 부정행위가 폭로되는 것은 거의 개인적인 영향력으로만 성공된다.

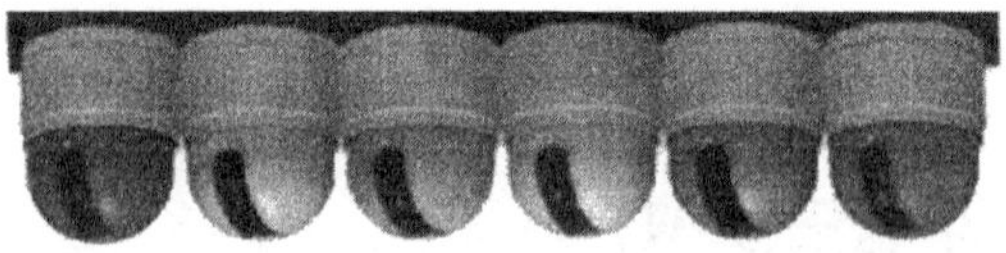

카지노 서베일런스 시스템의 이해

제5장

서베일런스 시스템 관련 법규

제5장 서베일런스 시스템 관련 법규

제1절 미국의 네바다주 게이밍 속임 행위에 관한 관련법규 및 서베일런스 필요조건

과거에는 서베일런스 범위의 관련하여 NSGC(Nevada State Gaming Control)의 필요조건은 대단히 모호하였고 1979. 4. 1일자로 효력을 발생하는 No.28이 공표될 때까지 서베일런스 부서를 운영하려는 카지노에 대하여 특별한 조건은 없었다. 이 고시(告示)는 네바다주가 요구하는 기본적인 서베일런스 필요성을 설명하였다.

현재 발의된 법규의 부칙 ※5,160은 서베일런스 부서를 규정하는 필요조건을 더욱 상세하게 설명하였다. 이러한 제안서는 정당한 카지노 고객뿐만 아니라 카지노 자산도 보호하고, 어떠한 부정요소도 제거하게 된다.

서베일런스 부서의 범위에 관련하여 명시된 조항이 없음에도 GCB(Gaming Control Board)에서는 적절한 신분확인은 카지노의 어떤 부분에 자산이 된다고 이해하고 있다.

이에 그들은 서베일런스 절차를 승인하거나 또는 승인하지 않을 수도 있다. 이러한 권한은 서베일런스를 확대하려고 카지노가 결정하는 경우에 발생하거나 현재의 게이밍 수용능력을 체인지하려는 경우이다.

▷G.C.B는 서베일런스 요원들에게 다음과 같은 사항을 서베일런스 카메라를 통하여 볼 수 있도록 요구한다.

1) 종사원 인물사진

2) 고객의 인물사진
3) 카드의 종류
4) 웨이저(Wager)의 총금액
5) 게임의 총수
6) 모든 통화의 거래
7) 소프트 카운트 및 하드카운트 룸을 포함한 케이지의 전체지역
8) 모든 카지노 게이밍 지역
9) 모든 비디오 테이프 상에 시간과 날짜의 기록은 위의 정보자료를 녹화하는데 사용한다.
10) 게이밍 조사관의 어떤 열람을 위한 조사의뢰 사항.

S.G.C.B(State Gaming Control Board)를 위하여 한때 훈련교관을 담당했었던 마이클 오도노반(Michal O'donovan)의 저서 『네바다 게이밍법규의 입문서』는 게임범죄 물증에 대한 자료를 제공하려고 시도할 때 서베일런스 요원의 실패를 줄일 수 있을 뿐만 아니라 가장 중요한 물증을 확보하는 방법이 수록되어 있다. 이러한 "오도노반(O'donovan)"의 저서는 전문어, 장비 및 전문기술에 익숙해지려는 법률을 이행하는 사람 및 산업에 도움이 되도록 준비되어졌고, 조사와 게이밍 범죄자를 기소하는데 인용되어 있다. 용어의 설명을 참고하면 "유력한 근거(Probable Cause)", "증거의 보존(Preservation of Evidance)"과 "일련의 구금(Chain of Custody)"이 있다.

이는 필요한 지식을 서베일런스 요원에게 제공하는 좋은 지침서이기도 하다.

게이밍하는 장소에서의 "속임수 행위"는 네바다주는 중죄로 간주한다. 아주 가벼운 절도, 횡령 및 게이밍 또는 21세 미만의 미성년자 위조신분증사용 등과 같은 예조항도 함께 모든 것을 법률집행국의 수사관에 의해 입선되어 중죄에 준하는 벌금이 부과된다.

이 뜻은 누군가가 게임에 범죄행위가 있었다면 네바다 교도소에 수감되는 1년에서 10년의 실형을 받을수 있거나 또는 미화 1,000불에서 10,000불의 벌금형으로 그들의 잘못에 대해 각각의 책임을 지우게 한다.

"유력한 근거(Probable Cause)"라는 용어는 필요조건을 준비하는 것으로 조사관이 체포를 하기 전에 충분한 감지가 있어야 한다는 뜻으로 조사관을 문제의 증거물인 녹화테이프, 증인의 진술, 다른 증거물로 슬롯머신, 카드, 다이스 등등이 자신에게 필요로 한지, 정당하게 납득시키기에 충분한지, 그리고 현명한 사람으로 범죄를 저지를 행위에 용의자가 꼼짝 못할 입장으로 명확하게 태도를 가져야만 한다.

조사관의 조사행위에 고의로 체포하지 않거나 체포하려는 결정을 생각해 내는 것

은 중요하다. 충분히 일어날 수 있는 근거가 존재한다 할지라도 조건과 상황이 다르게 나타나면 법원에서 증명하기에는 어려울 것이다.

어떤 형사사건의 성공적인 기소에 또다른 중요한 구성요소는 "증거보존(Preservation of Evidence)"이다. 두 번째 구성요소는 "일련의 구류(Chain of Custody)"라고 불리는 전체과정을 통하여 문서화하고 입증하는 것이다.

참고로 네바다주의 N.G.C(Nevada Gaming Commission)는 주지사의 추천으로 5인으로 구성되어 있고, S.G.C.B(State Gaming Control Board)는 주지사의 추천으로 3인으로 구성되어 있다. 다음은 네바다주가 제시한 서베일런스를 가져야 하는 근거이다.

1) 내부 및 외부의 절도행위 예방
2) 게이밍 규칙의 위반기록
3) 카지노 내부통제 모니터

제2절 네바다주법 제465장 게임관련 범죄와 책임

제465.015 : "부정행위(Cheat)"의 정의: NRS의 463장에 의거 한정적용한다.

본장에서 사용한 바와 같이

1. "치트(Cheat)"라 함은 기준의 선택을 변경하려는 어느 곳의 결정
   a) 게임의 결과 또는
   b) 총금액 또는 게임지불의 빈도(頻度)

2. 단어와 용어는 NRS의 463장이 의미하고 있는 정의로 규정한다.

제465.070 : 사기행위(불법적인 행위를 하는 자)

1. 돈을 걸고 내기를 하는 게임 또는 한게임(Event)의 결과를 변경하거나 거짓으로 전하는 행위로 그것은 게임자에게 발표하기 전에 확실히 만든 행위를 말한다.
2. 증액 또는 감액하려는 벳(Bet)의 적당한 기회를 가지려고 게임의 결과 또는 어떤 행위에서 모든 게임자에게 유효하지 않은 지식을 습득한 후에 게임의 과정을 결정하는 행위로, 게임의 결과에 영향을 미치게 하거나 적당한 순서에 문제가 있는 곳에 벳팅금액을 증액 또는 감액을 우연한 사건 또는 결과로 게임의 과정을 결정하는 행위를 말한다.
3. 수금 또는 취득하려는 권리주장, 또는 배상을 청구하려는 기도, 현금 또는 겜블링 게임에서 현금과 동일한 가치의 어떤 것을 수금 또는 취득하는 행위, 속임수의 의도를 가지고 우연한 금액이 아닌 인위적으로 이긴금액보다 더 큰 금액을 수금하거나 취득 또는 획득하는 행위를 말한다.
4. 겜블링 게임이 행해지고 있는 어떤 장소에 가기를 고의로 유도하거나 또는 권유하는 행위 또는 제 삼자의 게임 또는 겜블링 게임에 이익을 분배받으려는 취지로 본장의 규정을 위반한 행동을 말한다.
5. "패스트 포스트(Past post)"[25] 및 "프레스(Press)"[26] 벳을 포함하여 게임 혹은 다른 행위의 결과에 대한 사실을 인지(認知)한 후 배트를 주제로 증액시키거나 기회를 가지려는 행위를 말한다.
6. 핀칭벳(Pinching Bets)"을 포함하여 게임 혹은 다른 행위의 결과에 대한 사실을 취득한 후에 벳을 취소하거나, 내기에 건 금액을 감소시키는 행위를 말한다.
7. 의도적이고, 적합지 않는 방식의 게임장치의 구성으로 속임수를 행하려는 의지를 가지고 속이려는 행위와 게임의 결과에 영향을 미치는 조작행위 또는 어떤 사건에 지식을 가지고 게임의 결과에 영향을 미치는 행위를 말한다. 슬롯머신핸들의 당김(Pull)에 변화를 주어 정상적인 운영구조에 대한 용도를 제한시키는 행위도 포함한다.

제465.075 : 확률계산을 위한 장치사용 허가받은 게이밍 시설에서 다음과 같은 사항에 도움을 주는 장치를 사용하거나, 사용하려는 의도로 소유하는 것은 누구 에게든 불법이다.

---

25) Past post : 어떤 결과가 결정된 후에 인위적으로 자신에게 유리한 영향이 미치도록 조작하여 속이는 행위

26) Press : 어떤 결과가 결정된 후에 이긴금액 위에 불법적으로 금액을 추가시키는 행위

1. 게임의 결과를 산출하는 장치
2. 사용되어진 카드를 추적하는 장치
3. 게임에 관련하여 일어난 결과를 확률적으로 분석하는 장치
4. 위원회에 의해 승인되어진 사항을 제외하고 게임에서 사용된 벳팅 또는 플레잉에 대한 전략을 분석하는 장치

제465.080 : 위조되었거나 승인되지 않은 칩스 또는 코인 또는 불법의 코인 또는 장치의 사용 ; 확실한 불법장치, 장비의 소유, 제작 또는 도구

1. 겜블링 게임시 위조된 칩스를 사용하려는 종업원 또는 그 밖의 사람은 면허를 받은 사람에 대해 불법행위이다.
2. 주정부 게이밍 통제위원회에 의해 승인된 칩스 또는 토큰 또는 미합중국의 합법적인 코인에 의해 조종되어지거나, 수용하는 것과 함께 게임이 이루어지게 하려고 고안된 장치로 플레이 하거나 사용하는 어떤 사람에 대해 불법이다.
   a) 주정부 게이밍 통제위원회에 의해 승인된 칩스, 토큰, 또는 미합중국이 법적으로 제공 하는 합법적인 코인 이외의 다른 것을 고의적으로 사용하는 행위 또는 갬블링 게임에 사용하려는 의도의 코인이 동등한 액면 금액이 아닌 코인을 사용하는 것은 불법이다.
   b) 본장의 규정에 위반하는 어떤 장치의 사용 또는 의도할 목적은 불법이다.
3. 사용자가 시설의 범위내에 고용을 조장하여 정식으로 승인된 종사원이 아닌 자를 고용하거나 또는 본장의 규정을 위반하도록 사용되어진 의도적인 장치를 소유하는 자는 불법이다.
4. 사용자가 시설의 범위내에 고용을 조장하여 정식 으로 승인된 종사원이 아닌 자를 고용하거나 또는 인가된 게이밍시설의 어떤 열쇠(key)를 전제로 동시에 소유하거나 또는 겜블링 게임의 운영에 영향 및 참여에 적절한 좋은 기회를 주는 목적으로 장치가 설계된 것을 알고 있고 "드롭박스(Dropbox)"[27] 또는 어떤 전자, 기계적인 장치를 그곳에 연결시키거나 현금 또는 다른 내용물을 그것으로부터 이동하는 자는 불법이다.
5. 대용주화제조업에 대한 어떤 설비를 소유하거나 또는 사람을 고용하려는 자는 불법이다. 본장 세칙을 적용하면 "대용주화 제조업 설비"의 뜻은 장비, 제작, 재료를 일컬으며 이를 사용하기 위해 계획된 것 또는 제조, 생산, 조립, 준비, 시험, 분석, 포장, 비축에 사용하기 위한 설비 또는 주정부 게이밍 통제 위원회에

27) Dropbox : 게임 테이블 하단에 부착되어 있으며 현금통화, 유가증권 또는 게임 테이블 상에 거래된 Fill / Credit 전표를 저장하는 철제박스

의해 비밀리에 모조복사로 승인된 칩스 및 토큰 또는 미국정부의 합법적인 코인 또는 세칙 2장에 준하는 합법적인 사항을 사용하는 것을 말한다. 용어가 포함되지만 한정되는 것은 아니다.

a) 납 또는 연합금

b) 주물, 형태 또는 게이밍 토큰 또는 미국 코인과 비슷하게 생산할 수 있는 유사한 장비

c) 용해로(Melt pot) 또는 기타용기

d) 화젓가락, 다듬는 도구 또는 기타 유사한 장비

e) 발염(發炎) 방사장치

6. 장치, 장비, 제품 또는 도구에 관하여 한 가지 사항이라도 더 소유하려는 것은 속임수를 위해 그것을 사용하려는 소유자의 의도로 추정하여 항변의 여지가 없음을 본장의 항목에서 설명한 바 있다.

제465.083: 속임수행위 시설 안에서 그가 소유주(Owner)이더라도, 겜블링 게임의 장소에서 속임수 행위를 하려는 자는 불법이다.

제465.085: 불법적인 제조, 판매, 배포, 표시, 개조 또는 장비의 변형 및 게임과 관련된 장치: 불법 지시

1. 본장의 어떤 규정을 위반하는데 사용하려는 의도가 있는 게임 또는 장치, 또는 제조, 판매 또는 어떤 카드, 칩스, 다이스의 배포는 불법이다.
2. NRS의 463장의 규정에 의거 마크, 개조 또는 장비와 관련된 다른 방법의 변형 또는 게이밍장치는 불법이다. 그 형태는 다음과 같다.
   a) 윈 / 루스를 결정하는 판돈(Wager)의 결과에 작용하거나 또는
   b) 무작위(Random)선택의 정상적인 기준을 변경, 어느 곳에 게임의 영향을 미치게 하거나 또는 어느 곳에 게임의 결과를 결정하려는 행위 또는
3. 본장의 어떤 규정을 위반하려고 고용된 것이라고 시사하거나 다른 방법의 속임수 행위를 지시하거나 통보하는 자는 불법이다.

제465.088 NRS 465.070에서 제465.085의 규정 위반에 대한 형벌

1. NRS 465.070에서 제465.085의 규정을 위반한 자는 다음과 같은 처벌을 할 것이다.
   a) 초범에 대해서는 1년 이상 10년 이하의 징역 또는 10,000불 이하의 벌금 또는 둘다 적용하여 징역과 벌금에 처한다.
   b) 재범 또는 이러한 규정 위반의 상습범도 1년이상 10년이하의 징역과 함께

10,000불이하의 벌금으로 처벌한다. 법정은 이러한 항목에 의거 징역에 처하는 판결을 보류시키지 않을 것이며 유죄가 선고된 자는 집행유예로 판결하지 않을 것이다.

2. NRS 465.070dptj 465.085의 규정을 위반하는 개인의 시도 또는 2명 혹은 3명이 공모한 자는 그가 개인적으로 겜블링 게임에 참여하지 않았거나 또는 어떤 금지된 장치를 사용하였던 완전범죄에 대한 부칙 1항에 규정한 형벌에 의거 각각 처벌될 것이다.

제3절 국내의 서베일런스 시스템 관련법규 및 서베일런스 필요조건

국내의 법규에는 서베일런스 시스템에 관한 규정은 명시하지 않았으나 카지노 사업자의 준수사항 또는 카지노 영업소 이용자의 준수사항은 서베일런스 필요조건에 부합될 수 있으며 내부규정에 활용한다면 카지노의 어떤 부분에 자산이 될 수도 있다. 이에 문화관광부장관이 고시하는 카지노영업준칙에 카지노 게이밍 속임수 행위에 관한 사항을 포함시켜 서베일런스의 필요조건을 제시하여야 한다.

▷관광진흥법

제27조 (카지노사업자등의 준수사항) ① 카지노사업자(대통령령이 정하는 종사원을 포함한다. 이하 이 조에서 같다)는 다음 각호의 1의 행위를 하여서는 아니된다. <개정 2004.10.16>

1. 법령에 위반되는 카지노기구를 설치하거나 사용하는 행위
2. 법령에 위반하여 카지노기구 또는 시설을 변조하거나 변조된 카지노기구 또는 시설을 사용하는 행위
3. 허가받은 전용영업장외에서 영업을 하는 행위
4. 내국인(해외이주법 제2조의 규정에 의한 해외이주자를 제외한다)을 입장하게 하는 행위
5. 과도한 사행심을 유발하는 등 선량한 풍속을 해할 우려가 있는 광고 또는 선전을 하는 행위
6. 제25조제1항의 규정에 의한 영업종류에 해당하지 아니하는 영업을 하거나 영업방법 및 배당금등에 관한 신고를 하지 아니하고 영업하는 행위

6의2. 총매출액을 누락시켜 제29조제1항의 규정에 의한 관광진흥개발기금 납부금액을 감소시키는 행위

7. 19세미만의 자를 입장하게 하는 행위
8. 정당한 사유없이 당해 연도 안에 60일 이상 휴업하는 행위

② 카지노사업자는 카지노업의 건전한 육성□발전을 위하여 필요하다고 인정하여 문화관광부령이 정하는 영업준칙을 준수하여야 한다. 이 경우 당해영업준칙에는 카지노업의 영업 및 회계등에 관한 사항이 포함되어야 한다.

제28조 (카지노영업소 이용자의 준수사항) 카지노영업소에 입장하는 자는 카지노사업자가 외국인(해외이주법 제2조의 규정에 의한 해외이주자를 포함한다)임을 확인하기 위하여 신분확인에 필요한 사항을 묻는 때에는 이에 응하여야 한다.

▷제7장 벌칙

제78조 (벌칙) 다음 각호의 1에 해당하는 카지노사업자(제27조제1항 본문의 규정에 의한 종사원을 포함한다)는 2년이하의 징역 또는 2천만원이하의 벌금에 처한다. 이 경우 징역과 벌금은 병과할 수 있다. <개정 2004.10.16>

1. 제5조제3항의 규정에 의한 변경허가를 받지 아니하거나 변경신고를 하지 아니하고 영업을 한 자
2. 제8조제4항의 규정에 위반하여 지위승계신고를 하지 아니하고 영업을 한 자
3. 제11조의 규정에 위반하여 관광사업의 시설중 부대시설을 제외한 시설을 타인으로 하여금 경영하게 한 자
4. 제22조제2항의 규정에 의한 검사를 받아야 하는 시설을 검사를 받지 아니하고 이를 이용하여 영업을 한 자
5. 제24조제3항의 규정에 의한 검사를 받지 아니하거나 검사결과 공인기준등에 적합하지 아니한 카지노기구를 이용하여 영업을 한 자
6. 제24조제4항의 규정에 의한 검사합격필증을 훼손하거나 제거한 자
7. 제27조제1항제3호 내지 제7호의 규정에 위반한 자
8. 제33조제1항 본문의 규정에 의한 사업정지처분에 위반하여 사업정지기간중에 영업을 한 자
9. 제33조제1항 본문의 규정에 의한 개선명령에 위반한 자
10. 제33조제1항제3호의 규정에 위반한 자
11. 제73조제2항의 규정에 의한 보고 또는 서류의 제출을 하지 아니하거나 허위보고를 한 자나 동조제3항의 규정에 의한 관계공무원의 출입□검사를 거부□방해 또는 기피한 자

제80조 (양벌규정) 법인의 대표자나 법인 또는 개인의 대리인□사용인 기타 종업원이 그 법인 또는 개인의 업무에 관하여 제76조 내지 제79조의 위반행위를 한 때에는 그 행위자를 벌하는 외에 그 법인 또는 개인에 대하여도 각 해당조의 벌금형을 과한다.

▷서베일런스 업무관련 카지노영업준칙

제정 1999. 9. 28 문화관광부고시 제 1999-26호
개정 2002. 7. 15 문화관광부고시 제 2002-9호
개정 2004. 7. 2 문화관광부고시 제 2004-4호

▷제2장 영업시설

제8조 (CCTV의 녹화) ① 카지노사업자는 다음 각호에 해당하는 장면을 녹화하여야 한다.

1. 카지노 영업장에 출입장면
2. 환전(재환전) 및 출납장면
3. 테이블에서 행해지는 게임장면
4. 카운트룸에서 행해지는 계산장면
5. 기타 카지노에서 일어나는 행위

② CCTV 녹화물은 촬영장소에 따라 관리번호(월. 일. 시간 표기)를 부여하여 다음 각호에서 정한 기간 동안 보관하여야 한다.

1. 카운트룸의 계산장면 : 녹화한 날부터 20일 이상
2. 기타장면 : 녹화한 날부터 6일 이상

③ 카지노 사업자는 CCTV설비의 작동상태를 주기적으로 점검하여 별지 제1호 서식의 CCTV점검기록부에 점검결과를 기록하여야 한다.

제9조 (통제구역 설징 및 관리) ① 카지노 사입자는 다음 각호의 구역을 통제구역으로 설정하고 출입문에 통제구역을 붙여야 한다.

1. 카운트룸
2. 모니터룸

② 통제구역에 허가받은 자 이외의 자가 출입한 경우에는 별지 제2호 서식의 통제구역 충비대장에 다음 각호의 사항을 기록해야 한다.

1. 출입자 이름
2. 출입일시
3. 출입사유

③ 제2항의 허가받은 자라함은 다음 각호의 자를 말한다.

1. 카운트룸 : 계산요원
2. 모니터룸 : CCTV시설 담당 부서직원

제10조 (시설관리) 카지노 사업자는 이 준칙에서 정한 시설을 성실히 유지·관리하여야 한다.

▷제4장 영업절차

제21조 (고객출입관리) ① 카지노 영업장에는 내국인(해외이주법 제2조의 규정에 의한 해외이주자를 제외한다.) 및 19세미만의 자를 출입시켜서는 아니된다. 다만, 카지노이용객의 편의를 돕기 위한 여행사직원과 방문객은 방문증을 패용케한 후 출입시킬 수 있으나 게임에 참가할 수 없도록 조치를 취하여야 한다.

② 카지노 출입구에는 "내국인 출입금지"라는 표지를 붙여야 한다.

③ 카지노 사업자는 모든 카지노 입장객의 신분증명서(여권, 거류민신고증 또는 국제운전면허증)를 각인별로 직접 확인해야 한다. 다만, 다음 각호의 경우에는 각인별로 직접 확인을 생략할 수 있으나 내국인으로 확인된 경우에는 관광진흥법령에 규정된 제재를 받아야 한다.

1. 동반한 여행사직원이 고객명단을 제출한 단체입장객의 경우
2. 별지 4호 서식의 고객관리대장에 등재되어 있는 단골고객의 경우

④ 카지노 사업자는 별지 제5호 서식의 입장객현황을 작성하여야 한다.

⑤ 카지노 사업자는 다음 각호의 사람의 입장을 금지시킬 수 있다.

1. 무기소지 등으로 타인에게 위협을 줄 수 있는 자
2. 형사범죄 등의 전력이 있는 사람이나 그렇게 할 우려가 있는 자
3. 카지노에서 불법행위나 소란행위 등으로 영업장 운영을 방해한 경력이 있는 자
4. 폭력, 만취, 고성방가, 정신장애, 악취 등으로 타인에게 위압 또는 혐오감을 느끼게 하는 자
5. 국내외를 막론하고 불법행위 등으로 카지노업체에 피해를 입힌 경력이 있는 자
6. 카드카운터 등 전문도박인으로 인정되는 자

⑥ 카지노 사업자는 제5항 각호에 해당하는 자가 발생한 경우에는 한국카지노업 관광협회에 이를 보고해야 하며, 한국카지노업 관광협회는 매월 카지노 사업자에게 이들의 명단을 통보하여야 한다.

⑦ 카지노업장 내에서 영업행위를 방해하거나 방해할 우려가 있는 자는 강제퇴장 시킬 수 있다.

⑧ 제1항 내지 제3항의 규정은 폐광지역 개발지원에 관한 특별법에 의하여

설립된 카지노에는 적용하지 아니한다.

제24조 (게임의 진행) ① 카지노 사업자는 게임참가자가 1명이라도 게임을 진행할 수 있다.

② 모든 게임에서 베팅과 지불은 카지노 사업자가 인정하는 칩스만 사용하여야 한다.

③ 수표로 칩스를 교환코자 하는 게임참가자에게 카지노 사업자는 신분증 제시를 요구할 수 있다.

④ 카지노 사업자는 각 테이블에 베팅가능한 최저·최대 한도금액을 설정하여야 한다.

⑤ 게임참가자는 베팅 한도금액을 초과하거나 미달되게 베팅하여서는 아니된다.

⑥ 카지노 사업자가 카지노 특성에 맞는 규칙을 정할 경우에는 이를 게시하여야 하며 카지노 사업자와 게임참가자는 그 규칙을 준수하여야 한다.

⑦ 게임을 위한 베팅은 반드시 베팅지역에 칩스를 놓아야 한다.

제25조 (칩스수불) ① 영업부서와 칩스관리부서에 칩스이동이 발생할 경우에는 별지 6호 서식의 칩스전표 2부를 작성하여 부본은 테이블의 드롭박스에 투입하고 원본은 칩스관리부서에서 이를 보관하여야 한다.

② 제1항의 칩스전표에는 다음 각호의 사항을 기재하여야 한다.

1. 칩스전표 발행일시
2. 게임종목 및 테이블번호
3. 액면가별 칩스수량

③ 칩스전표상의 금액과 실제 칩스금액을 확인하기 위하여 영업부서의 딜러와 감독자, 칩스관리직원이 서명하여야 한다.

④ 칩스전표를 잘못 발행한 경우에는 VOID라고 표시하고, 책임자가 서명하여야 한다.

제29조 (드롭박스의 계산절차) ① 드롭박스 계산은 일정한 시간을 정하여 실시하여야 한다.

② 드롭박스의 계산은 카운트룸에서만 하여야 한다.

③ 계산에는 최소한 3명의 직원이 참여하여야 하며 1명은 화폐 등의 금액을 계산하고, 다른 1명은 집계표를 작성하며, 나머지 1명은 이를 감독하는 방법으로 업무를 분장하여야 한다.

④ 드롭박스를 개봉하면 투명한 테이블에 내용물을 쏟아 내용물의 잔류여

부를 감독자에게 확인시킨 다음 현금, 수표, 유가증권 등으로 분리하여 계산하여야 한다.

⑤ 각 테이블별로 작성된 드롭액을 집계하여 별지 제7호 서식의 일일집계표를 작성하고 계산에 참여한 전원이 서명하여야 하며, 계산내용을 수정할 때에도 또한 같다.

▷제5장 머신게임

제30조 (머신게임시설 기준) ① 머신게임을 운영하는 카지노 사업자는 원활한 영업활동과 효율적인 내부통제를 위하여 다음 각호의 시설을 갖추어야 한다.

1. 잔돈교환소
2. 중앙금고
3. 코인(토큰)카운트(포장)실
4. CCTV시설

② 제1항의 시설 중 제1호의 시설은 출납창구와, 제2호의 시설은 테이블게임 칩스뱅크(Chips bank)와, 제3호의 시설은 테이블게임 카운트룸(Count room)과 병행하여 사용할 수 있다.

제31조 (잔돈교환소의 설치기준 등) ① 잔돈교환소는 고객의 이용이 편리하고 보안성을 고려하여 다음 각호의 기준에 적하하게 설치하여야 한다.

1. 윗면이 개봉된 부스형이어야 되고 밀폐된 면의 상단부는 투명한 재질로 설치하여야 한다.
2. 지폐, 코인(토큰), 문서 등이 통과할 수 있도록 개봉된 창구를 설치하여야 한다.
3. 출입문 내부에 잠금장치를 하여야 한다.
4. 지폐, 코인(토큰), 문서 등의 교환장면은 녹화할 수 있도록 CCTV설치가 가능하여야 한다.

② 카지노 사업자는 고객의 편의를 도모하기 위하여 잔돈교환소의 책임 하에 이동식 잔돈교환원, 잔돈교환머신 등을 운영할 수 있다.

제32조 (CCTV시설) 제30조 제1항 제4조의 CCTV시설은 다음 각호의 장면을 감시할 수 있어야 한다.

1. 머신게임기구(이하 "머신기구"라 한다) 주도어 개폐장면
2. 코인(토큰), 지폐 등 드롭 및 호퍼(Hopper)에 코인(토큰)을 넣는 장면
3. 기타 머신게임 운영과 관련하여 필요한 장면

▷ 게임기구의 종류 (제11조 관련)

[별표1]

1. 일반기구 : 칩스, 드롭박스
2. 게임종류별 기구

게 임	사 용 기 구
룰렛	테이블, 룰렛휠, 룰렛공, 룰렛마커
블랙잭	테이블, 카드, 디스카드홀더, 슈
다이스	테이블, 주사위, 스틱
포커	테이블, 카드
바카라	테이블, 카드, 디스카드홀더, 슈, 스쿠퍼
다이사이	테이블, 주서위, 주사위흔들개, 전광장치
키노	키노티켓, 키노보드, 키노머신
빅휠	테이블, 빅휠
빠이가우	테이블, 주사위, 주사위흔들개, 도미노, 뱅커마커
판탄	테이블, 버턴, 버턴막대, 보울
조커세븐	테이블, 카드
라운드크랩스	테이블, 크랩스
트란타콰란타	테이블, 카드
프렌치볼	테이블, 프렌치공
챠카락	테이블, 주사위, 주사위흔들개
빙고	빙고티켓, 빙고보드, 빙고머신
마작	테이블, 마작도미노, 마커
슬롯머신	슬롯머신게임기
비디오게임	비디오게임기

▷카지노 영업준칙관련 각종서식

[별지 제1호 서식]

◆ CCTV 점검기록부

점검일시	점검장비(기기)	점검항목	점검결과	점검원	비고

[별지 제2호 서식]

◆ 통제구역(카운터룸, 모니터룸) 출입대장

출입자 성명	출입일시		출입사유	책임자 성명
	입실	퇴실		

[별지 제3호 서식]

◆ 고객관리대장

고객명	여권번호	성별	구분	발급지	생년월일	발급일	만료일

[별지 제5호 서식]

◆ 입장객 현황 (　　월)

일자	요일	입장인원	비고

[별지 제6호 서식]

◆ 칩스전표

게임종류(테이블번호) : ________________ 일자 : ________
시간 : ________________ 근무조 : ________

칩스종류	칩스수량	금액	확 인	
			부서명	성명 및 서명

[별지 제7호 서식]

◆ 일일 집계표

년 월 일

테이블 번 호	현금	수표	유가증권등 기 타	계	비고

제6장

카지노 보안시스템의 운영관리

제6장

카지노 보안시스템의 운영관리

제1절 안전 및 보안의 일반적 개념

1. 안전의 개요

현대사회의 특성을 다변화로 인하여 도처에 감재적인 위험요소를 내포하고 있다. 물질 문명의 발달은 고도의 경제적인 성장을 목적으로 강력한 생산적 구조를 이루어 놓았으나 부수적으로 발생한 산업의 불안적요소는 각종의 산업재해를 일으켜 인명과 재산상에 막대한 피해를 주고 있어 점차 사회문제로 등장되고 있다.

이러한 재해의 원인은 사회와 인간의 불안전한 상태에서 발생되며 산업의 환경과 여건을 개선하면 원칙적으로 예방할 수 있는 재해가 대부분임을 알 수 있다.

따라서 예상적인 측면에서 볼 때 안전업무는 인간의 생명보존과 상해감소에 기피함은 물론 인간의 복지향상의 근본임을 인식해야 한다.

2. 안전의 기능

정통적인 안전대책의 수립과 수행에 있어서 그 목적을 산업재해의 예방에 두고 있다. 효과적인 안전업무 수립은 현실적으로 나타난 파상적인 전과만을 대상으로 연구 검토해서는 올바른 방지책을 얻을 수 없다. 재해가 유발되는 일반적인 과정을 원인적으로 분석해보면, “사회적 환경과 인간의 불완전한 행위”에 기안함을 알 수 있으며 그러한 불합리한 환경적요소와 인위적인 상태를 보완하고 개선 유지하는 것이 안전의 기능이다.

3. 안전통제의 절차

안전통제의 절차란 능률을 유지하며 사고를 방지하기 위하여 마련한 모든 안전활동의 총화이다. 효율적인 통제절차를 수립하려면 시설 전반에 걸쳐 사고방지 책임의 배분을 균형있게 해야 하며 모든 인원에게 반드시 안전교육을 실시해야 한다.

안전관리자는 사고를 근절시키지는 못하나 지휘 또는 감독직위에 있는 사람에게 정보와 아이디어를 제공함으로써 사고방지를 적절한 통제대책을 수립될 수 있도록 해야한다.

따라서 각급 관리자로부터 대원에 이르기까지 그들이 많은 안전에 관한 업무내용을 반드시 실천해야 한다.

전체 안전업무는 개별적인 사고예방활동을 합할 것에 지나지 않는다. 진정한 의미의 안전조직이란 안전에 대한 편성을 뜻하는 것이 아니라 사고방지에 참여하는 모든인원을 말한다.

4. 사고의 개념

사고는 문명의 혜택에 대한 지불의 대가 또는 생산에 수반된 불가피한 희생으로 간주하거나 문명의 조화로 통하는 그릇된 인식의 소유자가 우리주변에는 아직도 많다. 서구에서도 사고를 우연지사라는 심화상태와 이에서 탈피하려는 인간심리의 갈등이라고 표현하는 사람도 있으며 다소 어쩔 수 없는 불상사라고 보는 사람도 많다. 따라서 사고의 개념은 정확한 정의를 내려야 한다.

사고는 언제나 행위가 수반되지는 않으나 때때로 인명피해 또는 재산상 손해를 끼치는 계획되지 않은 사건을 말하며 업무의 효과적인 수행을 방해하고 반드시 불안전한 조건 또는 상태와 불완전한 행동이 선행된 재해를 말한다.

1) 사고 개념의 특성

① 사고는 우발적으로 발생하지 아니하며 잠재적 사고 원인에 대한 인식이 부족하였거나 그 위험성을 등한시 함으로써 야기되는 불가피한 연쇄 반응의 결과

이다. 단지 운명적인 사실이 있다면 같은 형태의 사고 결과인 피해나 손실에 있어 경중의 차이가 있을 뿐이다.

② 불안전한 상태 또는 조건은 사전에 발견할 수 있으며 사고의 가능성은 대부분의 경우 예견할 수 있다.

③ 방치해두면 사상자 또는 재산상의 손해를 초래 할 사고의 원인을 통제함으로써 사전에 사정할 수가 있다. 물론 불안전한 행동이나 상태가 반드시 상해사고를 일으키는 것은 아니나 확실한 것은 평소 무수한 불안전한 행동이 거듭나고 위험에 노출된 사람 가운데서 상해사고를 일으킨다는 사실이다. 또한 위험성도 어느정도 모든 상태나 행동에 포함되어 있으므로 이를 완전히 제지하는 것은 거의 불가능하다. 그러나 계속 부단히 유효한 통제방법을 적용하면 그 위험도를 최소한 감소시킬 수 있다.

④ 적절한 지식과 경험을 통하여 잠재적 사고원인을 규명하고 그 소재를 발견하여 사전에 통제 교정하면 사고를 방지할 수 있다.

2) 사고방지의 책임

① 사고방지책임을 원칙적으로 타인에게 전가시키거나 부담시킬 수 없으므로 각 개인은 자기재산의 안전에 대한 책임을 질 것이며, 자기의 지시를 받은 부하에 대한 사고 방지책임도 함께 져야 한다.

② 안전관리자는 사고방지활동에 필요한 감독과 협조상 관리권한을 타인에게 위임할 수 있으나 사고방지 책임은 결코 전가할 수 없다.

③ 안전관리자는 부하로 하여금 안전에 대한 흥미를 갖게 하고 안전방침을 자기 책임 분야에서 실현시키며 안전업무에 협조할 수 있는 기회를 제공하는 등 사고방지를 위한 필수여건을 확보해 주어야 한다.

5. 화재의 안전관리

구 분	내 용
개 요	• 통계에 의하며 우리나라 화재 사고는 나화(裸火)가 전체의 약 50%이상을 차지함. 이는 노출된 화기를 소홀히 한 결과이다. 이런 견지에서 볼 때 방화장비의 개선도 중요하지만 화기의 단속과 예방에 더욱 노력을 집중해야 함.
화재공식	• 모든 화재는 3개의 구성요소로서 이루어짐 • 산소(산소공급원) : 연소에 있어 필요한 공기 • 연료(가연물) : 탈 수 있는 재료 • 열(점화원) : 산화반응을 일으키기 위해서 필요한 에너지
진 화	• 위 요소 중에 1개 요소만 제거하면 진화가 가능하다. • 물리적으로 공기가 통하지 않도록 폐쇄시키거나 화학적으로 비활성 가스를 사용하여 산소 또는 공기를 배제한다. • 물리적인 방법으로 연료를 제거하거나 액체 또는 가스의 공급을 전환 또는 단절시킨다. • 물체나 화학재로서 발화점 이하의 온도로 냉각시킨다.

6. 전기장비의 화재위험

전기장비를 반드시 "전기관계 법령"으로 규정한 바에 의하여 설치하고 정비하는 것이 원칙이다.

전기로 인한 화재를 살펴보면 전기장비의 과열과 부적절하게 설치된 전기회로 즉 용량이상의 전기를 쓰거나 가설상태가 불비하였을 경우에는 현저한 전기화재 사고가 발생하는 원인이 되는 것이다.

전기공구나 연결코드도 역시 법규상 기준에 의거 정기적으로 검사하고 수리해야 하며 습기가 많은 환경에서는 내수용 코드와 소켓을 반드시 사용해야 하며, 인화성 가스나 증기가 있는 곳에서는 반드시 방폭형전등(열을 차단하는 장치)과 비품을 사용해야 한다.

전기 장비는 사용자의 안전을 위하여 반드시 접지를 확인해야 하며 책임자는 전기장비의 적절한 사용법과 차단기의 폐쇄, 축전기충전, 기준퓨즈의 적절한 연결 및 장비의 적절한 설치에 관하여 교육시켜야 한다.

7. 보안인원

1) 인원 보안의 정의

보안인력은 회사의 안전보장 업무에 종사하게 될 모든인원에 대하여 사전에 그 자격을 심사하거나 자격 취득 이후에 범죄를 시도하는 불순분자의 각종 위해행위로부터 보안의 대상이 되는 인원과 이들이 인지하고 있는 기밀을 보호하는 제반수단과 방법을 말한다.

2) 대 상

보안인원의 대상은 일정한 신분을 취득함으로써 보안의 대상이 되는 인원이 있는가 하면 "일정한 보직, 자격(면허, 허가, 인가)등의 취득으로 보안의 대상이 되는 인원이 있으며 이와 같은 다음과 같이 나누어 볼 수 있다.

▷ **보안인원의 대상**

- 보안실무자(비밀통제자, 보관책임자, 관리책임자, 보안담당자)
- 산전신원조사를 필한 중요 보직자 및 해외파견자, 비밀공사 관계요원 및 비밀취급인가자(암호자료 포함)
- 중요인물 및 보호장비 관리자·납품업자 및 그 종사원 또는 업무상 조정감독을 받는 단체요원

이상과 같은 대상자는 그 목적에 합당하도록 신뢰성과 성실성 그리고 충성심이 요구된다.

이에 성실하고 믿음이 있는 사람이 각 분야의 보안관리자로 선택되어야만 보안의 대상이 되는 인력을 충실히 관리 감독할 수 있다.

3) 인원보안의 방법

인원보안의 수단이라 함은 인원보안을 수행하기 위하여 동원되는 일체의 행정절차와 제반행위를 말한다. 인원보안의 특징은 사람이 사람을 관리하는데 있으며 기본적인 수단에 있어서도 보안관리자의 개성과 개인 접촉방법 여하에 따라서 다소차이가 있겠으나, 소극적인 목표는 사람의 불순한 책동으로부터 보안의 대상이 되는 인원을 충실히 보호하고 관리함으로써 기밀 누설을 방지하는 데 있으며 이와 같은

인원보안의 방법은 다음과 같다.

▷ 인원보안의 수단

- 신원조사 - 배경조사, 기관조사, 진술서조사, 기존조사, 동향조사
- 비밀취급 및 해제업무
- 보안실무자 운용 - 비밀통제자, 보관책임자, 관리책임자, 보안담당자
- 보안교육, 경호, 중요인물의 신변보호 및 보안조치, 비밀취급자의 불순행위에 대한 조치

8. 명령하달 및 보고

1) 발령자의 책임

① 법규나 상관의 명령에 위반되는 사항은 명령할 수 없으며 자기가 발한 명령에 대하여 책임을 진다.
② 직무대행자는 직무대행 기간중 발령한 명령의 결과에 대하여 책임진다.
③ 지휘관으로부터 위임 받은 사항이나 자기직권으로 처리한 결과에 대하여 책임을 진다.

2) 명령하달

① 명령하달의 방법은 구두, 문서 및 신호로 하며 수명자를 소집하여 하달함을 원칙으로하되 내용과 상황에 따라 회람 또는 게시할 수 있다.
② 수명자는 복명복창 한다.
③ 휴가, 출장, 기타 사유로 일시근무지를 떠났던 자와 새로 전입한 자에게는 필요한 명령을 하달하여야 한다.
④ 명령은 철저히 주지시킬 책임이 있고 수명자는 스스로 그 임무를 확인해야 되며 명령은 절대복종함과 동시에 실행은 가장빠르고 정확해야 한다. 또 절차에 따라 정당한 의견을 상신할 수 있다.

3) 보고

필요한 사항은 필요한 시간에 신속 정확히 알려주어야 하며, 그 중간 및 결과보고 시키는 다음과 같다.

- 지휘자의 지시가 있을 때
- 변경사항이 발생할 때
- 진행사항을 보고할 필요가 있을 때
- 기타 필요할 때

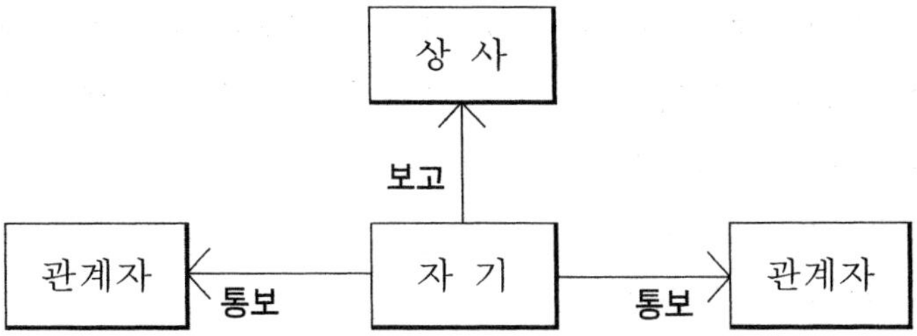

9. 의식 및 예절

1) 언어 및 태도

① 언어 : -표준언어 사용
- 간단명료
- 저속한 언어사용 금지

② 태도 : 상관 - 경어, 존경, 겸손
하급자 - 점잖게, 온화, 위엄
민간인 - 예의, 친절, 겸손

2) 복장 및 호칭 / 금지사항

① 복장 : - 규정된 복장
- 마음가짐 단정히
- 품위유지

② 호칭 : 대원상호간의 초칭은 다음과 같이 통일하며 과장하여 호칭하여서는 안된다.
- 조원은 조원
- 조장은 조장
- 반장은 반장
- 대장은 대장으로 호칭한다.

③ 금지사항 : –경솔한 난폭한 행동, 불평불만, 대원간 다투는 행위
–금전대차 및 도박, 금품의 은익 및 부당처리, 기밀누설, 유언비어 날조·유포행위

3) 복무태도

복무에 있어서 직책과 직급에 따라 임무의 범위나 내용이 다를지라도 지향하는 투표는 같으므로 서로 도와서 업무를 유기적으로 수행하여야 하며 항상 창의력과 진취성을 발휘하도록 노력해야 한다.

–사명감 지각 및 임무완수
–충성과 창의력과 진취성 발휘

제2절 카지노 보안부서 조직의 직무구성 및 수행

1. 카지노 안전과리 업무의 개요

카지노 안전관리부서의 업무는 크게 두 가지로 구분하며 이는 "서베일런스(Surveillance)"와 "시큐리티(Security)" 분야이다.

이 두 가지 부문(部門)은 한 부서에 소속되어 업무의 개연성을 가지고 밀접한 관계를 맺고 있다. 시큐리티 요원은 긴급한 조치를 취해야 할 경우를 제외하고는 서베일런스 요원과 유기적인 협조하에 업무를 수행한다. 카지노 안전관리 부서는 절도등 범죄행위에 대처해야 하는 부서이기에 중요성이 강조되고 있다.

게이밍 사업은 거액의 현금을 다루는 업종이기에 세심한 주의와 관찰이 요구된다. 도난위험에 노출되어 있는 기업의 자산을 보호하기 위해 견제와 균형의 시스템으로서 독립적인 안전부서가 조직된다.

오늘날의 안전관리부서는 과거의 필요시 또는 상황 발생시 제한된 인원을 운용했던 방식과는 달리 대개의 해외 카지노업체는 50~100여명의 시큐리티 요원을 두고 있으며, 10~100만불 이상의 장비를 보유하고 있다.

대부분의 카지노 경영주들은 도난의 사전예방을 통해 여기에 몇 갑절효과를 보고

있다고 생각한다. 도난방지외에 그 밖의 업무로는 주차관리, 주차장내 도난방지, 고객보호 및 에스코트, 현금이동시 경호, 질서유지 및 자산보호 등이다.

2. 보안부문 구성원의 직무수행

1) 시큐리티 매니저(Security Manager)

카지노 내규에 의거 회사의 자산과 임직원 및 고객에 대한 안전업무를 수행하며 업무와 관련 총지배인 및 이사회에 직보한다. 아울러 소속직원을 교육 및 관리한다.

시큐리티(보안)업무는 안전과 관련된 정부의 관련법규 준수에 있으므로 해당기관과의 실무적인 협조체제를 유지한다. 서베일런스룸과 협조하여 영업장, 스넥바, 레스토랑, 기타 현금 취급지역에 대한 중립적인 감시 시스템을 유지한다. 이에대한 리포트(보고서 또는 기록)는 민감한 사항이므로 반드시 추측이 아닌 사실에 바탕을 둔 것이어야 한다.

2) 시큐리티 슈퍼바이저(Security Supervisor)

카지노 보안간부는 안전업무에 관한 지휘계통의 핵심고리로서 보안팀장, 시프트 책임자, 일반간부등도 직책이 세분된다. 담당구역 및 직무별로 직무기술서를 편성, 직원을 배치, 교육훈련 등을 관리하며, 업무에 대한 일일결산을 평가하고 감독한다. 평가는 민첩성, 용모, 업무수행능력에 기준을 두고, 업무상 여타부서의 지원요청에도 응한다.

간부는 또한 드롭박스를 카운트 룸으로 이동하는 전과정에 반드시 입회한다. 회사 자산(資産)의 안전한 보호, 외에 화재나 재난에 대한 경계도 게을리하지 않는다. 아울러 자산안전에 예민한 각종열쇠(슬롯머신 본체)와 드롭버켓, 게임테이블의 락, 머신의 잭팟, 카드 및 다이스룸, 케이지의 귀중품 보관실, 서랍출납기구)의 보호관리에 책임을 다한다.

더불어 자산안전에 예민한 각종 비품(카드, 다이스, 머니칩스, 플레이칩스 등)의 보호 관리에도 책임을 다한다. 통상 이에 대한 기록대장도 유지관리한다.

3) 시큐리티 요원

보안요원은 카지노 영업장의 안전을 책임지는 최전방에 있는 사람들이다. 경찰이 국가의 질서유지에 책임을 다 하듯이 영업현장에서 법규와 규정에 의해 회사의 안전을 시행한다.

경찰과 마찬가지로 회사자산에 위해(危害)를 끼치는 자를 색출하여 억류 또는 구금할 의무를 가진다. 물론 구금이 필요한 경우는 지방정부와의 협조하에 관련법에 의거 관할 사법기관에 인도하기까지의 기간에 한한다.

안전관리규정에 의해 취약지역을 정기순찰 및 관찰이 필요시 직원, 고객, 시설물에 대한 보호 등 적절한 조치를 취하고 기록을 하여 즉각 보고한다.

긴급사항이 발생할 경우는 응급조치를 취하고 필요한 지원을 한다.

고객이나 직원이 사고를 당하거나 병이 날 경우 보안요원이 구급조치를 취하고 병원에 후송한다. 지정구역을 순찰하면서 수상한자나 비위행위를 하는 자가 없는지 관찰한다. 보안요원은 모든 범죄행위에 대해 대처해야 할 책임이 있으므로 해당법률이나 규정에 정통해야 한다.

보안요원은 일일단위로 화재예방을 위해 소방장비를 점검한다. 안전 및 방화시설을 점검하고 기록을 유지한다. 도난 상해 파손등 회사자산이나 고객에 영향을 미친 사항에 대해 상세히 기록한다.

회사자산을 부당하게 유용하는지, 종업원과 고객의 모든 행동을 유심히 관찰한다.

또한 간과되거나 과소평가 되어서는 안되는 부분은 홍보 보안기능이다. 이것에 의해 고객이나 동료직원에게 필요한 정보나 지원을 제공한다.

안전에 민감한 부분, 즉 잭팟 시상금의 확인이나 호퍼필, 크레딧, 테이블게임 및 슬롯의 드롭박스와 버켓 기타 부서간 자금이채등의 업무에 대해선 각 부서간 확인 및 입회를 하여 안전업무를 다한다.

보안요원은 누구나 체포행위를 하거나 그밖의 어떤 경우에도 불필요한 물리적 행사(Force)를 하지 않도록 하여야 한다. 힘은 체포, 또는 구금을 할 정도로만 행사되어야지 체포를 하는 자와 당하는 자 모두의 안전과 보호를 위협할 정도가 되어서는 안된다.

그러나 체포절차를 취함에 있어서 체포하는 자는 단호하고 불굴의 의지로 자신의 직무를 적절히 잘 수행하여야 한다.

물리적인 힘의 사용이 불가피하다면 그러한 상황을 분명히 밝히고 서면보고로 추인을 받아야 한다.

어떠한 상황에서도 그들이 부딪치는 범인(체포를 당한자 : 피체포인)이나 제삼자에 대하여 악한감정을 갖거나, 부적절한 모욕적인 언사를 사용해서는 안된다. 피체포인은 거동의 자유가 일정시간 제한된 개개인일 뿐이다.

보안요원은 피체포인이나 혐의자도 범행행위야 어찌 되었든 간에 인격체이며 또한 인격체로 대접받을 권리가 있음을 명시해야 한다. 모욕을 주거나 무시 또는 조롱을 해서는 안된다.

나아가 도주를 차단하거나 자위수단 또는 제삼자에 대한 폭력을 저지해야 하는 불가피한 경우를 제외하고는 피체포인이나 혐의자에 대해 구타을 한다거나 물리적인 힘을 행사하는 일이 절대로 있어서는 안된다.

보안요원이 체포행위를 할 때 무기소지 여부를 검색하기 위해 체포된 자의 몸수색을 하는 것은 자위권 차원에서 정당화될 수 있다. 몸수색을 당하는 자는 그러한 절차를 인정할수도 있고, 안할 수도 있다.

인정을 안할 경우 혐의자가 불법적으로 카지노 자산을 탈취했다는 것이 분명하다면 보안요원이 같은 노력을 다해 되찾아야 한다. 이 점이 매우 예민한 부분이라 다음과 같이 접근해야 한다.

만일 보안요원이 몸수색을 비합법적이거나 부적절하게 할 경우 카지노가 법적반발을 불러 일으킬 수 있는 여지가 있음을 명심해야 한다.

체포나 구금을 할 때 보안요원은 피체포인이나 혐의자가 도주를 못하게 그리고 자해나 또는 제삼자에게 위해를 가하지 못하도록 그리고 기물파손을 못하게끔 모든 주의를 기울여야 한다. 보안요원은 살상무기등을 잘 간수하여 피체포인이나 혐의자의 손에 닿지 않도록 하여야 한다.

잘못 간수하면 자신이 위태로울 뿐 아니라 다른 사람에게도 위험을 초래하는 결과가 된다. 보안요원은 피체포인인 혐의자도 안전하게 보호해야 하지만, 그들에게서 나온 무기 등 소지품도 잘 간수할 책임이 있음을 명심하고 있어야 한다.

여성피체포인이나 혐의자의 보호는 필요성이 있고 무기를 소유하지 않았는지 확인이 요할 때에 한한다.

그러나 가능한한 여직원이 입석하여 몸수색도 여직원이 하도록 해야한다. 보안요원이 보호하고 있는 여성에 대해서 절박한 경우, 즉 무기, 독극물, 자해나 제삼자를 위해 할만한 살상무기의 소지 가능성이 높아 수색이 불가피하다고 판단될 경우가 아니라면 몸수색을 남자요원이 해서는 안된다.

또한 증인이 없는 상태에서 남자요원 혼자 심문실에서 한 사람의 여성피의자에게 말을 걸어서도 안된다. 필요하다면 여자요원을 배석하거나 아니면 증인으로 타부서 여직원이라도 배석하게 해야 한다.

3. 보안요원의 홍보기능

보안요원은 업무상 단하루에 일반직원이 몇 달동안 만나는 사람보다 더 많은 수의 사람을 마주치게 된다. 때로는 낯선사람을 불러세워 심문을 해야 할 경우도 있다.

이 것이 몸에 베이도록 끊임없는 교육 및 수련이 필요하다. 대인 접촉이 주된 업무이기 때문에 더욱 그렇다. 어떤 상황에서든 침착하고 냉정을 잃지 않아야 직무를 제대로 수행할 수 있다.

카지노란 곳이 단골고객은 그렇게 제복입은 직원과 접촉할 일이 많지 않지만 처음 방문한 고객에게는 특이한 느낌을 갖게 한다.

익숙치 않게 느껴지는 분위기 때문에 보안요원이 더욱 친절하고 참을성이 있어야 한다는 것이다.

정중하고, 사려깊고, 우호적이며, 기꺼이 도움을 줄 수 있는 그런 태도를 항상지녀야 한다. 대인접촉의 최일선에서 근무하는 보안요원은 카지노 안전에 지장이 없는 한 고객이나 종업원이 요구시 필요한 정보를 제공해 줄 수도 있다.

이런 때의 응대는 사려깊고 공손하며 분명하여야 한다. 잘모르거나 확실하지 않은 것을 자신의 추측이나 그릇된 판단으로 답하여 쓸데 없는 오해를 야기하지 않도록 주의하여야 한다. 도움말은 그것을 필요로 하는 상대방에게 정확하고 빠르게 전달되어야한다.

그러나 카지노의 안전에 직결된 사항이나 정책, 절차,제품, 가공품 및 보고서에 관해 요청이 있을 경우이런 정보는 절대 제공하거나 누설해서도 안되며 오히려 이를 요청하는 상대방의 저의가 어디에 있는지 주의깊게 살펴보아야 한다. 여기서 오고간 내용은 상급자에게 즉각 보고한다.

4. 체포절차

시큐리티 요원은 법을 집행할 권한이 없다. 먼저 사기업을 대표하여 업주의 안전에 관련된 것을 보호하는 직무, 즉 예방기능을 수행할 뿐이다. 그러나 일반 시민과 같이 보안요원도 특정 상황에서 범법행위가 자행될 경우 체포절차를 행 할수 있다. 특정 상황의 경우는 다음과 같다.

- 보안요원의 면전에서 범법행위를 저질렀거나 의도한 경우
- 보안요의 면전이 아니라 하더라도 살인, 절도 등의 중죄를 범한 경우
- 체포된 자가 중죄를 범했다는 타당한 사유를 보안요원이 갖고 있는 경우

보안요원은 상대방의 요청이 있으면 자신의 임무수행에 지장이 없는 한, 자신의 이름, 뱃지넘버, 직무를 밝힌다.

보안요원이 체포행위를 할 때 법절차에 충실해야 하며 인권침해가 없도록 유의해야한다. 항상 자신이 경찰의 신분도 정의의 용사도 아니라는 것을 알고 형벌을 가하는 일이 없도록 해야 한다.

범법자 억류에 대한 자신의 역할과 관계를 명시해야 한다. 시민을 체포하고 나면 즉시 지방경찰당국에 통보를 한다.

보안요원이나 또는 그직(職)을 잠정적으로 수행하는 어떤카지노 직원도 반드시 명심해야할 사항은 자신이 법을 집행하는 공직에 있는 사람이 아니라는 것이다. 따라서 자신의 역할은 사건을 조사하여 보고하는 일에 국한됨을 알아야 한다.

가능한한 물리적으로 고객이나 종업원을 제지하거나 바깥으로 내쫓는 일은 하지 않는 것이 좋다. 누군가를 출입제한 하거나 심문조사를 위해 억류해야 할 경우 극도의 세심한 배려와 주의가 요망된다.

보안요원의 본분은 총지배인이나 부서장을 보좌하여 카지노 규정(規定)을 시행하는 일이다. 이 일이 고객이나 직원의 인권에 관계가 되기 때문에 보안요원은 이러한 사실을 잘 터득하여 직무수행에 있어서 최대한의 예의와 절제를 갖추어야 한다.

또한, 매사에 올바른 판단력과 건전한 상식이 기대되기도 한다.

때로는 소란을 피운다거나 또는 법적조치를 위해 카지노나 보안요원을 대상으로 재산이나 목숨을 위협하는 범죄행위를 저지를 때 단호한 대응이 필요하기도 하다.

이러한 경우 보안요원의 대응조치가 지나치지 않았는지 어필(Appeal)하는 경우도 있다. 이에 카지노 운영에 따르는 규정집(Standard Procedure)의 제정이 필요하며 이에 의해 향후의 법정분쟁이나 소송을 방지하고 소송이 야기되었을 때 이에 대처할 수가 있다.

보안요원은 면전에서 발생한 중한 범죄나 또는 범행사실을 파악하여 범인도 시인하였을 경우 구속을 할 수 있다. 구속한 시민이 보안요원의 면전에서 범행을 자행한 현장범인이 아닌 경우 구속이 잘못된 것일 수도 있다. 일반 시민이 타인을 구속할 때와 마찬가지로, 보안요원도, 이 점에서는 실수가 용납되지 않는다는 점이며, 경찰관이 누리는 과오구속에 따르는 면책특권이 부여되지 않는다는 것이다.

경범죄구속은 범죄행위가 보안요원 면전에서 자행되고, 그것이 치안에 방해가 되

는 경우에 한하며, 또한 그 문제 해결을 위해 다른 모든 수단을 보안직원이 다해본 뒤의 최후의 수단이어야 한다.

구속을 하면 바로 관계당국에 신병을 인계해야 한다.

위에서 언급한 중한범죄나 경범죄 구속 이외에는 어떠한 억류나 감금도 상대방의 자발적인 동의가 없이는 허용되지 않는다. 보안요원과 상대방은 상호 벌어지고 있는 사건에 대해 잘 알고 있어야 한다. 구속이 이루어지면 구속된 자는 자신이 구속된 상태에 있음을 분명히 밝혀야 한다. 억류나 감금이 자발적이라면 자신이 필요한 때 언제든지 자유로이 벗어날 수 있다는 것을 분명히 이해하고 있어야 한다.

통상적으로 범죄자를 구속하는 일은 경찰이 하게 되어 있다. 범죄가 카지노에서 발생하면 경찰에 즉시 통보한다. 경찰관이 제때 출동하지 못할 경우 시민의 공익을 위해 범죄인을 구속하는 바와 같이 똑같은 일을 카지노에 있는 보안요원이 하는 것이다.

보안요원은 일반시민이 하는 바와 같이 피의자를 구속하여 해당 헌법기관에 인계해야 한다는 것을 분명히 명심해야 한다. 체포권은 해당기관에 신병을 온전히 인계해야하는 구속의 목적이 잘 이행될 때 그 적법성이 있음을 알아야 한다.

신병인계를 제대로 못할 경우 보안요원 뿐만 아니라 카지노도 민사 및 형사상의 책임을 면할 수가 없게 된다.

상기조치가 적절한 법적 테두리가 없는 상태에서 이루어지면 잘못된 구속 및 감금이 된다. 비록 잘못된 구속이 모두 잘못된 감금이라 하더라도 모든 잘못된 감금이 잘못된 구속이라 할 수는 없다.

잘못된 감금은 구속을 하지 않고서도 개인을 거동이 제한된 곳에서 일정시간 동안 가두어 둘 경우에 해당된다. 보안요원은 개인을 가두어 두려고 할 경우 이 점을 참착해야한다. 그러한 조치를 할 때는 지극히 타당한 사유가 있고 비디오 테이프나 유력한 증언 등 충분한 증거가 있어야 한다.

5. 고객 및 종업원 축출(逐出)(불법침입에 관한 법률)

보안요원은 종업원을 제외한 모든 사람이 초청이나 광고에 의해 입장하게 된 손님이며 납득할 만한 사유없이 축출(Expulsion)되어서는 안된다는 것을 염두에 두어야 한다. 보안간부의 승인이나 카지노 시프트 매니저급이 상의 직접지시에 의하지 않고는 보안요원이 누구든 축출할 수 없다. 다음이 축출할 만한 사유에 해당된다.

▷ **축출 될 수 있는 사례**

- 고객을 성가시게 하거나 또는 종업원의 직무수행에 방해가 될 정도의 소란을 일으킨 자
- 절도 행각을 벌이다 적발된 고객이나 종업원
- 매춘행위의 의도로 접근하다가 적발된 자
- 게임테이블에서 치팅(Cheating)을 하거나 치팅을 시도하다가 적발된 자
- 속임수꾼으로 알려져 있는 자로서 직원에 의해 신원이 밝혀진 자.
- 오랜 시간 카지노 주위를 배회하는 행동이 불법적인 행위를 범할 우려가 있다고 보안요원이 판단한 자.
- 카지노를 상대로 사취하려거나, 사취하려고 시도하는 자.
- 고객이나 종업원의 생명이나 안녕을 해치려고 하는 자
- 중범전과자로 알고 있는 자가 카지노나 로비에서 빈둥거리는 것을 보고 신원을 확인하려하나 이를 거부하는 자.
- 호텔에서 용무없이 객실주위를 배회하거나, 신원을 확인할 수 없거나 또는 투숙객과 아무 용무가 없는 데도 창문 또는 방문을 살펴보는 자
- 공공연한 장소에서 외설스러운 행위를 하는 자.
- 고객이나 종업원에게 구걸 행각을 하는 자.
- 카지노 재산을 훼손시키거나 절단 또는 파손하는 행위를 하다가 적발된 자.
- 구내에서 범죄를 저지르거나, 시도하거나 또는 의도가 있는 자.

6. 범죄의 분류(미국의 사례)

공공사범을 범죄로 분류하기 위해서는 행위와 의도가 하나로 결합 내지는 공동작용하거나 또는 범죄성 행위가 부주의 한 것이 전제되어야 한다.

의도와 범법행위는 상황에 따라 맞물리면서 나타나며 판단은 피의자 자신의 분별력에 달려 있다. 만일 그가 정신박약자나 정신이상자가 아니고 14세이상이면, 또는 만일 14세 미만이지만 선과 악을 가릴 수만 있다고 한다면 건전한 정신을 지닌 자로 간주한다.

자발적인 음주상태에서 저지른 과실행위라고 하여 범죄가 경감되는 것은 아니다. 그러나 음주를 한 사실이 범죄의 목적 동기, 의도를 판단하는 고려사항은 된다.

▷ 미국에서 통용되는 범죄분류의 지침

- 범죄란 법에 의해 기소되어 사행, 징역, 벌금, 형벌 등 처벌을 받는 행위
- 중한 범죄란 사형 또는 주정부 형무소에서 징역형에 처하는 범죄
- 경범죄라 함은 ＄500이하의 벌금형 및 카운티감옥 6개월 이하 징역에 처하는 범죄
- 그 외의 범죄는 거의 전부가 경범죄에 해당

7. 처벌대상의 설정(미국의 사례)

다음에 해당되는 처벌기준에 해당되는 자는 처벌대상에서 제외된다.

- 8세 미만의 어린이
- 8~14세 어린이로서 행위당시 잘못된 것임을 인지하고 있었다는 것을 입증할 만한 증거가 불충분한 경우
- 정신박약자 및 정신이상자
- 범죄를 일으키는 범죄 의도로 인정되지 않는 무지나 실수로 행위를 하거나 또는 의무를 태만히 한 자
- 의식이 없는 상태에서 행위를 저지른 자
- 악의, 범죄의 의도 및 소홀함이 없는데도 운이 나쁘게 또는 우연히 행위를 하거나 또는 의무를 태만히 한 자
- 사건의 정황으로 보아, 남편의 폭력적인 위협, 명령 또는 강제에 의해 벌어진, 사형에 처할 정도는 아닌 범죄를 해당하는 행위를 저지른 유부녀
- 공갈 협박에 의한 것으로 만일 거부한다면 생명이 위태롭거나 신체에 상당한 손상을 입었을 것으로 믿어지는 상황에서 저지른 행위 또는 의무를 태만히 한 것으로 사형에 처할 정도는 아닌 범죄에 해당하는 행위를 한 자

제3절 카지노 보안부서의 직무기능 및 절차

1. 일반적인 업무기능

카지노 보안요원은 일차적으로 카지노 건물 내부와 바깥의 경계구역 내에 있는 카지노 고객과 종업원을 안전하게 보호할 책임이 있다. 공공출입구역과 그렇지 않은 구역을 모두 국내외를 불문하고 하루 24시간 주 7일 기준으로 순찰하여야 한다. 각자의 업무를 수행하는 동안 고객이나 종업원이 도움을 필요로 하지는 않는지 관찰해야 한다.

보안요원은 또한 카지노내에서 지방의 법집행기관과 협조하에 법과 질서를 유지할 책임이 있다. 카지노 케이지와 게임 테이블간에 발생하는 모든 금전거래에 대해 게이밍 규정에 따른 간여를 한다(즉 관찰을 한다). 보안요원은 또한 거액의 현금을 관리하고 있는 카지노 케이지의 안전을 지켜줘야 한다. 만일 종업원이든, 고객이든, 환자가 발생하면 응급조치를 해야 하며 필요시 의료지원을 위한 적절한 조치도 취해야 한다. 연예시설이 있는 곳에서는 보안요원이 쇼라인을 관리해야 하며 특별행사시에 관중을 통제해야 한다. 또한 카지노업장은 이상한 행동을 하는 수상한 자는 없는지 카지노나 바를 기웃거리는 청소년은 없는지 계속 관찰해야 한다.

슬롯구역은 특히 슬롯 속임수꾼, 지갑털이 범이나 협잡사기꾼이 없는지 자세히 관찰해야 한다. 슬롯 잭팟지불, 호퍼 필 그리고 케이지에서의 현금출납 등은 보안요원이 항상 주시해야 할 관심사항이다. 또한 종업원이 동전 꾸러미를 운반하거나 머신 정비원이 수리점검을 위해 들락날락 할 때도 측근에서 주시해야 한다.

보안요원은 소방통로, 소화전 및 비상구가 잘 정비되어 있는지 확인하여 화재시에 카지노가 잘 활용할 수 있도록 해야 한다. 소방전용도로, 소방차전용구역 및 장애자 주차구역에 불법차량은 없는지 점검해야 한다. 종업원 출입구로 들어오는 사람들, 특히 술에 취한 상태로 출근하는 종업원, 이 통로를 이용하는 종업원이 아닌 사람 및 도움이 필요할 것 같은 신입사원 등을 관찰한다.

또한 종업원이 퇴근시에 카지노에서 절취한 물건을 들고 나가지나 않는지 잘 관찰해야 한다.

보안요원은 카지노구내에서 발생할 수도 있는 위급상황에 처해서는 구급요원 경찰 및 소방대원을 지원한다. 효율적인 지원을 위해 소방기구 사용법과 발화지점을 찾아 진화하는 방법을 익혀 두어야 한다.

그 외에 총기휴대 유무와 관계없이 총기사용법도 익혀둘 필요도 있다.

안전순찰에는 쓰레기 창고도 포함된다. 은제품이나 그릇, 린번 등 버리지 않아도 될 물건이 있는지 검사한다.

보안요원은 종업원이 카지노 재산을 오, 남용하지 않는지, 주류 등 제한물품을 사용하거나 식자재를 허가없이 소비하는 등 소란을 피우지나 않는지, 공공장소든 사석이든, 구분없이 근무상황을 면밀히 관찰해야 한다.

승강기는 범죄발생 취약지역이므로 승강기로비에서의 고객 움직임이나 카지노 재산절취나 소란행위가 없는지 관찰해야 한다. 보안직원은 승강기로 출입하는 의심스런 자를 주시해야 하며 보안 간부도 이들의 동태를 파악하고 있어야 한다. 서비스지역은 모두 관찰대상이다. 보안요원은 공공장소의 가구나 장식물도 업무와 관련하여 수리나 세탁이 필요하면 이를 해당 부서에 의뢰하여 조치할 수 있다.

보안요원은 소방본부(119구급대)가 하는 직무를 익혀서 고객이 요청하면 휠체어나 에스코트를 제고해 줄 수 있어야 한다.

2. 화재발생 대응절차(외국인 전용카지노)

1) 화재, 매연 또는 연기가스 경보가 울리면 긴급하지 않은 무선통신은 모두 끄고 급보원(일종의 당직서무)이 전달하는 메시지를 정취한다. 간부의 지시에 의거 채널을 클리어 한 후 "긴급상황(Control clear with emergency traffic)"임을 알린다.
2) 화재 경보임이 확인되면 휴식상태에 있던 보안요원도 모두 즉각 원위치로 복귀하여 임무를 수행한다. 무선통신을 청취한 고객들이 우왕좌왕하며 소란이 일지 않도록 하기 위해 다음과 같이 용어를 정의하여 사용하여야 한다. "Confirmed 402"는 화염이 퍼져 있거나 또는 매연과 화력이 있는 상태·"Substance"는 매연상태·"Odor"는 매연상태가 없이 열기 또는 매연에서 나는 냄새-"640-A"는 가동중인 화재경보
3) 다음은 매연, 악취 및 화재경보에 따른 대응 절차이다.
   ① 간부는 순번대로 맡아하는 급보원을 불러 해당지역을 조사하게 한다. 임무를 맡은 자는 가장 가까운 소화전이나 호스가 있는 곳으로 급파한다.

② 경보지역에 인접한 간부가 상황을 수습하는 동안 제2의 간부는 보안사무실로 향한다.

③ 급보원은 즉각 기술자에게 통보한다(화재가 확인되면 급보원은 즉시 소방서에 직접 통보해야 한다).

④ 외곽 근무자는 비상차량이 즉시 접근 할 수 있도록 통로를 확보한다.

⑤ 현장을 처음 목격한 직원은 직시 간부에게 무선으로 보고한다.

3. 순찰 직원의 근무수칙

■ 순찰 보안요원의 근무요령

▷ 카지노 빌딩지역을 일정하게 순찰한다.

▷ 정위치 근무자나 또는 도움이 필요한 근무자에게 필요한 지원을 한다.

▷ 정위치 근무자가 아닌 지역에 대해서는 방화 및 안전시설을 확인 점검한다.

▷ 건물 지역에 걸친 화재 예방방송상태를 확인 점검한다.

▷ 보안부서 급보원과 계속 교신을 한다.

▷ 순찰하는 동안 소방 및 구급장비를 일일단위로 점검한다.

▷ 사무실, 창고, 냉장실의 시건장치를 확인 점검한다.

▷ 정위치 근무지가 아닌 구역에 파견되거나 고객 또는 종업원 및 건물의 안전이 문제가 있을 때는 제일 먼저 달려간다.

▷ 시프트 근무 중 발생한 사건에 대해세는 고객과 종업원을 인터뷰하여 관련 보고서를 작성한다.

▷ 게임자가 할 일은 계속성을 유지하기 위해 다른 순찰 근무자가 작성한 보고서를 확인하여 연결된 보고서를 작성한다.

▷ 보고서 조사와 관련 필요하다면 증인이나 종업원의 진술을 확보하여 둔다.

▷ 범죄 사건과 관련 외부 법 집행기관의 요청이 있으면 사건현장을 성실히 보존한다. 방화 및 카지노 구역에서 발견된 시체(비록 자연사라 할지라도)도 포함된다.

▷ 중대한 사건은 법집행기관의 요원이 도착하기 전에 요청이 있으면 증인이나 피의자를 확인하여 격리시킨다.

▷ 카지노와 건물 및 주변건물의 전체 배치도를 숙지하여 긴급구조요원이 작업을 서둘러 될 수 있게 한다. 건물의 어느 위치라도 그들의 요구가 있으면 안내해

줄 수 있어야 한다. 긴급구조요원이란 구조대원, 앰브란스요원, 경찰관 및 소방관을 말한다.

- 제한된 정보라도 공정한 보고서를 작성한다.
- 편파적이 아닌 공정한 보고서를 작성한다.
- 파악한 사실을 요약하여 연대순으로 작성한다.
- 빌딩의 각종 안전문(Safety Door)의 오픈 요청이 있으면 허가를 받은 자에게 시건장치를 풀고 열어 보여준다.

▷ 필요한 규정이나 출입금지 경고 및 제한조치 등을 숙지한다.

- 바람직하지 않은 자나 고객, 조업원 및 카지노에 잠재적으로 위협이 된다고 판정되는 자를 확인하여 현장조사(Field Interview)카드를 작성하는 요령을 숙지한다.
- 안전지역이나 허가구역이 아닌 지역에서 발견된 자를 심문한다.
- 나중에 갖고갈 요량으로 숨겨놓거나 수상하게 놓아둔 카지노나 고객의 물품에 대해 감시한다.
- 시설물 주위를 순찰하면서 강도나 부랑자 및 소란을 피우는 자는 없는지, 또는 연속하지 않은 출입문이나 열쇠 그리고 강제로 문을 따고 들어간 곳은 없으며 깨진 창문이나 찢어진 벽지, 불이나간 전구, 또는 고객이나 종업원 및 카지노 자체에 위험을 주거나 위해가 우려되는 것은 없는지 잘 살펴보아야 한다.

제4절 카지노 보안부서의 업무처리 과정(過程)

1. 업무처리 지침(指針)

업무처리지침은 일정한 과제를 달성하기 위한 처리과정 및 방법을 설정한 지시서이다. 다음은 보안요원이 준수해야 할 절차의 수칙목록(Contents)이다.

▷ 보안요원의 업무처리 수칙

- 일인의 보안요원은 다른직원이 입회한 상태에서 현금이나 고가품이 들어있는

재산에 대해 목록을 작성하여 간부의 승인을 득한다.

- 일인의 보안요원은 다른 직원과 함께 술취한 고객을 에스코트한다.
- 일인의 보안요원은 주인이 부재중인 방에 들어 갈 때는 다른 직원과 동행하여야 한다.
- 일인의 보안요원이 수상한 자를 취조할 때는 지원요원 없이는 하지 않는다.
- 일인의 보안요원이 공공장소가 아닌 데서 일인의 여성피의자를 심문할 경우는 다른 직원이 동행한 상태이어야 한다.
- 일인의 보안요원은 일인의 여성고객이나 종업원을 회사차량으로 이동해야 할 경우, 지원요원이 동석한 상태에서, 회사를 출발하여 왕복한 거리를 상급자에게 보고한다.
- 일인의 보안요원은 고객이 자신의 객실로 들어 가는 것을 도와주어야 할 경우 먼저 숙박명부를 확인한다.
- 일인의 보안요원은 긴급을 요하는 상황이 아닌 한 출두요청이 다른 직원의 지원을 받아 나가도록 한다.

2. 대피절차

대피요령은 카지노의 주변상황과 위치에 따라 달라질 수 있다. 대피절차를 설정하는 데는 여러 가지 고려사항이 있다.

해안가나 강둑에 위치한 곳은 폭탄위협이나 화재의 같은 일반적인 대피 사유외에 허리케인, 폭풍 또는 홍수가 있다. 다음은 고객과 종업원이 게이밍시설에서 위급할 때에 대피하는 일반절차이다.

▷ 대피의 일반적인 절차

- 화재의 경우 보안간부는 담당직원에게 원인을 알아보게 한 후 필요하면 화재진입에 나선다.
- 위급사태에 직면하여 보안간부는 직원으로 하여금 부상자 구조 및 후송을 하게 된다.
- 상황에 따라 보안간부는 피해지역에 직원이 대피처를 확보하게 하여 인가자 이외에는 출입을 통제하면서 고객과 카지노 재산의 보호에 힘쓰게 한다.
- 피해지역에 범죄가 난무하고 있는 경우, 보안요원은 치안당국에의해 사태가 어느정도 진정될 때까지 대피처를 확보한다.

- 허리케인이나 폭풍경보가 발효된 상황이라면 보안간부는 대피계획을 수립하여 경우에 따라 부분적이든 전체적이든 실행에 옮겨야 한다.
- 필요시 보안간부는 부상당한 고객이나 종업원에게 일차적인 구급대피소를 제공한다.
- 보안간부는 사태와 관련 소방대원이나 경찰과 공조체제를 유지한다.
- 사태가 화재나 범죄라면 보안간부는 현장을 관계당국의 조사가 착수되기까지 성실히 보존하여 필요한 보고서나 진술 및 사진이 최대한 확보될 수 있다고 한다.
- 현장의 최고책임자나 경찰 또는 소방대원만이 현장을 치우라는 소개명령을 내릴수 있다는 것을 명심해야 한다.
- 여기서 최고책임자란 최고위층이사나 또는 당직부서장을 말한다.
- 폭탄위협에 따른 대피는 화재가 뒤따르기 때문에 소개(疏開)절차를 따라야 한다.
- 지방관련의 공무원이 도착하기 전에 최고책임자에 의해 소개가 명령된 경우 수석엔지니어는 전기, 가스 및 연료 공급원을 규정에 의해 완전 차단해야 한다.
- 경찰이나 소방대원에 의해 소개가 명령되면 관계 공무원의 지시에 분명하게 따라야 한다.

3. 화재경보 방송

다음은 방송으로 하는 화재정보의 안내방송이다. 만일 경보가 잘못 발령되었다면; 「신사숙녀 여러분, 위급상황이 아닙니다. 다시 한번 말씀드립니다. 지금은 위급상황이 아닙니다. 방금경보가 발령되었습니다. 이는 위급상황이 아닙니다. 평소대로 활동을 재개하시고, 즐겁게 이 곳 시설에서 머무십시오. 다시 반복해서 말씀드립니다. 지금은 위급상황이 아닙니다.」라고 멘트하여 만일 경보가 실제로 위급사태에 직면하여 발령되는 것이라면 다음과 같다.

「신사숙녀 여러분, 주목해 주십시오. 위급사태가 발생하여 회사 경영진에는 모든 사람의 대피를 위해 이곳을…(피해구역명) 즉시 나가주실 것을 요청합니다. 다시한번 말씀드립니다. 위급사태가 발생하여 회사 경영진에서는 모든 사람이 대피를 위해 이곳을…즉시 나가주실 것을 요청합니다.」

▷ **화재의 분류**

- A등급 : 일반적인 가연성 물질에 의한 화재로 소방수 등으로 진화가 가능

– B등급 : 인화성 물질인 그리스, 가솔린, 페인트, 오일 등에 의한 화재로 공기의 차단이 진화에 필수적인 관건
– C등급 : 전열기구에 의한 화재로 비전도성 진화물질이 있어야 가능.

4. 폭탄위협 대응절차

다음은 카지노 직원이 폭탄위협을 받게 되면 취해야 할 조치 내용이며, 협박전화 수신에 따른 대응절차는 다음과 같다.

– 걸려든 전화를 최우선으로 취급할 것
– 전화를 건 자에게 가능한 한 메시지를 반복하게 하여 특히 폭탄의 위치와 폭탄 시간등 필요한 정보를 획득한다.
– 아울러 메시지를 녹음하고, 녹음기가 없을 겨우 구술로 받아 적어둔다.
– 진화를 받는 동안 전화 발신지 추적에 단서가 될 만한 배경의 소음을 경청한다.
– 전화가 다시 올 경우 식별할 수 있도록 전화를 건자의 음성을 관심있게 듣는다. 특히 억양, 사투리, 말투 등에 관심을 집중한다.
– 통화가 끝난 즉시 수신자는 카지노 매니저 또는 당직 간부와 그리고 보안 부서장 또는 당직 간부에게 순서에 맞게 협박 전화 내용을 통보한다.

▷ 보안부서의 대응절차

– 교환원이나 종업원으로부터 폭탄위협에 관한 통보를 접수하는 대로 보안사무원은 간부에게 보고하여 부서장과 지역 경찰 당국에 이 사실이 통지되도록 한다. 폭탄 위협에 따른 금전 등을 요구시에는 국가정보원에도 알린다. 보안서무나 간부는 협박전화 수신자가 직접 내용을 양식에 기록하여 사본은 경찰당국에 보내도록 한다.
– 보안요원이나 서무는 부서장이나 간부와 의논하여 총지배인등과 협의, 폭탄 색출에 나설 것인지를 결정한다.
– 색출을 실시할 경우 보안부서장이나 간부는 지휘본부를 설치한다. 지휘본부는 종업원과 경찰이 쉽게 접근할 수 있으나 고객이나 대중에게는 잘 보이지 않는 장소에 위치하여야 한다.
– 당직 또는 보안부서장 등의 요청에 의해 체계적인 건물내 색출작업이 개시된다. 색출작업은 해당 구역을 잘 파악하고 있는 핵심직원에 의해 실시한다. 작업에 참가한 직원은 지휘본부에 전화로 경과를 즉각 보고한다. 참여직원은 자신의 하

는 일을 고객이나 참여되지 않은 다른 직원에게 알려서는 안된다.
- 지휘본부는 수색활동 기록대장을 유지하여 다음 사항을 기록한다.
- 경찰과 국가정보원에 통지한 일시
- 수색작업 종사직원의 신원 및 수색구역
- 법집행기관 공무원 및 소방대원의 도착일시
- 소개명령 실시 및 지역
- 폭발물 장치시각 및 장소

▷ **수색절차**

- 수색대상지역을 잘 알고 있는 직원을 수색대원으로 선정
- 수색대상지역에는 현장, 환기닥트, 거의 사용하지 않았던 저장고, 전화 배선함, 선풍기, 부착물, 변기, 용수 저장탱크 및 승강기 기관실이 포함되며, 특히 세면실, 접객실 및 회의실도 주의해서 살펴보아야 한다.
- 수색하는 동안 의사소통은 직접 구두로 하는 것 외엔, 전화로만 해야 됨을 명심해야 한다. 무선 통신기는 전기 도화선의 뇌관을 자극하여 폭발할 우려가 있다.
- 대원이 방을 수색하기 위해 들어가면 시침이나 재깍거리는 소리가 있나 듣기 위해 집기를 조용히 서로 다른 간격을 유지하게 옮기도록 한다. 또한 체계적으로 이동하며, 장소에 어울리지 않는 물건은 없는지, 통상 방을 점검할 때 눈에 잘 띄지 않아 보이는 물건은 없는지 잘 관찰해야 한다.
- 수색대원은 가능한 한 수색에 앞서 방의 환경을 바꾸어서는 아니된다. 반드시 손전등을 사용해야지 절대 전기를 켜서는 안된다. 자동온도 조절장치도 손을 대어서는 아니된다.
- 수색은 대상지역을 우선순위에 의해 시행하지만 마구잡이가 아니라 체계적으로 실시해야 한다. 예를 들어 협박범이 접객실을 목표로 삼고 있다면 먼저 접객실을, 뒤이어 인근지역을 수색해야 한다.
- 수색을 마친 뒤에 대원도 즉시 간부에게 결과를 보고해야 한다.
- 수색도중 이상한 물건이나 대상이 발견되면 건드리지 말고 즉시 상부에 물건의 위치를 보고해야 한다.
- 의심나는 물건이나 대상을 치우는 일은 경찰관, 소방관 또는 군당국에 일임해야 함을 잊어서는 안된다.
- 의심나는 물건이나 대상을 발견하였는데 관련 공무원이 아직 도착하지 않은 경우 매트리스 같은 것으로 둘레를 덮어 씌워 둘 수 있다. 그러나 경우에 따라선

대상물을 덮어 씌워 두는 것이 좋지 않을 수도 있음을 알아야 한다.

– 최종적인 방어조치로서 수색대원도 대상물이 발견된 장소의 출입문이나 창문을 모두 열어두도록 한다.

▷ **방송매체 처리지침**

카지노에 대한 폭탄 위협은 호텔, 카지노와 같은 공공장소 폭파 위협과 마찬가지로 대중의 관심을 일으킨다. 그런 사건이 보도되면 유사한 사건이 재발할 가능성이 높아진다.

유사사건 재발 방지를 위해 그리고 사건수사가 종업원의 진술이나 논평으로 곤경에 처하는 일이 없도록 하기 위해서 법집행기관 공무원과의 사전협의 없이는 뉴스미디어에 진술이나 논평을 하지 못하게 해야 한다.

경영자와 보안담당은 이것이 꼭 지켜지게 해야 된다. 사건이 연방법, 주법 또는 지방법을 위반할 경우 뉴스미디어는 수사에 관여한 법집행기관에 관련질의 및 취재는 총지배인이 한다. 총지배인이 지정한 자를 제외한 여타 종업원은 관련기관 이외의 인사와는 본 사건에 대해 언급을 하지 않도록 한다.

5. 잭팟 및 필 취급절차

잭팟 지불을 점검할 때 보안요원은 슬롯머신의 배당금 지급확인에 표시된 위닝결합이 잭팟슬립(Jackpot slips)에 적힌 것과 일치하는 지를 반드시 확인해야 한다. 더불어 머신에 표시된 코인수량과 잭팟슬립에 적힌 코인수량도 확인해야 한다.

또한 잭팟 슬립에 적힌 지급라인과 잭팟금액이 제대로 된 것인지도 확인해야 한다. 모든 것이 제대로 되었다고 확인이 다 되었을 때 잭팟지불을 실시한다.

이외에 보안직원은 "A50코드(Door Open)" –이것이 나타나면 잭팟지불을 할수없음– 가 머신에 나타나지 않았는지도 확인해야 한다. 아주드문 경우 이것이 나타났는데도 잭팟이 확실한 것일 수도 있다.

이 때는 보안요원이 슬롯 담당 간부와 머신 정비원을 불러 사실여부를 확인해야 한다.

어떤 경우에도 보안요원이 고객 앞에서 머신이나 배당금에 대해 언급을 해서는 안되며 고객을 위협하는 듯한 자세로 근처에 서 있어서도 안된다. 보안요원은 자신의 역할인 확인작업이 끝나면 자신의 근무위치로 신속히 복귀해야 한다. 잭팟슬립을 작성하는 동안 부스에서 기다려서는 아니된다. 슬립이 작성되면 보안요원이 즉시 확인하여 지불 액수가 맞는지 지켜보아 서명하고 그 다음 잭팟머니의 이동에 경계 감시하여 지불금이 행운이 깃든 카지노 고객에게 안전하게 전달될 때까지 호송 임무를 다한다.

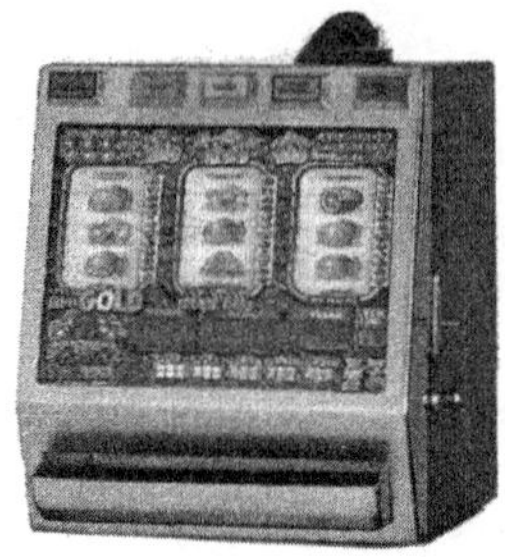

제5절 카지노 호텔 시설물의 경비(Guard)

1. 경비계획

경비계획의 기초적 중요 사항이 되는 것은 경비대상의 실사(實査)이다. 형식적으로 외관이나 외곽만을 보는 것이 아니라 세부에 걸쳐서 요점을 점검하여 확인해야 힌다.

이를 "경비진단"이라 하는데 의사가 행하는 타진, 청진, 문진의 요령으로 직접 만져보고, 냄새도 맡아보는 열의로서 경비실사를 해야 한다. 이와 같이 성실한 진단으로 작성된 경비계획은 반드시 권위가 있기 마련이고, 경비원이 안심하고 업무에 종사할 수 있는 밑바탕이 되는 것이다. 경비계획은 그 경비대상에 대한 경비의 기본방침 및 실시사항, 그리고 실시요령을 구체적으로 명시한 것이어야 한다. 내용에 담기는 주요 항목은 다음과 같다.

▷ 경비계획의 내용

구 분	내 용
경비의 목적	• 경비대상의 명칭, 소재지, 업태 책임자 등 • 도난의 예방경계 및 화재, 폭발 사고 등의 예방경계 • 교통사고 및 불법침입의 방지 • 현금호송 및 신변경호, 교통의 정리유도 • 카지노 입장의 도난방지, 혼잡에 의한 사고방지, 테러방지
경비원의 배치계획	• 정·사복의 구별, 배치개소, 경비원의 수 • 경비원 근무의 구분 및 형식, 경비원 비채시간, 경비지침
부지 및 건물외곽의 경비시설	• 방범등, 가로등, 조명등 등의 각종 등화 • 출입문, 문, 벽, 담장, 도량 등 제반시설 • 신, 증설, 개조, 수리, 철거 등의 필요여부·취약요소
구내 및 건물내부의 경비 및 방재설비	• 방범 경보기의 성능, 종류, 설치장소, 화재경보기의 설치장소 • 소화시설, 소화기의 설치장소, 피난용기구 설비의 배치장소 • 열쇠, 문짝, 셔터의 보관관리, 신·증설, 개조, 수리배치 전화의 필요여부, 비상구 등
주차장 설비	• 수용대수 및 신호, 경보설비, 확성기의 완전여부 • 소방, 방화시설의 완전여부 • 출입통제방식의 적절 여부 및 비상통로
위험물 저장 취급의 대책	• 위험물의 종류, 수량 및 안전대책 • 공해발생 및 유해물질에 대한 예방조치 • 위험작업에 대한 위해 예방조치
경비실시요령	• 경비원의 복장, 장비 및 출입통제, 물품 반출입 관리 • 차량 출입통제, 순찰, 교통 정리 유도 • 현금, 귀금속류의 호송, 신변경호, 혼잡경비 • 도난사고 발생시의 조치, 화재 발생시의 조치, 긴급사태 발생시의 응급조치 • 임무의 명시와 책임의 완수, 교육의 철저 • 규율 및 예절엄수, 경찰기관, 소방기관에 대한 응급요령의 적정 • 보고연락의 적정, 전화응답 및 점수의 적정, 서류작성의 적정

2. 경비부문 구성원의 직무

경비근무계획서는 현장에서 직접 업무를 수행하는 경비원의 직무지침서라 할 수 있다. 따라서 전항에서 제시한 경비계획을 기본으로 한 경비원의 활동으로 그 계획은 경비대상의 명칭, 소재지, 업태, 책임자 등을 명시해야 하고 경비의 목적, 업무의 주된 내용, 경비원의 근무요령 등의 항목 중 특히 경비원의 배치장소 미 배치시간,

표준일정표, 표준배치표, 대기장소 등 배치개소 업무 및 책임이 계획되어야 함.

▷경비원 근무계획

구 분	내 용
출 입 관 리	• 계약처 종업원의 신분확인과 규제 • 거래업자에 대한 통제 • 방문자 및 관계 관공서 직원에 대한 통제 • 종업원의 사물관리 및 시간외 입장자의 통제 • 입장불허자의 범위 및 잔업, 취업시간외의 체재 허용가능
질서의 유지	• 지정장소 이외의 흡연금지와 일정지역 외에서의 구희(球戱) 금지 • 지정지역외의 주차금지
물자등의 반출입관리	• 차량에 의한 반출입의 취급, 거래업자에 대한 조치 • 부정반출의 대책등, 입출고등 확인
열쇠의 관리 문의 개폐등	• 열쇠의 보관방법, 열쇠의 인계 인수방법, 도어, 셔터 등의 개폐
차량출입관리	• 트럭, 일반승용차, 임원등의 전용차, 택시, 오토바이(자전거 포함) • 차종별로 교통규제, 유도요령 등을 구체적으로 명시함
내부의 순찰	• 소등 및 사정의 확인, 불심자의 발견, 소방방화·피난 • 시설의 점검과 기능보전, 담배꽁초의 조치, 가스·수도전 및 전기스 위치의 안전확인 • 시설 및 부대설비 등의 파손개소 발견, 도난의 예방과 피해 조기 발견 • 중요 기밀실의 안전확인, 불신자, 불법침입자의 조기발견 • 기타 이상유무 등 • 각 항목별로 실시요령을 구체적으로 명시함
외부의 순찰	• 주변의 배회자, 불심자, 잠복자의 발견과 조치 • 시정의 점검과 인접건조물 등으로부터의 위험성의 발견과 조치 • 도난화재 등의 조기발견과 기타 이상의 유무 등

3. 경비계획 운용에 관한 사례

다음은 서울에 소재한 연면적 83,200㎡의 지상, 21층, 지하 3층규모에 객실 691실과 게이밍테이블 60대, 슬롯머신 140대가 설치된 카지노시설, 지하, 지상 650대의 주차장 시설, 그리고 헬스클럽, 사우나, 레스토랑, 디스코텍, 라운지바 등을 운영하고 있는 H호텔의 경비에 관한 근무지침이다. 현재 카지노시설이 오픈되어 있고, 이에 경비업무 체계를 분석하여 카지노 안전관리 부문 중 외곽경비에 관한 모델의 지표로 삼고자 한다.

1) H호텔 경비 운용계획

구 분	내 용
목 적	• 효율적인 근무편성 및 인력관리 운영을 위한 지침을 제공하여 완벽한 경비임무 수행을 도모함에 있음
적용범위	• 호텔 경비구역내에서 근무중인 경비 근무자 전원에게 적용한다.
임 무	• 공동업무 • 고객 및 종업원 • 출입인원 및 차량통제, 분실 또는 습득물 관리 • 경비실장 • 경비업무 계획수립 및 총괄 지휘감독 및 경비실 인사관리 • 교육훈련 계획수립 및 시행감독, 업무보고 및 협조 • 경비주임 • 실장보좌 및 근무편성, 운영자치 감독 • 사고조사 및 보고, 교육훈련 시행지도 감독, 비품 및 장비 관리운용 • 분실품 관리 및 휴가 / 근태관리 • 경비원 • 출입인원 및 차량통제, 취약지 보초 및 순찰근무 • 반출품 통제 및 상황보고

▷경비실 조직편성

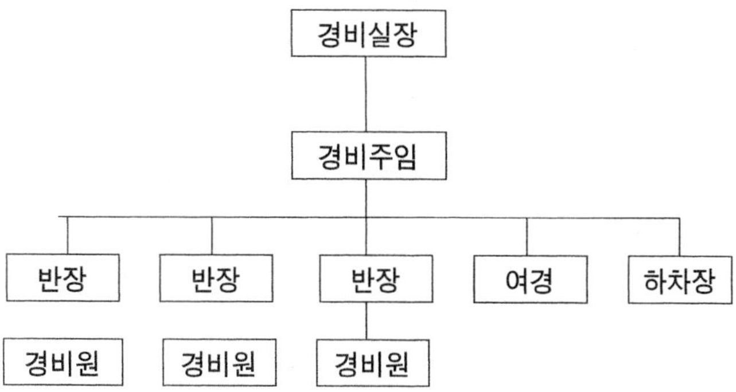

▷H호텔 경비지역 취약요소

층별 / 구분	출입구	시설	사무실	기타
옥상		• 쿨링타워 • 곤도라		• 헬기장
24층	• 비상 계단 • 승강기	• 승강기 기계실		
23층	• 비상 계단 • 승강기	• 공조 기계실	• 화장실	
3~22층	• 비상 계단	• 객실		
2층	• 외부계단 입구(사우나, 수영장, 뷔페식당)	• 수영장 • 사우나 • 헬스클럽		• 주방 및 업장 • 연회장
M층		• 방재실 • 공조실	• Pay Master • 전산실	• Shop
ML층	• 정문 • 주차장 • 바 • 카지노	• 텔렉스 • 카지노	• 객실부 • 지배인실 • Front cashier • General cashier	• 업장 및 주방 • Shop
LL층	• 후문 • 주차장(5층) • 주차장(6층)	• 급수 처리장	• 연회 담당실	• 디스코텍 • 각 주방 및 업장
	• 직원출입 하차장	• 통신, 변전, 보일러, 냉동, 공조, 기계발전, 세탁		• 식음료 저장창고
	• 변전실 외부셔터	• 유류고 개스탱크	• 재정부인사부 임직원실	• 성원 • 직원출입구 공간지역

▷근무배치 및 운용

〈표6-3〉 근무조 편성 및 배치 기본소요 인원선정

<단위 : 명>

구분	근무시간	계	책임자	지역별 소요인원						여경	비고
				ML	LL	C/C	순찰행사	교통	2층		
A조	07 : 00 ~ 15 : 00	10	반장	1	1	1	1	2	1	1	실장
B조	15 : 00 ~ 22 : 00	10	반장	1	1	1	1	2	1	1	주임
C조	22 : 00 ~ 07 : 00	9	반장	1	1	1	1	1	1		주임
하차장	07 : 00 ~ 17 : 00	1									하차장
		30	3	3	3	3	3	5	3	2	4

〈표 6-4〉근무배치

구분	ML	LL	C/C	T/K	교통	순찰행사	2층
4명시							
5명시	1	1	1	1	1		
6명시	1	1	1	1(2)	1	1	
7명시	1	1	1	1(2)	2	1	
8명시	1	1	1	1(2)	2	1	
9명시	2	1	1	1(2)	2	1	1

(　)의 인원은 여경포함 〈단위 : 명〉

2) H호텔 경비 운영지침

▷경비운영지침사항

- 근무는 1일 3교대를 원칙으로 하여 경비반장은 뒤사항을 참고로 하고, 당사항을 기준으로 해당 근무시간에 포함되는 전 근무요원을 포함(여정 포함)하여 근무편성 및 배치하여 운용한다.
- ML, LL, C / C, T / K지역은 고정배치하며, 근무공백시간에 발생하지 않도록 하고 기타지역은 상황에 따라 융통성있게 배치 운용한다.
- 주임 및 반장은 동시에 휴무할 수 없으며 1개조는 최소 5명이하 조편성할 수

없다.

- C조 근무시 또는 교통정리 불필요시 교통요원은 LL층에 우선 전환 배치후 잔여 인원은 2층에 배치한다.
- 위치 및 근무교대는 2시간 단위를 원칙으로 하고 계절 및 상황에 따라 반장을 통하여 교대를 실시한다.
- 순찰은 주야 구분없이 2시간 단위로 실시함을 원칙으로 하며, 주임 및 반장은 근무시간 중 2회 이상 전지역 순찰을 실시하고 특히 취약지(옥상 및 2층이하 전지역)순찰을 강화한다.
- 위치별 근무자는 담당구역을 무단 이탈할 수 없다(사전보고후 승인을 득할 것).
- 여자 경비원은 T / K근무를 원칙으로 하며, 금남지역순찰 및 여자출입자에 대한 검문검색 임무와 부서행정업무를 지원한다.

▷경비근무의 책임

구 분	내 용
경비실장	• 경비실 업무수행에 대한 총괄적인 계획 수립 및 시행에 대한 지휘감독 책임이 있다.
경비주임	• 실장을 보좌하며, 특히 야간(19 : 00 이후부터 익일 07 : 00시까지) 및 실장 부재시에 실장을 대리하여 경비근무수행에 대한 총괄적인 지휘 및 감독책임이 있다.
경비반장	• 경비실장 및 경비주임의 직접 통제하에서 해당근무 실시에 대한 1차적인 지휘감독 책임이 있다.
경비원	• 담당구역 및 반장으로부터 부여된 임무수행에 대한 직접적인 경비책임이 있다.

3) H호텔 위치별 세부임무 및 착안사항

▷직원출입구(Time Keeper)

임 무	착 안 사 항	비 고
직원 출, 퇴근 시간관리	• 출근부를 09 : 00에 회수하여 인사과로 전달 • 출, 퇴근 카드감시-대리펀칭 감시 • 업장별 근무시간 숙지	인사부 직원 비면시
외부인원 출입통제	• 신분증 필히 확인 • 출입자 용무확인 및 해당부서 통보하여 안내 • 작업 및 행사지원요원-출입시간 및 장소, 인원수 등 확인유지 • 여성출입자-출입시간, 장소, 신분증, 보건증 기타 • 외부인원 퇴근시 소지품 검색	관련일지 기록유지
CCTV 감시 및 녹화	• 매 6시간마다 녹화필름 교체(06 : 00, 12 : 00, 18 : 00, 24 : 00) • 녹화상태확인 및 취약시간별 모니터 감시 • CCTV운영일지 기록유지 • 상황발생시 해당장소 지역 및 출입구 지역 집중녹화	교체시 반장에게 보고
경보장치 운영	• 매일 2회이상 작동상태 점검(09 : 00, 21 : 00) • 작동이상 발견시 즉시 시설부로 통보하여 조치 • 경보상황 접수시 즉각 유무선망을 통하여 전 근무자에게 전달 후 출입문 폐쇄	점검일지 기록유지
열쇠관리	• 열쇠관리대장 기록유지 • 업장종료 시간확인 및 미반 납업장 즉각보고	
Lost / Found 관 리	• 분실습득물 관리대장 세부적으로 기록(품명) • 보관품 관리철저 • 귀중품 및 현금등을 즉시보고 • 철저한 인계인수 보고	해당근무 반장 및 주임이 직접확인
물품반입 통 제	• 퇴근인원 소지품 확인 철저 • 물품 반출사항은 실장에게 즉각 보고 • 반입물품은 해당부서 과장급 이상 직원에게 확인토록 하고, 반장에게 통보하여 물량과 물량과 품절확인 후 반입-공휴일, 야간 등 검수파 직원이 확인 불가시만 해당	
기타업무	• 상황접수시 즉각 유무선 망을 통해 전근무자에게 통보 • 관찰파출소 및 112로 신고-화재시는 방재실 • 출입문 폐쇄-화재시는 개방	

▷현관(Main Lobby)

임 무	착 안 사 항	비고
출입인원 통 제	• 잡상인, 무용자 출입감시 및 통제 • 직업여성 출입 및 호객행위 통제 • 직업출입감시 및 통제 • 검문검색-24 : 00 ~ 07 : 00 시간이후 혼자 출입하는 여성 • 거동수상자 감시 : 필요시 검문 검색 • 신분증, 용무, 소지품, 행선지 등 확인	신분증 및 휴대품 확인
VIP 출입경로	• VIP출입시 출입편의 제공-출입문 • VIP주위 불필요인원 접근통제 • 행사장 및 목적지까지 안내 및 경호	예절준수
Front감시 및 현금 수송경로	• 거동수상자 접근 감시 • 현금 강탈예금 및 현금 수송시 경로제공 • 고객 소지품 분실예방 및 • 근무직원 공백시 감시철저 • 취약시간 감시강화 -22 : 00 ~ 직원출근전	사전통로 순찰실시
고객안내	• 출입 고객에 대한 행사장 및 입장안내	친절
기타업무	• 분수대, 유리보호 및 추락사고 예방 • 각종 전시품 도난 및 파손예방	어린이 보호

▷지하층(Lower Lobby)

임 무	착 안 사 항	비고
출입인원 통 제	• 센타 및 주차 5, 6층 출입인원 감시 및 통제 • 필요시 검문검색 • 직원 출입시 반출품 검색 • 거동 수상자 출입시 검문검색-신분증용무 및 행선지 휴대품 • 고객용 승강기 출입인원 감시-일과시간 이후	영수증 품목확인
출입문 단 속	• 센타출입문-22 : 30 ~ 06 : 00간 봉쇄 • 주차장 5층-24 : 00 ~ 06 : 00간 봉쇄 • 행사장 출입문 잠금상태 확인-행사종료 후 야간 • 지하층 직업장 출입문 잠금상태 확인-업장종료후 • 상황발생시 외부 출입문 봉쇄-화재시 즉각개방	06 : 00시 출입문 개방후 경계강화
행사경비	• 행사경비 참조	
정원, 연못 지역경제	• 정원(Garden)의 연못 추락사고 예방 • 정원출입자 감시 및 통제 : 사진 촬영 통제 • 12 : 00 ~ 14 : 00간 감시강화 및 무용자통제 • 토요일 오후 및 일요일 감시 강화 • 불량배에 대한 방범활동(야간)	어린이 보 호
기 타	• 분수대 지역 위험요소 방지-유리보호 및 제한지역 어린이 보호 • 전시품 감시 • 화장실 지역 윤락여성 출입 및 호객행위 통제	

▷컨벤션 및 주차6층

임무	착 안 사 항	비고
출입인원 및 출입문통제	• 컨벤션 외부 출입문 이용 출입자 통제 • 주차장 출입문 및 이용출입자 감시 및 통제-6층 포함 • 직원 출입시 반출품 검색 • 거수자 출입시 검문검색-신분증, 용무 및 행선지, 휴대품 • 주차장 승강기 봉쇄 : 24 : 00 ~ 06 : 00-주차장 5층 및 ML층 • 행사시 외부 출입문 개방 및 행사후 잠금상태 확인	근무공백금지
음향실 감시	• 음향실 출입인원 감시 및 통제(필요시 검문검색) • 음향장비 감시 감독-반출시 즉각보고	
출입인원 통 제	• 헬스클럽 출입문 출입인원 감시 및 통제 • 수영장 외부 출입문 출입인원 감시 및 통제 • 고객용 승강기 이용객 감시 • 야외테라스 출입인원 감시 및 기물보호	
출입문 단 속	• 헬스클럽, 외부 출입문 잠금 상태 확인-22 : 00 ~ 07 : 00시 • 수영장 외부 출입문 잠금상태 확인-22 : 00 ~ 07 : 00시 • 오랑제외 외부출입문 잠금상태 확인 • 방켓주방 외부 출입문 잠금상태 확인-업장 종료 후 • 행사장 출입문 잠금상태 확인(행사장명 수순)	
행사경비 제 공	• 행사경비참조	
기타	• 매점 출입인원 감시 • 매점도난사고예방-종료 후 출입문 잠금장치 확인 • 외부출입문 열쇠관리 • 방켓주방용 승강기 운용상태 확인-불필요시 잠금상태 확인 • 수영장 외부 출입문 출입자 감시(22 : 00시 이후)	매점도난 예 방

▷교통통제

임 무	착 안 사 항	비고
주, 정치통제 및 교통소통	• 주차장소 이외지역 주정차 통제 • 업무 및 지하출구지역 : 통행로 포함 • 지하출구 앞 • Valley Parking차량은 현관지역 : 주차금지시 지하차고 이용	정중한 안내제공
	• VIP행사시 주차장 확보 • 상황별 교통통제 • 평시 : 입구지역 교통정리 • 행사전 : 30분전 주차장 및 도로주변 주정차 차량정리 • 행사중 : 입구 및 출구지역 소통 장애 제거 • 행사후 : 출구지역 교통정리 강화	운전기사와의 시비지양
안전사고 및 도난예방	• 충돌 및 접촉사고 예방 • 입구 및 지하 출구지역 • 주차차량 및 통행차량 • 주차지역 주차차량 감시- 차량 및 귀중품 도난 예방	회사시설 파손감시
택시정류장 관리	• 택시정류장 지역 고객차량 주차통제 • 고객 탑승 질서유지 및 행선지 안내 • 부당요금 욕기사 적발 및 호객행위 통제	

▷행사경비(Guard)

임무	착 안 사 항	비고
행사장 출입인원 통제	• 잡상인 무전취식자, 행사와 무관한 사진기자 출입통제 • 거동수상한 자 및 불량배 검문검색 • VIP경호	
	• 행사전 행사장 내부확인 및 위험요소 제거 • 내부 준비작업 감시 및 확인 • 작업인원, 감독자, 위험물 휴대여부 • 행사장 내 흡연통제 및 화재 예방교육	
행사장 안전유지	• 작업인원의 외부인원 출입감시 및 통제(작업감독자에게 사전통보 및 협조) • 주최측과 경비지원 문제 협조 • 행사장 입장고객 휴대품 감시 - 필요시 검색 또는 보관소에 보관토록 유도 • 고객 소지품 보관소 감시 및 도난방지 • 행사중 출입문 개방여부 확인- 화재시 신속한 대피조치	
기타	• 행사장내 기물보호 및 질서 유지 • 행사 후 정리정돈 및 출입문 잠금상태 확인	

▷ 순찰

- 취약요소 분석사항 참조하여 순찰조 편성 및 운용

구분	순찰자	순찰지역	비고
정기순찰	• 순찰근무자	• 고정지역 및 외곽지역	• 2시간 간격
수시순찰	• 주임 및 반장	• 전지역 및 불특정 다수지역	• 근무시간 중 2회이상
교대순찰	• 교대근무자 전원 • 반장 • 교통근무자 • C / C근무자 • L / L근무자 • M / L근무자 • 여경	• 21층 ~ 옥상 및 외곽지역 • 15층 ~ 20층 전지역 • 9층 ~ 14층 전지역 • 2층 ~ 9층 전지역 • BL ~ M층 전지역 • 여자화장실, 미용실, 여자라커, 여자사우나, 교환실, 기타	• 1일 3회 실시 07 : 00 ~ 07 : 20 15 : 00 ~ 15 : 20 22 : 00 ~ 22 : 20 • 여경순찰은 반장통제 하에 특정 또는 불특정 시간에 수시실시

▷ 순찰시 확인 및 착안사항

- 근무자 정위치 여부 및 근무상태, 배외부 및 주요 시설, 출입문 개폐상태 확인
- 직원근무 및 작업상태, 거수자 출입, 감시 및 검문검색
- 작업장 및 사무실 출입은 개폐상태 확인
- 위해요소 방치여부(인화물질, 위험물질 등)
- 회사시설 및 기물파손 또는 방치여부와 청결유지 상태 등이 있다.

4) H호텔을 위치별 세부확인 및 착안사항과 근무교대

▷위치별 세부확인 및 착안사항

임 무	착 안 사 항	비고
옥상	• 불순분자 전투 및 은거, 검거 농성, 투신자살 행위 예방 • 불온전단 및 유인물 살포 가능성 배제 • 주요지역 및 시설사진 촬영방지 • 주요시설보호 – 쿨링타워, 곤도라 • 승강기 기계실 출입문 확인	주임 / 반장 직접확인(1회이상)
24층	• 급수탱크 보호	
23층	• 화장실 출입문 확인 • 공조실 및 Pent House출입문 잠금장치 확인	
3 ~ 22층 (객실층)	• 객실 출입문 및 층별 객실용품 창고 개폐상태 • 소화설비 및 비상탈출 장비 이상 유무확인 • 비상계단 통로내 통행방해요소 방치여부 • Ice Box, 위험물 방치여부, 고 객의 소란행위 • 직업요원 감시 – 객실내외부 작업시 • 거동수상자 및 윤락여성 출입감시(필요시 검문검색) • 외부 출입문 개폐상태(헬스클럽, 수영장, 오랑 제외) • 연회장을 입문 개폐상태 및 주방 출입문, 화장실 등 내부확인 • 야외테라스 – 출입인원 통제 및 기물보호	
M층	• 재정부 사무실 내부확인 – 금고출입문, 전산실 • Shop내부 및 출입문 잠금상태 • 방재실 내부	주임 / 반장 해당근무 중 3회 이상 확인
Main Lobby 층	• Front Office캐셔 • 업장 및 주방 출입문 개폐상태 및 근무상태(특히 야간) • 화재안전, 누전, 누수, 소등상태 • 주요기물 및 위험물 방치여부 • 식음료 보관 및 관리상태, 청결상태 • 각종 전시품 / 기물파손 및 정위치 여부 • 거동수상자 및 윤락녀 호객행위 금지(검문검색) • Shop지역내부 및 출입문 잠금상태 • C / C지역내 순찰강화 – 음향실, C / C내부시설 및 기물보호 • 현관 주차장지역 및 유류고지역 확인	24 : 00 ~ 06 : 00
Lower Lobby 층	• 외부출입문 잠금상태 – 센터 주차5층 • 연회장 및 업장 출입문 개폐상태(업장종료후) • 정원지역 시설보호 및 불량배 출입감시, 개스탱크 감시 • 화장실지역, 윤락녀통제, B / Q사무실, B / Q주방 내부지역 확인 • 전시품 및 시설보호 • 하차장 내 동격시설 및 식음료 창고 확인 • 주요시설 보호 – 교환실, 전기실, 보일러실 및 세탁실 내부확인 • 직원 Locker Room확인	주임 / 반장 해당근무 중 3회 이상 확인

▷ 근무교대

조별 근무교대는 일주일단위로 하여 일요일을 기준으로 순환교대한다. 평일은 일일3교대를 원칙으로 하고, 일요일은 2교대로 하며(일요일을 제외한 공휴일은 평일로 간주), 조별 근무시간 중 위치별 근무교대는 1~2시간 단위로 반장 통제하에 교대한다.

- 평일근무교대 : <표 6-2> 근무조편성 및 배치 참조
- 일요일근무교대 : A조 – 07 : 00, B조 – 20 : 00

▷ 근무교대요령

① 조별근무교대 – 인원점검 및 편성후 근무교대 신고를 한 다음 개인별 최초근무지정위치에서 근무교대 실시
② 위치별 근무교대 – 근무편성표를 기준으로 반장통제하에 위치별로 이동하여 전임자와 인계인수후 교대 근무실시

▷ 교대간 인계인수 사항

- 철저한 인계인수 및 근무 공백 방지
- 전달 및 지시사항, 발생 및 진행사항
- 주요 예정사항 및 확인할 사항
- 조별 근무 교대 후 교대순찰을 실시하여 이상 유무를 확인하고 위치별로 근무에 임한다.

5) 근무수칙 및 근무복장 / 휴대장비

▷ 경비근무수칙

- 상위 직급자 명령에 절대 복종한다.
- 임의로 근무지를 무단이탈할 수 없다.
- 어떠한 경우를 막론하고 근무 중 음주, 흡연 또는 취식을 할 수 없다.
- 근무 중 수면, 독서, 잡담 등 불필요 행동을 할 수 없다.
- 근무 상 필요 이외에 업장 및 객실에 출입할 수 없다.
- 회사재산을 임의로 무단 반출・입 시킬 수 없다.
- 근무 중 취득한 회사 및 고객과 관련된 비밀을 누설할 수 없다.
- 근무시간을 철저히 준수하고 임의로 근무교대할 수 없다.
- 근무 중 인지한 사고 및 비위시설을 은폐, 축소 또는 허위보고할 수 없다.

－올바른 자세로 복장을 단정히 하고 예절을 준수한다.

▷ 근무복장 및 휴대장비

근무복장	• 청원경찰 복제규정을 기준으로 하되, 관광호텔의 특수성을 고려하여 회사에서 지정하여 지급한 복장을 착용한다. • 부착물도 청원경찰용 부착물을 부착한다. • 우천시 외곽근무자는 우의착용을 원칙으로 하고, 우산을 사용하지 않는다. • 교통통제요원은 주, 야 백색수갑을 착용하고 야간에는 안전을 위하여 야광 Band를 반드시 착용한다.
휴대장비	• 무전기, 호각－외곽도로상 교통통제 긴급상황시 • 손전등－야간순찰 및 교통통제시 • 무기－가스총, 전자봉(필요시 휴대) • 경봉－지급시 휴대

▷사고보고 계통망도〈표 6-4〉

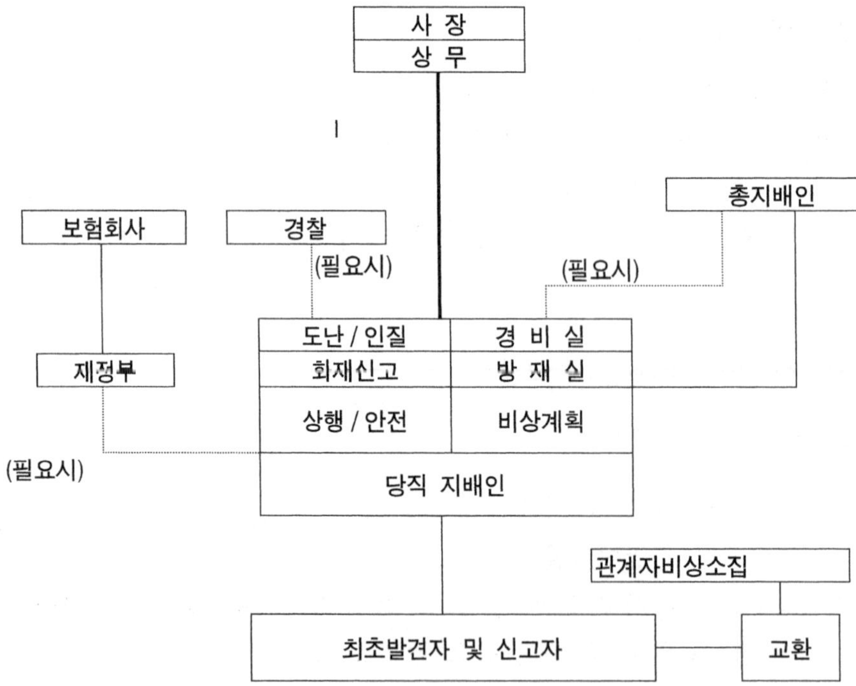

카지노 서베일런스 시스템의 이해

부 록

I. CCTV 관련 전문 용어
II. CCTV 관련 오피니언(Opinion)
III. 카지노 보안시스템 관련 용어

부 록 I (Appendix)

CCTV 관련 전문 용어

A

- Aberration

수차, 광학적 결상에서 발생하는 상의 왜곡을 말한다.
구면수차, 코마수차, 비점수차. 상면의 만곡디스토션. 색수차 등이 있다.

- ABS(Acrylonitrile Butadience Styrene)

IC카드재작에 사용되는 플라스틱재료, PVC와 달리 이 재질은 카드의 크기와 칩의 "모듈"이 삽입되는 홀을 정확하게 제어할 수 있게 인젝션몰딩으로 제작이 가능하다.

- Account

은행의 통장계좌번호. 비밀번호와 같은 인터넷의 사용자 ID와 비밀번호. 여러 사람이 이용하는 컴퓨터에서 그 컴퓨터에 로그인 할 권리를 부여하는 것으로 네트워크에 접속할 때 반드시 있어야 한다. 통신에서는 사용자 ID로 사용되기도 하며 인터넷에 가입하면 가입한 서비스업체의 컴퓨터에 접근할 수 있는 이름이 주어진다. 또한 계정이라고도 불린다.

- Access Card

신용카드 크기로 코드화된 피고용자들이 사용하는 카드를 말한다. 엑세스 컨트롤 시스템에서 인식할 수 있고, 판독기에서 읽어 출입을 허가한다. 흔히 사전을 사용하여 등록자의 신원을 확인하거나 다른 데이터를 수집하는 데에도 사용이 된다. 컴퓨터 엑세스나 출입통제 등에 활용되는 기기와 판독이 가능한 카드를 말함.

- Access Point

카드판독기, 모니터스위치 등으로 구성된 안전지역으로 출입을 통제하는 각각의 방법을 말한다. 흔히 접근제어패널에 연결한다.

- ACM(Automatic Coin Machine)

요금징수장치의 일종, 기능은 수동의 요금징수 장치와 자동식 요금징수 장치의 중간수준에 속함.

- Active Movie

마이크로소프트는 인터넷 익스플로러 3.0을 발표하면서 "엑티브무비"라는 동영상 지원 에드원 프로그램을 새롭게 추가했다. 이 프로그램을 이용하면 AVI, MPG, MOV등 다양한 동영상 파일과 사운드파일을 웹페이지에서 곧바로 볼 수 있다. 즉. 플러그인을 설치할 필요 없이 곧바로 동영상을 볼 수 있기 때문에 받아올 파일 형태가 무엇인지, 어떤 플러그인이 필요한지 등에 신경 쓰지 않아도 된다.

- Active X

마이크로소프트사가 개발한 PC플랫폼과 인터넷을 연결시키는 통합 플랫폼기술을 말한다. "엑티브엑스"는 기준의 컴포넌트 소프트웨어. 스크립트언어, 에플리케이션을 이용, 웹페이지에서 애니메이션과 3차원 가상현실 및 동영상 등을 실시간으로 보여줌은 물론, 일반 응용 소프트웨어를 인터넷에서 자연스럽게 구현해 주는 기술이다.

- ADC(Analoge to Digital Converter)

보통 ADC 또는 A / D컨버터로 불리우는 아날로그디지털변환기이다. ADC는 아날로그신호를 디지털신호로 바꾸는 변환장치로. 즉 연속적인 값을 표현하는 아날로그 형태로 구성된 신호를 입력받아서 이상적인 양의 값은 표현하는 디지털 형태의 신호로 변환하여주는 장치를 말한다. 이와 반대로 디지털신호를 아날로그신호로 변환하는 장치를 DA컨버터라 한다.

- Address

주 메모리의 디스크상에 데이터의 위치, 또는 네트워크 구성요소를 구분해주는 이름, 기억장치의 특정한 위치를 지정하기 위해 사용되는 숫자, 이름, 테이블 등의 값, 기억장치는 단위 정보를 기억할 수 있는 기억요소들의 모임으로 구성되며 각 요소는 고유한 주소를 가지고 있음. 어떠한 정보와 신호가 통신망을 통해 전파될 때 그것의 출발지점이나 목적지를 나타내는 숫자나 이름, 혹은 패턴.

- ADSL(Asynchronous Digital Subscuri-ber Loop)

전용선을 깔지 않고 기존 전화선을 통해 디지털 신호를 초당 최고수 메가바이트까지 전송할 수 있는 최신기술. 기존 전화선을 통해 일반전화 통화뿐만 아니라 압축된 고 품질의 비디오 신호를 초당 1.5Mb의 비율로 전송하는 방법이다.

ADSL은 현행 전화선이나 전화기를 그대로 사용하면서도 고속데이터통신이 가능할 뿐 아니라 데이터통신과 일반전화를 동시에 이용할 수 있는 것이 특징이다. 기존모뎀은 전화와 데이터통신을 동시에 사용할 수 없다. ISDN은 동시 사용이 가능하지만 데이터 통신 속도가 절반으로 떨어진다. 하지만 ADSL은 한 개의 전화선에서 전화를 낮은 주파수를 , 데이터통신은 높은 주파수를 사용하는 원리를 이용하기 때문에 혼선이 일어나지 않고 통신속도도 떨어지지 않는다.

ADSL은 가입자와 전화국간의 데이터 교환속도가 서로 다르기 때문에 비대칭형 디지털가입자 망이라고도 부른다 . 기존의 하향과 상향의 통신 속도가 같고 고속데이터통신을 할 수 있는 CATV에 비해 통신속도가 3배정도 떨어지기는 하지만 이용자가 증가해도 통신속도가 떨어지지 않는 장점이 있다. 한 가정에서 최대 초당 12Mb의 속도를 독점 사용할 수 있다. 한편, ADSL은 인터넷, VOD, 홈쇼핑같은 비대칭형 서비스들에게는 유리하지만 영상전화, 영상회의, 원격진료 같은 대칭형, 양방형 서비스에는 적합하지 않다는 지적도 제기되고 있다.

● AE Camera(Automatic Exposure Control Camera)

AE카메라, 자동노출조정카메라, 피사체에 카메라를 향하고 셔터를 누를 때 언제나 표준적인 노광량(露光量)을 얻을 수 있도록 피사체의 밝기에 따라 셔터속도나 렌즈 조리개 또는 두가지를 자동적으로 조정하는 기능을 가진 카메라와 렌즈의 조리개를 미리 맞춰 놓으면 그에 대응하는 셔터속도를 자동적으로 선택하는 조리개 우선식 AE, 렌즈 조리개와 셔터속도가 일정한 조합(組合)으로 함께 변화하는 프로그램의 AE등 3가지 방식이 있다.

AE촬영은 배경의 밝기가 피사체의 밝기와 극단적으로 다를 경우에는 표준적인 노광을 얻을 수 없는 결점이 있다.

● AFC(Automatic Frequency Control)

자동주파수제어, 교류전기의 주파수가 주어진 값을 유지하도록 자동적으로 제어하는 기능. AFC는 APC(Automatic Phase Control : 자동위상제어)가 정확한 주파수 제어를 목적으로 사용될 때와 같은 의미로 사용되기도 한다. 한편, AFC가 전력제동에 쓰일 때에는 발전과 부하의 균형을 유지하기 위해 계통의 주파수를 감시하면서 발전기의 출력을 제어하며 주파수를 자동적으로 일정하게 유지하는 일을 말하기도 한다.

- AI(Artificial Intelligence)

AI는 인공지능을 뜻하며 인간지능이란 인간의 지적인 능력에 의한 작업, 업무를 컴퓨터 등의 기계로 수행하고자 하는 연구 분야이다.

AI는 학습이나 의사결정과 같이 인간의 능력과 유사한 동작이나 기능을 컴퓨터에게 수행할 수 있도록 하는 기술. 효율적인 프로그램언어와 프로그래밍 기술을 사용하여 컴퓨터를 효과적으로 사용하기 위한 기술, 인간의 지적 능력을 보완, 활용하기 위해 그에 관련된 기술에 대한 연구 등을 말한다.

AI에는 확립된 정의가 있는 것은 아니지만 사람이 구비하고 있는 지식을 어떻게 효과적으로 컴퓨터 시스템에 입력. 조합. 그것을 활용할 수 있도록 하느냐가 주목적이다.

지식을 표현하고 그것을 이용하고자 하는 시스템의 처리대상 데이터는 종래형의 컴퓨터가 대상으로 삼아온 수치가 아니라 문자예로 대표되는 기호이며 AI처리에는 기호에 의한 표현법이나 추론법이 확립과 인간의 지적활동의 근간을 이루는 "휴리스틱(Heuristic)"을 활용할 수 있도록 하는 메커니즘이 필요하다.

기초를 효율적으로 처리하기 위한 AI처리의 프로그램언어로서는 함수형 기호처리 언어인 LISP나 논리형 언어인 "프롤로그(Prolog)" 등이 기본 언어로 사용되고 있다.

- ALC(Automatic Light Control)

빛의 양이 변화하는 상태에서 카메라의 출력레벨을 일정하게 보정하기 위해 카메라 / 렌즈시스템의 조리개에는 개폐를 조절하는 서브 제어시스템이 적용된다. 이 시스템은 렌즈자체에 포함되어 있는 것으로 카메라로부터 나오는 진원과 비디오 출력을 받는다. 카메라 내부에 서브시스템이 포함되고. 4개의 선으로 렌즈와 연결되는 다른 시스템도 있다.

- AGC(Automatic Gain Control)

자동감도조정을 말하며 규정을 오버한 강한 레벨의 신호가 입력됐을 때에는 "Gain (필름의 감도와 같은 의미)"을 제어하여 신호 포화를 방지하고, 약한 신호의 경우에는 규정의 레벨까지 올려서 일정의 레벨을 유지하는 역할을 수행한다.

- Algorithm

알고리즘이라는 용어는 문제를 해결하기 위한 절차나 방법을 말하는데, 이 단어는 아랍의 수학자인 알-코어리지미(Al-Khowarizmi)의 이름에서 유래되었다. 컴퓨터 프로그램은 정교한 알고리즘들의 집합이라고 간주할 수 있다.

수학이나 컴퓨터과학에서 말하는 알고리즘은 보통 반복되는 문제를 풀기 위한 작은 절차를 의미하기도 한다.

• Aliasing

"에얼리어징(전기장애)"은 컴퓨터에서는 저해상도모니터 스크린일 경우 발생되는 화면상의 장애를 의미하기도 하며, 스크린에서 잘못된 영상신호로 화면이 일그러지는 현상을 의미한다.

• AM(Amplitude Modulation / Automated Mapping)

AM은 통신 및 방송 등에서 신호 전송 또는 데이터 전송에 있어 반송파의 진폭변조를 말한다. AM은 신호를 전달하는 매체의 진폭이 변해가는 내용을 이용하여 인코딩하는 방법으로 신호전송 시스템에 있어서 어떤 전기신호의 진폭을 제2의 전기신호를 기초로 하여 변화시키는 과정 또는 결과이다.

데이터 전송에 있어서는 정보를 포함하고 있는 다른 파형의 동작에 의해 연속적인 고주파(반송파)가 변화하는 변조방법으로서 통상 전달된 데이터에 따라 반송파를 ON / OFF 하는 동작을 말한다.

음성방송의 방식은 크게 AM과 FM으로 나뉘는데, AM은 주로 음성방송의 변조방식을 나타내는 약어이다. 이때 변조신호가 아날로그 신호인지 혹은 디지털 신호인지에 따라 아날로그 변조방식과 디지털 변조방식으로 나뉜다. AM방식은 아날로그 변조방식으로 지상방송이나 케이블을 사용하는 일부 유선방송에 사용되는 변조방식이다.

• Animation

조금씩 변화하면서 연속적으로 움직이는 화면을 표시해서 만든 움직이는 화상이다. 보통 1초에 14~30프레임 정도의 화상이 필요하다. 즉, 14~30개 정도의 그림이 연속적으로 이어져서 한 동작을 표현한다. 이것을 위해서 데이터의 압축이 강조된다.

• Aperture Compensation

모니터영상의 윤곽을 강조하여 선명한 영상을 얻도록 하는 것이다. 윤곽보정은 수평방향이 주류이지만 디지털 기술의 발전에 따라 수평, 수직, 양방향 모두의 윤곽을 강조한 비디오카메라가 많다. 지나치게 강조하면 검은 윤곽 뒤에 강렬한 흰선이 나타나 화질이 나빠진다.

• Application

이송, 조회, 신용 등에 활용되는 IC카드의 디바이스의 상용용도와 활용목적, 컴퓨터용어로 엔드유저를 위해 만들어진 프로그램, 소프트웨어는 크게 시스템 소프트웨어와 에플리케이션 소프트웨어로 구분된다

시스템 소프트웨어는 아주 기본적인 수준에서 컴퓨터와 상호 작용하는 하위수준의 프로그램으로 이루어져 있다. 여기에는 OS와 컴파일러, 그리고 컴퓨터 자원을 관리하기 위한 유틸리티들이 포함된다. 에플리케이션 소프트웨어는 OS나 시스템 소프트웨어보다 상위에 있다고 보아야 할 것이다.

- ASIC(Application Specific Integrated Circuit)

특수 요구사항에 맞게 특수 기능을 갖추도록 설계된 컴퓨터 칩. IC카드에 있어서는 ASIC는 보안(공개키 암호에 활용되는 지수함수)이나 통신(RF)같은 함수용 셀로 구성된 칩을 말한다.

ASIC는 특정용으로 설계, 제작되는 직접 회로(IC)를 말하며 반 특별주문 LSI라고 라고도 하는 세미커스텀 LSI를 중심으로 주문자 측이 원하는 설계규격에 의해 제작되는 커스터머(Customer)사양의 IC를 말한다.

반도체산업의 경기변동이나 디바이스의 세대교체 등에 의해 4년에 한번씩 나타나는 실리콘 사이클이라고 하는 호황 또는 불황의 여파에 영향을 줄이기 위한 반도체 메이커의 대응책의 한 방편으로 나타나기 시작했으며, 반도체가 사용되는 기계의 고기능화와 타사제품과의 차별화 등을 위해 독자적인 IC(LSI)를 사용코자 하는 주문자 측의 요구가 증가함에 따라 그 수요가 급증하게 된 것이 특정용도 IC(LSI)이다

급속성장을 보이고 있는 특정용도 IC는 제품의 용도 특성상 필연적으로 다품종, 소량 생산의 경향으로 흐르게 되는데 ASIC칩 가격에 설계코스트가 접하는 비율이 커지기 때문에 IC(LSI)의 개발기간과 실세코스트의 걸감을 꾀하는 것이 중요한 과제가 된다.

따라서 이를 겨냥해 "게이트어레이"를 중심으로 "스텐다드 셀(Standard Cell)", "PLD(Programmable Losic Device)" 등 세미커스텀 LSI가 ASIC의 설계기법으로 보급되고 있으며 기초설계의 기본회로(Cell)를 사용해 논리설계를 하여 칩 레이아웃을 자동생성시켜 만든다.

ASIC의 대표적인 "게이트어레이"는 반 특별 주문의 논리IC이며 표준로직, 마이크로 프로세서, 마이컴주변 LSI의 범용품과 특별주문 전용 LSI인 풀커스텀제품의 중간에 위치, 종래의 범용품으로는 단기간에 실현할 수 없었던 기능을 쉽게 만들어 낼 수 있는 것이다.

이 게이트 어레이를 중심으로 ASIC에는 스탠더드 셀 PLD 등 세미커스텀 LSI가 주력을 이루지만 최근에 ASIC로부터 태어난 ASSP(Application Specific Standard

Products)가 주목을 받고 있다.

• Aspect Ratio

표준 TV시스템에서 화면의 넓이와 높이의 비율을 말함. 수평 대 수직비율은 4 : 3 이다. 이 비율은 초기 텔레비전 방송 때부터 채택되어졌었는데, 이는 그 당시에 영화화면의 화면비율을 기초로 제정된 것이다. 최근에 채택될 고화질 TV(HDTV)의 영상비(Aspect Ratio)는 16 : 9이다.

• ATM(AsynchronousTransmission Mode)

비동기 전송모드. 155Mbps의 고속전송을 기본으로 하는 차세대 데이터 전송방식이며 멀티미디어 정보 전송에 적합함.

• Authentication Routing

IC카드에서 유저, 카드, 터미널, 메세지 내용 등을 확인하는 절차. "핸드쉐이크(선로변경)"로도 알려져 있는데. 인증은 리얼타임이나 배치모드에서 확인하는 코드를 발생시키는 중요한 데이터를 이용한다.

• Authorization

권한부여. 어떤 형태의 활용들을 허용할 것인가를 결정하는 처리과정. 일반적으로 권한부여는 인증과 연관되어 있다. 일단 권한이 부여된 사용자는 허가된 종류의 접근 또는 활동에 대한 권한을 부여받을 수 있다.

• Automatic Focus

렌즈의 초점 조정으로 행하는 방법. 대표적인 방법으로 초음파를 발사하여 반사되는 파의 지연시간으로 거리를 측정하는 "초음파 AF방식", 적외선을 삼각측량의 원리에 의해 거리를 측정하는 "적외선 AF방식", 카메라의 영상신호를 이용하여 특정 주파수 성분이 최대인 점을 찾아내는 "콘트라스트 AF방식" 등이 있다.

• Automatic Iris Control

촬영 조도의 변화에 따라 적절한 노광을 열기 위해 조리개 조정을 자동으로 하는 기능. 휘도신호의 평균치와 피크치를 이용한 평가치를 초기 설정치와 비교하여 차전압을 조리개 제어전압으로 하여 조도변화에 대해 신호를 일정한 레벨로 유지하도록 피드백을 제어한다.

역광 등 다양한 피사체의 조명조건에 높은 정밀도를 요구하는 경우에는 마이콤 등을 이용하는 것도 있다.

- AVI(Audio Video Interleaved)

AVI는 윈도우상에서 디지털비디오를 지원할 수 있도록 한 새로운 압축 기술과 1992년 추계 컴덱스쇼에서 발표된 윈도용 비디오라는 제품자체를 일컫는 말로, 동시에 두 가지 의미로 쓰인다.

AVI는 멀티미디어 기술이 해결해야 할 풀 모션 비디오 지원을 해결하기 위해 개발된 기술로 MPC사양의 멀티미디어 시스템 하에서 실행되는 오디오와 비디오 인터리브포맷 압축 소프트웨어라고 정의할 수 있으며 통상 비디오 등으로 촬영한 영상에서 화상파일과 음성파일을 모아 디지털 동영상파일을 만드는 편집 소프트웨어를 말한다.

- AWB(Auto White Balance)

감시용으로 사용하는 칼라 카메라에서는 일반적으로 카메라 설치장소에 따라 아침과 저녁으로 시간에 따라 색 온도가 3000(도)K까지 변하게 되는데, 이 영향으로 모니터 화면의 색 변화가 심해지게 된다. 이런 문제를 해결하기 위해 AWB(자동색온도보정장치)기능을 추가하여 자동적으로 색의 균형을 맞추어 자연스러운 화면을 볼 수 있게 하고 있다.

B

- Back Light Compensation

전체화면 중 관찰하려는 피사체 주위에 강한 빛이 있을 때 자동조리개 렌즈 등을 사용 시에는, 화면의 전체 레벨로 조리개를 제어하여 관찰하려는 피사체를 밝게 보기 위한 회로적인 보정방법, 출력화면을 분할하여 관찰하려는 영역을 선택할 수 있도록 하고, 선택된 영역만으로 조리개 제어를 하는 방법이 이용되고 있다.

- Base Band

한 회선에서 한 개의 신호만 전송하는 디지털 데이터 전송방식 대부분의 통신(컴퓨터 포함)에서는 베이스 밴드 전송방법을 사용한다(프린터나 모니터 또는 모뎀을 통한 통신).

- Bay

드라이브 베이의 약자. PC에서 하드디스크나 플로피디스크 드라이브가 설치된 곳을 말한다. CD-ROM드라이브나 테이프 드라이브가 설치될 수도 있다. 컴퓨터의 드라이브 베이의 개수는 내부에 몇 개의 대용량 저장장치가 설치될 수 있는지를 결정한다. PC에 있어서 베이의 종류는 3.5″와 5.25″가 있다(베이의 높이 표시).

또한 내장형과 외장형 베이가 있다. 내장형 베이는 플로피 드라이브처럼 착탈이 가능하지 않다.

• Binery Code

바이너리코드 / 이진코드는 0또는 1을 나타내는 일련의 비트들을 조합하여 자료를 표현하는 코드를 말한다.

• Biometrics

판독기에서 신원을 확인할 수 있는 지문, 손모양, 음성인식, 망막분석 등과 같은 인적특성을 말함.

• Blooming

화면중의 밝은 부분에서 주위로 번짐현상이 발생하는 것. 영상화면상에서 피사체의 고휘도 부분 주변이 번지는 것처럼 밝게 되는 현상. 고체촬상소자에서는 축적기간 중에 축적된 신호전하가 주변의 화소로 흘러나오기 때문에 블루밍이 발생한다. 이것 때문에 "Over Flow Drain"구조로서 과도하게 축적된 전하를 기관으로 배출하는 방법이 이용되고 있다.

• BOSS(Block based Object Selection System)

입력영상을 배경과 목표물 영역의 두 가지 영역으로 분리 처리하여 분리된 영역별로 중요도를 고착하여 서로 다른 압축기법을 적용함으로써 효율적인 압축부호화를 수행할 수 있게 만든 압축 알고리즘이다.

움직임이 검출되면 배경과 목표물을 분리한다. 화면에서 움직임의 여부를 검출하고 움직임이 없을 경우 저장하지 않는다. 고압축 보호화하여 저장한다. 따라서 피사체만을 녹화하여 배경은 저장하지 않고 피사체만을 재생할 수 있고 또한 피사체만을 출력할 수 있기 때문에 불필요한 기억장치의 사용을 줄일 수도 있음.

• BNC

Byinet Neil Concealment의 준말로서 거의 모든 CCTV와 방송용 장비에서 동축케이블에 영상신호를 전송하는 기본적인 컨넥터로 사용되고 있다.

• Bracket

카메라를 천정에 매달든지 벽면이나 기둥에 설치하는 경우에 사용하는 고정대.

• Broad Band

광대역, 한개의 회선으로 여러 신호를 동시에 전송할 수 있는 데이터 전송방법, 예를 들어 케이블 TV는 광대역 전송방법을 사용한다. 이와 반대로 "베이스 밴드"는 한번에 한 개의 신호를 보낼 수 있다.

• Buffer

주로 RAM에서 사용하는 임시저장영역. 버퍼의 주된 목적은 임시저장 장소의 역할을 함으로써 데이터가 여러 장치로 전달되기 전에 CPU가 데이터를 복사할 수 있게 하기 위함이다. 디스크에 데이터를 읽고 쓰는 과정이 상대적으로 느리기 때문에 많은 프로그램들을 버퍼에 데이터의 흔적을 남겼다가 디스크에 버퍼를 복사한다.

• Bus Network

두 개의 엔드 포인트로 된 단일회선에 모든 노드들이 연결된 네트워크. 예를 들어 이더넷 10base-2와 10base-5 네트워크가 버스 네트워크이다. 일반적인 네트워크 형태에서는 스타형과 링형 네트워크가 있다.

C

• Cabling Losses

시스템의 접속에 사용되는 케이블의 저항 특성 때문에 발생하는 신호나 공급 전압의 손실, 신호의 손실은 동축케이블 유전체의 누설에 의해 발생할 수도 있다.

• Camera Tube

촬상관은 인체 중 눈의 망막에 해당되는 부분이며, CCTV카메라 중 중요한 부분 중의 하나이다. 일반적으로 피사체에 반사된 빛을 받아서 전기적 에너지로 전환시키는 역할을 담당한다. 최초의 촬상관은 진공판을 사용했으나 최근에는 대부분 CCD(고체촬상소자)를 사용한다.

• Capacitor / Condenser

"콘덴서"는 일명 "커패시터"라고도 하며 전기를 일시적으로 저장하는 역할을 하는 축전기를 말한다. 콘덴서는 서로 절연된 두 개의 평판전극을 접근시켜 양극 사이에 유전체를 끼워 넣고 인력에 의해 전하를 대전하여 축적하는 부품으로 두 개의

도체로 둘러싸인 공간에 전하와 전계를 가둬 정전용량을 얻고자 할 때 이용된다.

콘덴서는 직류가 통하지 않는 성질이 있어서 램프와 콘덴서를 접속한 후 건전지를 직렬 연결해도 램프에는 불이 들어오지 않는다.

이는 콘덴서가 직류를 접속한 직후에는 전류가 흐르지만 전기가 가득차면 더 이상 전류가 흐르지 않기 때문이다. 램프에 흐르는 전류가 순간적으로 정지하는 현상이 발생하는 셈이다. 하지만 교류를 가하면 램프가 켜지는데, 교류에서는 전원의 극이 플러스, 마이너스 등으로 끊임없이 변화하고 그때마다 서로 반대 극성의 전류가 교대되기 때문에 콘덴서에는 전기가 가득찰 틈이 없다. 극성이 바뀌면서 충전과 방전을 반복하기 때문에 교류는 통할 수 있는 것이다.

콘덴서의 정전용량은 양극 사이에 있는 유전체의 유전율이나 마주보는 전극면의 면적에 비례하며 양전극이 간격에 반비례한다. 따라서 콘덴서의 단위체적당 정전용량을 크게 하기 위해서는 유전율이 높은 재료나 얇은 유전체가 사용된다. 또한 적층을 통해 전극면적을 늘리는 방법 등이 이용되기도 한다.

콘덴서는 사용하는 유전체의 종류에 따라 공기콘덴서, 진공콘덴서, 가스콘덴서, 마이카콘덴서, 세마릭 콘덴서, 종이 콘덴서, 플라스틱 필름콘덴서, 전해콘덴서 등으로 나뉜다.

또한 정전용량이 변하지 않는 고정(fixed)콘덴서와 정전용량이 변하는 가변(variable)콘덴서로 분류하기도 한다. 플라스틱필름 콘덴서의 경우에는 각종 플라스틱 필름을 알루미늄, 주석 등의 금속을 필름에 증착한 금속화 플라스틱 필름을 말아서 만든다.

• Capture

① "켑쳐"는 화면의 내용을 파일에 담는 작업이다. 주로 D.V.R.과 같은 디지털 녹화장비에서 많이 사용된다.

② 데이터 통신에서 통신회선을 통해 전달된 데이터를 화면에 표시하면서 동시에 디스크 등과 같은 보조기억장치에 파일형태로 저장하는 작업이다.

③ 프로그램에 의하여 프린터에 전달된 출력물을 프린터에 전달하는 것이 아니라 디스크 등과 같은 보조기억장치에 파일로 저장하는 작업이다.

• Carrier

① "케리어"는 반송파라는 뜻으로 데이터 통신에서 컴퓨터에서 사용되는 신호를 통신회선의 특성에 맞도록 변조하기 위하여 사용되는 기준파형을 말한다.

② 반도체 내에서 전하를 운반하여 전기를 통하게 하는 역할을 수행하는 물건으로 전자와 정공이 이에 해당한다.

- CATV(Cable Television / Community Antenna Television)

유선TV 또는 공동청취 안테나 TV, TV의 방송프로그램을 동축케이블로 보내는 방식을 말한다. 원래 도시 빌딩이나 산간벽지 등 전파가 닿기 어려운 지역의 난시청을 해소하기 위한 대책으로 생겨났다. 전파와 달리 무수한 양질의 채널이 가능하여 자주 방송이나 다른 정보 서비스에도 사용할 수 있어 선진국에서는 일부도시나 기업 등에 실제로 보급되고 있으며 생활의 일부로 정착되어 있고 우리나라에서도 전국적인 방송망체제를 갖추고 다양한 방송서비스를 제공하고 있다.

- CCD(Charge Coupled Device)

고체 촬상소자 중의 하나이며 진공관(vacuum tube)을 대신하는 신개념의 촬상(撮想)장치이다. 기본적으로 빛 에너지를 전기적인 신호로 변환하는 수천만화소를 포함하는 직접회로가 내장된 이미지 센서로서 원화상을 광학계로 이용해 고체소자에 결상시켜 그 상을 고체소자 내에서 전자적으로 주사하며 전기신호로 변환해 출력하는 소자를 말한다.

고체촬상소자는 2차대전 이후에 텔레비전방송의 주역 촬상관이던 광도전형 출상판을 대신해 개발된 것으로 전자빔을 사용하지 않은 반도체 칩으로 된 촬상디바이스다.

“촬상디바이스”는 피사체의 광학상을 입력하여. TV주사원리에 의해 시계열의 전기신호로 변환시켜 출력하는 디바이스를 말한다.

텔레비전 카메라의 영상신호 계통에서 피사체의 빛은 렌즈를 통과한 후 색분해 광학계에 의해 삼원색으로 분해되어 각각 촬상디바이스의 수광면에 결상되는데 그 상을 소자 내에서 전자적으로 주사해 전기신호로 변환시켜 출력하는 소자가 고체 촬상소자이다.

광전 변환된 입사광이 촬상장의 경우에는 축적타깃인 고저항 재료면에 고체 촬상소자에는 서로 분리된 미소용량 어레이에 신호 전하상으로서 축적된다.

그 상의 최소 구성단위인 화소 전하량의 주사방식에 따라 순차적으로 읽혀져 출력신호전류가 된다.

고체 촬상소자는 광전변화-축적-주사(읽기)가 필수 기능이며 방식은 구조적으로 하나씩 분리 독립돼 있는 화소를 주사신호 발생기를 통해 각 화소를 순차적으로 전송해 읽어내는 전하전송이 기본방식이다. 이때 수광부의 신호전송에 MOS형 트랜지스터를 사용한 것을 MOS형, CCD를 사용한 것을 CCD형이라고 한다. 고체 촬상소자를 X-Y어드레스방식과 전하전송방식이 있는데, X-Y어드레스방식은 MOS 트렌지스터를 사용한 MOS형이고, 전하전송방식은 CD형과 BBD형이 있다.

CCD는 BBD와 함께 고체 촬상소자에서 주요기능을 갖는 소자로 BBD와 같이 전하를 하나의 덩어리서 전송하는 것이 특성이다.

• CCD Camera

렌즈(Lense)입사된 광신호를 고체 촬상소자에서 전기신호로 바꾸고 "아날로그신호"를 디지털신호로 변환하여 DSP에서 화상신호처리를 통해 비디오 신호를 출력, 모니터링이 가능하도록 하는 카메라 장치.

• CCTV(Closed Circuit Television)

폐쇄회로 텔레비전이라는 뜻으로 이는 특정수신자를 대상으로 화상을 전송하는 텔레비전방식이다. 광의 개념상에는 일반 유, 무선방송을 개회로 텔레비전시스템이라 하고 이와 대비하여 특정한 화면 수상자에게 화상정보를 전송하는 것을 폐회로 텔레비전 시스템, 즉 CCTV라고 부른다.

화상의 송, 수신을 유선 또는 무선으로 연결하여(대개 유선이 보편적인 형태이다. 무선의 경우 전파송출법 등 관계기관의 규제를 받는다) 수신대상 이회는 임의로 수신할 수 없도록 돼있어 폐쇄회로 텔레비전이라고 한다.

CCTV는 "Industrial Television)"의 약어인 ITV로 불리기도 하는데, 방송 텔레비전 이외의 산업용, 교육용, 의료용, 방재용 및 사내의 화상정보 전달용 등으로 그 용도가 다양하며, 특히 CCTV에 의한 화상정보 전송은 다른 데이터 전송이나 음성정보 전송에 비해 취급 정보량이 압도적으로 많아 현장의 분위기나 사람의 감정까지도 전송할 수 있는 장점이 있다.

CCTV는 기본적으로 촬상장치, 전송장치 및 표시장치의 3개 부분으로 구성되는데, 최근엔 여기에 기록장치를 부가하는 경향이 높아지고 있다

텔레비전 방식으로는 방송 텔레비전 방식에 근거하는 것이 많고, 흑백화면에서 컬러화면의 것으로 옮겨가고 있다. 컬러방식의 것에는 NTSC, PAL 등의 표준 컬러 텔레비전 방식을 그대로 사용하는 것이 많으며, 최근엔 수평 주사신수가 1.125인 하이비젼 방식을 채용해 고해상도를 얻도록 한 것도 있다.

또한 신호의 전송에는 종래엔 동축케이블이 사용되고 있었으나 최근엔 고화질을 위한 광파이버 케이블로 대체되어 가기도 하고 종래의 아날로그 전송방식으로부터 디지털 전송방식으로 전환해 가는 경향도 있다. 주로 침입자 감시를 위한 보안목적으로 많이 사용하기 때문에 CCTV는 보안관련 시스템에서 필수적인 장비이다.

CD(Compact Disk)

디지털화한 음성신호를 기록한 레코드판에서 레이저 광선으로 음을 재생시키는 새로운 방식의 음향기기. 일본의 소니와 네덜란드의 필립스사가 공동개발, 1982년에 상품화하였다. 직경 12cm의 아크릴 수지반(樹脂盤)에 디지털 신호를 기록하는 조그만 홈을 내고 알루미늄 증기를 뿜어 보호막을 씌워 완성한다. 재생시킬 때에는 레이저 광선을 비춰 방사하는 신호를 아날로그 신호로 바꾼다.

이 출력을 종래의 오디오 앰프에 접속시키면 음악이 나온다. 레코드 바늘처럼 접촉부분이 없기 때문에 레코드판의 마모를 막을 수 있다. 또 디지털녹음이므로 재생되는 음의 폭이 넓고 잡음이 없으며 음질, 기능면에서 뛰어나다.

한쪽면으로 65~95분의 녹음이 가능하고 곡(曲)의 "랜덤 액세스(Random Access)"나 역전 패스트 포워드(Fast Forward) 등 테이프와 같은 조작성도 가지고 있다.

Chrome

TV로 보내지는 신호의 영상에서 컬러 정보를 전송하는 비디오 신호의 일부분. 그 정도는 비디오 신호로 변조된다. 즉, 원래의 형태로 전송되는 것은 아니다.

Chomatic Aberration

색수차, 빛의 파장에 따라 상의 위치 및 배율이 다른 오차. 빛의 파장에 따라 렌즈 등 광학부품의 굴절률이 다르기 때문에 발생하는 결상위치나 확대비율 등의 수차, 색에 의한 광축상에서 결상위치의 틀어짐을 축상색 수차라 하고 배율의 틀어짐을 배율색수차라 한다. 전자광학계에서도 에네르기 분상에 의해 발생하는 수차를 색수차라 부르기도 한다.

Client

서버는 말 그대로 서비스를 제공하는 것 또는 사람을 의미한다. 인터넷에서는 서비스를 제공하는 컴퓨터와 프로그램을 의미한다. 이와 상응하는 용어로 클라이언트가 있는데 이것은 서비스를 받는 것 또는 사람을 의미한다. 인터넷에서는 서비스를 받는 컴퓨터 또는 프로그램을 의미하게 된다.

반대로 서비스를 해 주는 컴퓨터를 "서버(Server)"라고 부른다. 통상 네트워크에 연결되어 있는 "클라이언트"와 "서버"가 같은 시기에 동시 작업처리를 진행한다.

C Mount / CS Mount

① C-Mount : 렌즈와 카메라를 결합하기 위한 체결 규격의 일종으로 주로 감시용

카메라의 렌즈마운트 규격에 많이 사용되고 있다.

② CS-Mount : C-마운트에서 변형된 마운트 규격으로서 나사의 외경 및 PITC는 동일하나 "플렌지(Flange : 렌즈의 마운트가 시작되는 부분)" 초점거리가 C-마운트에서 5mm 짧은 12.5mm로 구성되어 있는 마운트 규격이다.

최근에 개발된 카메라는 이를 2종류의 렌즈마운트를 모두 사용할 수 있으며, 카메라와 렌즈를 적절히 세팅하기 위해서는 이 점이 매우 중요하다. C마운트 렌즈는 5mm어뎁터를 사용하면 CS마운트 카메라에도 사용이 가능한 반면, CS마운트 렌즈는 C마운트 카메라에는 사용할 수 없다. 통상 C마운트 렌즈는 허용 이미지 크기에 따라 1 / 3, 1 / 2, 2 / 3, 1인치용이 있다.

Coaxial Cable

동축케이블(Coaxial Cable)이란 원통형의 외부도체와 그 중앙에 초이심과 심과 같이 동일 축을 이루는 중심도체를 절연물로 고정한 케이블을 말한다. 동축케이블은 일반 케이블인 평형형 케이블과 비교해 그 구조상의 특성으로 주파수가 많아질수록 전송손실이 작아 누설(전송상의 송신내용이 새나가는 것)이 감소하는 특성이 있으며 임피던스 균등성의 확보가 용이하기 때문에 장거리 광대역 다중 전송에 적합하다는 장점을 가지고 있다.

동축케이블은 동축 이통도체에 의한 전자파의 전송에 관한 학문적 이론이 1934년 "셀크노프(Shelknoff)"에 의해 정립됐고 거의 같은 시기에 "에스펜시드(Espenshide)"와 "스트리비(Strieby)"의 동축선로에 의한 광역 전송방식이란 논문이 발표돼 동축케이블 방식의 구상이 확립되어 평형형 반송케이블을 대신하는 반송 다중 선로로서 오늘날의 동축케이블이 개발된 것이다.

동축케이블의 특징으로 들 수 있는 것은 멸쇄량 특성, 임피던스 균등성, 누설특성 등으로 장거리 광대역 다중 전송로서 널리 활용돼 왔으나, 근년에 급속히 발전한 광파이버 기술에 장거리 전송로의 역할을 양보해 가고 있다.

Codec(Coder / Decoder)

통신공학에서 "코덱(Codec)"이라는 용어는 데이터 변환을 수행하는 직접회로나 칩과 관련하여 사용된다. 코덱의 형태는 아날로그-디지털변환이나 기능이 하나의 칩 내에 결합되어 있다. 이러한 종류의 장비 중 개인용이나 업무용으로 가장 널리 사용되는 장비는 모뎀이다.

Color Burst

영상신호의 색신호에 실려 있는 몇 개의 주기를 갖는 성분으로 색부반송파 주파수(약 3.58MHz)에 해당되는 정현파 펄스이다. 이 성분은 색 신호 성분을 재생할 때, 기준신호로 이용된다.

- Color Temperature

캘빈온도로도 불리우며, 기호 K로 표시한다. 이상적인 흑체를 가열하면 암적색에서 주황색, 황색, 백열상이 되고 온도가 상승할수록 푸른빛을 낸다.

즉, 빛의 색조성을 절대온도의 단위로 표시할 수 있다고 하는 영국의 켈빈의 연구에 의한 것으로, K는 그 머리글자를 나타낸다.

한낮의 태양광은 5,500~6,000K이며 색온도가 낮아지며 적색의 강해지고 반대로 높아지면 청색이 강해진다.

색 온도란, 아주 높은 온도까지 가열된 고체 탄소봉과 같은 흑체에 의해 방출된 빛의 색상을 나타내는 색이다. 탄소봉이 약 1000도까지 가열될 때 그 탄소봉은 진한 적색으로 변화고, 1800도에서는 흑탄소봉은 진한 붉은 색조를 띤 오렌지 빛을 방출한다. 2800~3000도에서는 그 탄소봉이 4700도의 텅스텐 등과 같은 표준전구에 의해 방출된 빛과 같이 밝고 진붉은 흰빛을 말한다.

방출된 흰빛의 색상과 첨두는 노랑 / 초록으로 변화하고, 7000도에서는 파랑으로 변화한다. 또 1000도 이상에서는 방출된 빛은 자외선의 볼 수 없는 범위에서 최고점에 이른다.

예를 들면, 촛불의 불꽃은 온도가 높은 부분은 청백색으로, 낮은 부분은 황색으로 이지만 광원의 온도와 색은 밀접한 관계가 있어서, 이것을 표시한 것이 색온도이고 "Kelvin(K)"으로 표시한다. 감시카메라를 포함하여 텔레비전의 분야에서 얘기하는 색온도는 흰색의 상대에서 맞춘 "White Balance"로서 기준인 흰색의 색온도는 약 6500K이다.

- Color Signal

컬러 TV에서 정보를 갖는 신호의 총칭. R / G / B의 원색신호, R−Y / B−Y의 색차신호, 반송색신호등이 경우에 따라 용도별로 나누어진다.

색이 동반하는 신호를 말한다. 색에는 밝기(휘도) 및 종류(색상), 선명도(채도)라고 하는 3가지 요소가 있지만, 감시카메라를 포함한 텔레비전의 분야에서는 색과 휘도는 별도로 처리한다.

NTSC방식에서 휘도는 휘도신호 0−4.2MHz의 영역에서 취급하고 색상도 채도의 색신호는 3.58MHz의 컬러의 영역에서 취급하고 색상도 채도의 색신호는 3.58MHz의 칼라 Sub케리어를 중심으로 한 1.5MHz의 영역에서 취급한다.

• Condenser Lens

결상을 목적으로 하지 않고, 단지 빛을 모으는 역할을 하는 렌즈. 영사기나 슬라이드, 프로젝터와 같은 광원을 갖는 기자재의 집광 등에 이용된다.

• Configuration

시스템을 셋업하는 방법. 컨피규레이션은 하드웨어와 소프트웨어를 결합하는 것을 말한다. 예를 들어 일반적인 PC는 32MB 주메모리, 플로피 드라이브, 하드디스크, 모뎀, CD-ROM드라이브, VGA모니터, 윈도우 OS로 구성된다. 대부분의 소프트웨어는 최소한의 컨피규레이션을 필요로 한다.

예를 들어, 어떤 소프트웨어는 그래픽 디스플레이모니터, 비디오 어댑터, 특수 마이크로 프로세서, 최소한의 주 메모리를 필요로 하기 때문이다.

• Console

디스플레이 모니터와 키보드 및 CCTV를 제어하는 입력장치. 콘솔의 또다른 이름은 터미널이다.

• CPU(Central Processing Unit)

CPU란 컴퓨터의 두뇌에 해당하는 핵심 부분으로 명령어의 인식, 해독과 실행을 제어하며 연산처리를 수행하는 중앙처리 장치를 말한다. CPU는 연산논리기구, 제어기구, "레지스터" 등으로 구성되어 있는데, 연산논리기구에서는 산술연산 또는 논리연산을 담당하고 제어기구는 프로그램의 각 명령어를 해독, 명령을 실행하는데 필요한 신호를 각 기구장치로 보내 컴퓨터의 주기억장치에 기억된 내용을 꺼내어 해독, 실행한다.

또 레지스터는 주기억장치로부터 입력된 데이터나 어드레스를 일시 기억. 저장하여 제어부로 전달하는 장소로 사용된다. 주 기억장치는 프로그램이나 데이터를 기억, 저장하는 기능만을 갖는다.

• CRT(Cathode Ray Tube)

CRT는 음극선관을 말하며 일명 브라운관이라고도 하는데, 전기신호를 전자빔으로 형광면에 쏘아 광학상으로 변환하여 표시하는 장치를 말한다. CRT는 흑백(모노크롬) CRT와 컬러 CRT가 있는데, 구조적으로 흑백CRT는 전자빔을 발사하는 전자총이 하나인데 반해, 컬러 CRT는 적색, 청색, 녹색의 전자빔을 발사하는 전자총이 3개이며 흑백CRT에도 없는 세도우 마스크가 컬러CRT에는 있다는 것이 다르다.

CRT의 구조와 원리를 보면 진공의 유리벌브(관)속에서 전자총이 발사한 전자빔은 전자렌즈로 집속돼 유리벌브의 목부분에 부착된 편향요크의 자계에 의해 형광면의 소정의 위치로 향하도록 굴절돼 전자빔과 부딪친 형광체가 빛을 발하도록 한다. 표시장치의 경박단소화 추세로 새로운 용도에 대응한 액정표시장치(LCD), 전계발광표시장치(EL), 플라즈마표시장치(PDP) 등 새로운 표시장치가 급신장하고 있으나 CRT는 상당기간 표시장치의 주류를 이룰 것으로 전망되고 있다.

화면의 폭도 대형화해 25, 27, 30인치로 커지고 가로 세로의 비율도 종래의 4 : 3에서 가로폭을 넓힌 16 : 9의 광폭 TV용 CRT가 생산되고 있으며 주사선수가 약 2배이며 화소수가 세로방향 2배, 가로방향 2.5배인 고해상도의 것이 생산되고 있으며, 최근에는 형광면에 3원색의 컬러필터를 부착해 밝기를 30%이상 향상시킨 것도 선보였다.

- CU-See Me

"코넬(Cornell)"대학에서 만들어진 화상회의 소프트웨어이다. 기존에는 양쪽의 환경이 같아야만 회의가 이루어질 수 있었다. 즉, 같은 하드웨어사양(Video Capture Board / CCD Camera), 이런 하드웨어를 지원하도록 특별히 만들어진 소프트웨어를 갖추어야만 가능했으나, 이제는 CU-See Me만 설치하면 기본적으로 화상을 받고 음성을 들을 수 있다.

D

- Data Base

컴퓨터 프로그램에 의해 만들어지고, 사용되는 데이터 정보의 그룹을 말한다. 이 파일들은 데이터베이스를 구성하는 출입통제 시스템의 본체에서 만들어진다.

- DC 구동방식 렌즈

DC 구동방식 렌즈는 EE(Electronic Exposure) 앰프를 카메라 측에 내장하고 있기 때문에 렌즈에는 갈바노 방식의 조리개 모니터만을 부착하고 있어 구조가 간단하여 가격이 저렴하다. 또한 갈바노 메타방식으로 제조되기 때문에 "갈바노방식"이라고 부른다.

단, DC구동방식렌즈를 사용하기 위해서는 반드시 EE 엠프를 지닌 카메라를 사용하여야만 한다.

• Demodulation

복조, 공간을 전파해온 피 변조를 그대로 증폭해서 스피커에 가하면 소리나 음악 등을 들을 수 있다. 따라서 음성신호나 디지털 신호를 얻기 위해서는 수신한 피변조파로부터 본래의 신호파를 꺼내는 조작을 해야 한다. 이같은 조작을 복조라고 함. 복조방식에도 변조와 마찬가지로 AM, FM, PM 등이 있다.

• Dichroic Prism

다층간 섭막을 표면에 형성하여 입사광의 일부 파장성분만을 반사하고 나머지 성분을 투과하여 R.G.B 삼원색광으로 분해하도록 한 프리즘이다. 투과하는 광의 손실이 거의 없기 때문에 다판식 비디오 카메라와 액정 프로젝터의 색분해계에 이용된다.

• Disital Signature

디지털서명은 거래나 메시지 발신인이 부정하는 것을 방지하기 위한 것으로 전자메일이나 금융거래 등에 이용하고 있다. 디지털 서명은 암호화키를 포함, 유저를 확인하는 정보와 암호의 알고리즘을 활용하거나 대칭키 암호화나 공개키 암호화를 이용하면 생성된다. 공개키 버전에서 유저는 스마트카드나 터미널 하드웨어, 소프트웨어에 저장된 비밀키를 이용해서 메시지에 사인하고 수신인은 신분을 확인하기 위해 발신인의 공개키를 이용한다.

디지털 서명의 요구조건은 서명자만이 서명문을 생성할 수 있는 서명자 인증, 서명문의 서명은 다른 문서의 서명으로 사용할 수 없는 재사용 불가, 서명된 문서의 내용은 변경할 수 없는 변경불가, 서명자가 서명한 사실을 부인할 수 없게 하는 부인봉쇄 등이 갖추어져야 한다.

• Distributer

카메라 영상을 복수의 모니터에서 감시할 경우에 영상신호를 모니터 수량에 맞게 나누어주는 장치.

• DSP(Digital Signal Process)

디지털적으로 화상신호를 처리하는 장치로서 NTSC규격. 일본, 미국, 캐나다를 중심으로 폭넓게 채용되고 있는 세계방송 3대 규격의 하나로서 국내감시 카메라의 주요규격은 이 방식으로 통일되어 있다.

디지털 신호처리는 아날로그 신호를 A / D로 변화하여 얻어진 디지털 데이터에 대수적인 연산을 해 필터링이나 스펙틀분석 등의 신호처리를 하는 것을 말한다. 기본적으로 아날로그 신호의 실시간 디지털 처리를 목적으로 한다.

DSP는 디지털 신호를 수학적으로 빨리 계산할 수 있는 수학연산 전문반도체로 마이크로 프로세서도 이러한 기능을 수행하지만 수학연산만 전문으로 하는 DSP에 비해 속도가 느리다. DSP는 범용 마이크로 프로세서의 하드웨어 아키텍쳐를 대폭적으로 개량, 고속 연산성과 컴팩트화를 추구한 전용 프로세서이다. 디지털 신호처리의 기본조작은 필터링, 퓨리어(Fourier)변환, 상관함수의 산출, 부호화, 부호변복조, 미분, 적분, 적응신호처리 등이며 기본연산은 곱셈, 가감산, 추정의 세 가지이다.

DSP를 사용하면 소프트웨어만을 교체함으로써 시스템을 업그레이드할 수 있는 장점이 있다. 또한 PC로 영화를 보거나 가요반주를 즐길 수 있고 고속모뎀과 ISDN을 사용하여 TV회의도 실현할 수 있고 게임 등에 응용하면 고속 3차원 그래픽과 가상현실 등의 구현이 가능하다.

DSP는 음성과 데이터, 비디오 신호들을 실시간으로 계산해 주는 강력한 기능을 발휘하여 자동차 사고시 위험을 줄여주는 "충돌방지 시스템", 옷이 다 말랐음을 알려주는 "건조기", 팬이나 냄비가 얼마나 깨끗해졌는지 알려주는 "자동세척기" 등의 정보가전 재품에 탑재될 것으로 보인다.

또한 DSP는 감각을 느끼는 "로봇팔"이라든가 첨단기능을 내장한 "귓속형 보청기" 등에도 활용될 수 있을 것으로 보인다.

- DTV(Desk Top Video)

비디오를 자유롭게 편집, 여러 용도에 사용토록 하는 정보기술의 응용분야 ,탁상비디오라고도 한다. 비디오를 마음대로 자르고 붙이고 편집하는 기술로 오디오는 물론 비디오가 담긴 편지를 지구촌 어느 곳이든 신속하게 전달해준다.

또한 컴퓨터 브리핑(프리젠테이션)에 생생한 비디오를 사용할 수도 있고 무엇보다도 책상위의 PC로 화상회의를 할 수 있다.

지금까지의 화상회의 시스템은 아날로그방식으로 고가의 설비를 갖춘 전용회의실이 있어야 하고 모니터 상에서 상대방의 모습과 말, 이외의 컴퓨터 정보를 주고받는 기능이 불가능한 반면, DTV는 디지털방식으로 화상대화를 하면서 컴퓨터의 정보를 주고 받을 수 있다는 강점이 있다. 기준의 PC에 화상을 주고받는 기능을 하는 카드를 장착하고 컴퓨터 모니터 상단에 카메라를 부착한 뒤 소리를 주고받는 해드세트를 컴퓨터에 연결하면 책상위의 컴퓨터가 화상회의 시스템으로 바뀌는 것이다.

- DVD(Digital Viedo Disk)

기존의 CD의 저장용량을 개선해서 일반 CD크기의 디스크 1장에 기존 CD의 7배인 4.7기가바이트의 정보를 담을 수 있는 차세대 기록매체를 말한다.

DVD는 초창기에 MPEG2표준에 따라 고화질, 고음질의 영화를 한 장의 작은 디스크에 담음으로써 비디오CD보다 월등한 성능을 가지도록 한 차원 높은 기술을 하용하고 있는 "디지털 비디오 디스크"의 의미로 알려졌었지만, 현재는 다매체로 활용할 수 있는 "디지털 다기능 디스크(Digital Versatile Disk)"의 의미로 통용되고 있다.

DVD는 용도에 따라 DVD-Video, DVD-ROM, DVD-Audio, DVD-R(쓰기기능), DVD-RAM(고쳐쓰기 기능) 등으로 사용된다. 최근에는 CD-Rewriter기처럼 읽고 쓰기가 가능한 DVD가 등장해서 기존의 CD-Writer보다 백업 용량면에서 월등히 앞서고 있기 때문에 DVR등의 백업장비로 일부 적용되고 있는 추세이나, 아직 장비 가격이 고가이고 보급률이 낮아서 백업장비로 채택한 제품은 많지 않다.

- DVI(Digital Video Interactive)

디지털화된 최상정보를 압축, 데이터의 양을 줄여 CD-ROM에 기억시키거나 전화로 송신 가능하게 만드는 일종의 화상압축기술이다.

DVI는 미국의 인텔사가 제창한 방식이며 그 밖에 네덜란드의 필립스, 일본의 마쓰시다전기산업, 소니 등이 개발 중인 CDI방식 등이 있다. 화상정보를 디지털하면 아날로그 화상에 생기는 노이즈가 제거되어 화질이 향상되고 더빙을 반복해도 화상이 떨어지지 않는 이점이 있다.

- DVR(Digital Video Recording)

감시용 카메라로 입력된 영상 데이터인 아날로그 신호를 디지털 신호로 전환, 동화상국제 압축표준인 MPEG(Moving Picture Experts Group)으로 영상을 압축 복원하여 장시간 녹화 및 재생하여 볼 수 있는 고해상도의 녹화시스템방식이다.

녹화뿐만 아니라 "모션 디텍션(Motion Detection)기능", 센서와 연결녹화, 자동 팬/틸트/줌/콘트롤 기능 및 화상확대 편집기능 등 다양한 선택메뉴 기능이 있으며, 데이터를 HDD, DAT 등에 반영구적으로 보관하는 기능을 갖추고 있다.

DVR은 형태에 따라 다음의 3가지 유형으로 분류할 수 있다.

① PC Base형 DVR

② Board 형 DVR

③ 셋업박스형 DVR

디지털 영상저장 시스템은 폐쇄회로 TV화면을 컴퓨터의 하드디스크에 기록하는 장비로 반복사용에 따른 화질감소가 거의 없고 관리하기가 쉬운 장점을 가지고 있다. 또 시스템한대로 10여대 이상의 폐쇄회로 카메라를 제어할 수도 있다.

원격지에서 유선을 통해 카메라 렌즈의 확대, 축소조절이 가능하고 사람이 감지될 때만 녹화하는 등의 다양한 기능을 가지고 있다.

- DY(Deflection Yoke)

편향요크 “DY”는 전자빔을 편향시키기 위한 코일 또는 전자석의 조합을 말한다. 텔레비전에 사용되는 DY는 전자총으로부터 방출된 방향이 같은 실모양 전자의 흐림이 다발인 전자빔에 전계나 자계를 가하여 전자빔의 진행방향을 구부리기 위해 코일 또는 전자석을 조합해서 만든 것을 “편향요크” 또는 “편향요크 코일”이라고 한다.

전자빔의 진행방향에 대하여 직각방향으로 전제를 가하면 전계의 방향과는 역방향(양전극의 방향)으로 힘이 작용하여 전자빔이 구부러지며 또 직각방향으로 자제를 가하면 전자빔 진행방향이 직각방향으로 힘이 작용해 전자빔이 구부러진다.

- Dynamic Resolution

움직이고 있는 피사체에 대한 해상도, 통상의 촬상소자에서는 축적의 원리를 이용하고 있기 때문에 입사광에 의한 신호를 일정시간 적분하여 읽어 낸다.

이 읽어 내는 주기 중에 피사체가 정지화상의 분해능력을 초과하여 이동하면 동해상도는 정지화상의 해상도 보다 나빠진다. 따라서 축적시간이 짧을수록 동해상도는 향상되지만 그 만큼 감도는 나빠진다.

E

- EDI(Electronic Data Interchange)

전자문서 교환, 주문서, 납품서, 청구서 등 무역에 필요한 각종 서류를 표준화된 양식을 통해 전자적 신호로 바꿔 컴퓨터 통신망을 거래처에 전송하는 시스템.

이를 도입하면 국내기업간 거래는 물론 국제무역에 있어서 각종 서류를 신속 정확하게 보낼 수 있어 시간 비용절감은 물론 제품의 주문, 생산, 납품, 유통의 모든 단계에서 생산성을 획기적으로 향상시킬 수 있다. 따라서 EDI는 관련하청 업체 및 거래선이 많은 유통, 운송, 자동차 종합상사 등에서 채택하기 시작, 모든 산업분야로 급속히 확산되고 있다.

• EIA(Electronic Industries Association)

EIA는 미국의 Washington DC에 본부를 두고 있는 전자산업 연합으로 통신조건의 표준화를 위해 만들어진 전자제품 생산업자들의 모임을 말한다.

직렬통신 장치 사이의 연결을 위하여 사용되는 RS-232-C에 대한 표준은 EIA의 대표적인 업적이다. 또한 이들에 의해 재정된 통신전송방식을 말하기도 한다.

• ELC(Electronic Level Control)

전자 Shutter기능을 이용하여 광량을 일정하게 조정하는 방식이다. 전자셔터는 CCD에 축적되는 전하량을 조정하는 것으로 마치 기계식 조리개와 같이 광량을 조정할 수 있다.

즉, 고속셔터로 동작할 때는 조리개(Iris)가 닫혀지는 것과 같고 저속셔터로 동작할 때는 조리개가 열려지는 것과 같은 효과를 주게 된다. 이러한 원리를 이용하여 빛의 양에 따라 셔터속도를 가변함으로써 레벨 제어를 하는 것이다.

• Electronic Purse

스마트카드의 특수기능으로 금액이 적은 거래용으로 가치저장을 위해 사용되는 특수 명령어와 메모리영역을 가지고 있는 카드사용 에플리케이션. 이 카드는 지갑기능의 전용으로만 설계되어 있고 메모리와 프로그램이 내장되어 있다.

• Electronic Shuttering

자동조리개 렌즈가 없이 빛의 변화에 따라 적절하게 사용되는 기능이다. 촬상소자에서 전자적인 스위칭에 의해 신호축적 시간을 변화시키는 셔터 동작, 고체 촬상소자에서는 전체 축적기간 중 일정기간 분을 버리고 나머지 기간 동안 축적된 전하만을 사용하는 방법이 움직이나 빠른 피사체의 촬영 또는 형광등 플리커의 방지 등에 이용되고 있다.

• Electronic Wallet

전자지갑. 흔히 다양한 금융결제와 인식기능을 수행할 수 있는 IC카드와 스마트카드를 말하는 것으로 "일렉트릭 퍼스"보다는 더 정교하며, 차변, 신용, 케쉬카드, 기타 다른 기능도 수행할 수 있다.

순수하게 지갑과 같은 용도로 사용 가능한데, 다양한 카드용도로 LCD 디스플레이키보드와 리더 / 라이터를 채용한 휴대형 디바이스로도 활용된다.

- EPROM(Electronically Programmable Read- Only Memory)

소거 가능한 PROM. 컴퓨터에 사용되는 기억장치의 일종으로 전자적으로 프로그램을 기록한다. 보통 PROM은 프로그램의 변경은 불가능하나 자외선 조사 등의 방법으로 내용을 소거하고, 프로그램이 재기록을 가능하게 한 것이다. EPROM의 처리량은 흔히 256bit에서 32Kbyte로 스마트카드에 널리 채용된다.

- Eret Image

정립상, 상의 상하 좌우의 물체가 일치하는 상.

F

- FDMA(Frequency Division Multiple Access)

주파수 다중분할 접속, 다중화 방식의 일종으로 한 전송로의 자료전송 주파수를 일정한 주파수폭으로 나누어 각 서브 채널에 차례로 분배함으로써 몇 개의 서브 채널이 한 개의 고속 전송선을 나누어 이용하는 것을 말한다.

- Field

필드 비월주사에서 1회의 수직주사를 필드라고 하고 NTSC방식에서는 1초간에 60회 주사하므로 필드 수는 601개, 그 주파수는 60Hz 이다. 필드는 짝수 필드와 홀수 필드로 프레임을 구성한다. 따라서 프레임 수는 매초 30, 프레임 주차 수는 30Hz 이다.

- Fire Wall

파이어월은 인터넷과 연결된 컴퓨터에 인터넷과 연결된 외부 컴퓨터가 접속하는 것을 방지해준다.

파이어월은 보통 하드웨어나 소프트웨어에 의해 만들어지는 네트워크 구성으로 파이어월 내의 네트워크화된 컴퓨터와 파이어월 밖의 컴퓨터 사이를 경계지워 준다.

- Fixed Focal Lens

고정초점 렌즈, 초점거리, 화각이 일정한 렌즈로 단초점 렌즈라고도 말한다. 초점거리를 변화시킬 수 없는 렌즈, 표준 렌즈 외에 망원렌즈나 광각렌즈 등 여러 종류가 있다.

일반적으로 초점거리가 가변되는 줌렌즈에 비해 결상의 정밀도가 뛰어나다.

• Flicker

사람의 눈은 명암의 반복주파수가 작으면 눈에 반짝 반짝 어른거리는 형상을 느끼게 되는데, 이것을 "플리커"라 하고 주위에 밝기가 밝을수록 같은 명암의 반복 주파수에서도 플리커를 느낀다.

NTSC 방식의 텔레비전에서는 이 플리커를 피하기 위해 필드 주파수를 60Hz와 형광등의 전원주파수 50Hz의 차인 10Hz의 어른거림이 플리커로 감지된다. 이 플리커를 피하기 위해 CCTV 카메라는 1 / 100초의 전자셔터기능을 사용한다.

• Focal Length

렌즈의 기본 성능으로 촬영가능 범위를 결정하는 요소로 초점거리가 긴 경우 촬영범위는 좁고 피사체를 크게 볼 수 있는 반면, 초점거리가 짧은 경우 촬영범위는 넓고 피사체는 작게 볼 수 있다.

초점거리로서 얇은 육안 볼록렌즈에 광선을 렌즈 광축에 평행하게 입사시키면 광축상의 한점에 집광하는데, 이 한점으로 모이는 점이 렌즈의 초점이다.

한 장의 얇은 육안렌즈의 경우, 초점거리는 렌즈 중심에서 초점까지의 거리라고 한다.

실제 렌즈는 수차 보정을 위하여 복수개의 렌즈로 구성되어 있기 때문에 얇은 육안렌즈처럼 간단하게 초점위치를 결정할 수 없지만 근사계산으로는 사용할 수 있다.

• F Number

렌즈에 만들어진 영상 밝기를 나타낸 것으로 보다 적은 값일수록 밝은 영상을 만들게 된다. 굴절률이 n의 매질 중에 있는 광학계의 상초점이 사출동공의 지름에 대하여 넓힘각으로 0.5를 a라 할 때 1 / (2n sin a)로 주어지는 값, 수차가 잘 보정되어 있는 경우는 초점거리를 입사 동공의 지름으로 나누어준 값(f / d)을 쓴다.

• Frame Relay

LAN을 고속으로 연결해 주는 패킷 스위칭 기술. 프레임 릴레이는 사용자의 장비와 WAN을 연결해 주는 인터페이스를 말하며, WAN내에서 사용되는 인터페이스나 프로토콜을 말하는 것이 아니다.

• Frame Switcher

-다수의 카메라 영상을 1화면씩 순차적으로 전환하여 최대 8대에서 16대까지 카

메라 영상을 하나의 VCR에 녹화할 수 있도록 하는 기기이다.

-모니터 상에는 1개씩 고정화면 또는 순차적으로 화면이 변화하여도 VTR녹화는 8개 모두 동시에 녹화된다(쿼드의 단점을 극복).

-영상은 1 / 24초를 1프레임으로 구성하고 VTR에 녹화하는데, 이 VTR녹화시간인 1 / 24초를 다시 8~16등분(카메라의 댓수만큼)하여 1~16개의 영상을 개별 녹화시킨다(따라서 녹화된 영상은 리얼타임영상 -1초에 24프레임-이 아니며 구분동작으로 녹화된 영상이다).

- 재생은 다시 프레임 스윗처를 통하여 보고자 하는 1개의 화면만 재생한다. 단, 4분할은 되지 않으며 재생은 반드시 프레임 스윗처를 통해서만 가능하며 중소형 시스템에 적합하다.

● Freeze

영상을 정지시켜 정지화상으로 만드는 것이다. 프레임 또는 필드 메모리에 기억하여 정지화상으로 표시하거나 비디오(VCR)의 1프레임을 재생해서 정지화상으로 표시하는 것을 말한다.

● Frequency Bandwidth

① 특정신호를 전송하는데 필요한 주파수 대역폭을 말한다. 예를 들면 음성전송은 300~3,400Hz까지의 3,100HZ 대역폭을 필요로 하고 스테레오 방송은 15~15,000Hz까지의 폭을 컬러 텔레비전의 여상전송에는 약 4.5Hz의 대역폭을 필요로 한다.

② 필터나 증폭기 등의 신호 통과대의 폭을 말한다. 대역필터의 경우 2개의 차단 주파수의 비(比) 또는 차(差)로 표시한다.

● Full-duplex / Half-duplex

데이터 전송을 할 때에는 동시에 양 방향으로 송수신할 수 있는 것을 "풀-듀플렉스" 방식이라 하고, 한번에 한쪽 방향으로만 데이터를 보내는 것을 "해프-듀플렉스" 방식이라고 한다.

"풀-듀플렉스(전이중방식)"와는 달리 "해프-듀플랙스(반이중방식)"는 일정 블록의 송신을 끊내고 나서 상대측이 수신모드에 들어갈 때까지 이쪽에서 송신중지 명령을 보낼 수 없기 때문에 송수신 반응이 늦다. 일반적인 CCTV시스템이 반이중방식이라면 "Obversion System"은 전이중방식이며 각종 CCTV 관련 시스템들이 디지털화되면서 반이중식방식의 시스템들이 점차 전 이중방식으로 개선되어 가고 있다.

G

• Gamma

촬상소자 표시 소자 등의 광 전기변환소자 또는 화상 변환장치의 입출력관계에 대하여 출력을 종축, 입력을 횡축으로 하였을 때 입출력 변환특성을 나타내는 기울기를 말한다.

이것은 일반적으로 변환특성(촬상소자의 경우는 광전변환특성, 표시소자의 경우는 전광변환특성)이라고 말한다.

감마가 1이면 입출력은 비례하며, 감마가 1보다 작으면 반대로 콘트라스트가 약한 화면이 출력된다.

• Gamma Compensation

대부분의 촬상소자(촬상관, CCD, MOS)는 입사광에 대한 광전변환특성이 선형(γ=1.0)특성을 가지고 있으나 대표적인 화상표시 수단인 브라운관(CRT)의 전광변환특성은 비선형(γ=2.2)속성을 가지고 있으므로 변환특성 불일치에 따른 영상왜곡이 발생된다.

따라서 브라운관의 비선형(γ=2.2)특성을 상쇄하기 위한 역방향 비선형(γ=0.45)보정을 카메라 측에서 수행하여 결과적으로 입사광에 비례한 브라운관의 발광 감도를 얻기 위한 보정이다.

• Gateway

"게이트웨이"는 다른 네트워크로 들어가는 입구 역할을 하는 네트워크 포인트이다. 라우팅의 관점에서 보면, 인터넷은 많은 게이트웨이 노드들과 호스트 노드들로 구성된 네트워크이라 할 수 있는데, 네트워크 사용자들의 컴퓨터들과 웹페이지와 같은 콘텐츠를 제공하는 컴퓨터들이 바로 호스트 노드들이며, 일반 회사의 네트워크 내에서 트래픽을 통제하는 컴퓨터들이나. 인터넷 서비스 제공자들의 컴퓨터가 바로 게이트웨이 노드들이다.

• Geometric Distortion

편향 비선형성 혹은 뿔뿔이 흩어진 자장에 의해 발생하는 모니터 상에서 화면의 기하학적 불완전함을 말한다. 예를 들면 사다리꼴처럼 재현된 사각형 혹은 계란모

양으로 재현된 원등이다.

- Ghost

TV전파를 수신할 때, 정규신호로부터 어긋나서 중복되어 생기는 방해화면, 주로 건물이나 지형에 의한 반사파가 시차에 따라 발생하여 중복 수신되기 때문에 발생된다.

수신안테나와 수상기의 "Field"정합이 불안정하여 반사가 생기는 경우 등도 원인이다. 수신된 영상에 그림자가 생기는 현상으로 원 화상의 좌, 우에 나타나게 된다.

이것은 2차 신호로 전송조건의 결과인데, 원래의 신호보다 빠르거나 늦을 때 화면상에 나타나는 현상이다.

- GPS(Global Position System)

위치추적 시스템. 인공위성과 수신하여 자기의 위치를 탐색하는 위치추적 장비로서 자신의 현 위치에 대한 경도와 위도 및 고도 등에 대한 정보의 수신이 가능.

H

- HA(Home Automation)

"홈 오토메이션" 또는 "홈 일레트로닉스"라고도 한다. 전자기술과 마이크로 컴퓨터를 가정생활의 모든 면에 보급시켜 쾌적한 생활환경을 조성하는 시스템. 사무의 합리화를 뜻하는 OA(Office Automation)의 가정판(家庭版)이라 할 수 있다.

HA는 에너지 절약과 같은 가정생활의 효율화뿐만 아니라 방범(防犯) 및 영상통신, 홈뱅킹 등 안전성과 편리성을 추구하는 등 응용분야가 매우 광범위하다.

HA시스템이 확립되면 직접 출근하지 않고 가정에서 회사업무를 처리하는 외에도 물건을 사거나 은행에 현금을 예입 혹은 인출하기 위해 시장 또는 은행에 나갈 필요가 없게 된다.

- Hash Function

해쉬함수. 즉 이미지 등 많은 양의 데이터에 대해 디지털 서명함수 적용시, 전체 데이터에 그대로 적용하는 것은 비효율적이다. 해쉬함수는 이런 종류의 문제를 해결하기 위해 사용하는데, 예를 들면, 부가형 디지털 서명에서는 많은 양의 데이터를 해쉬함수를 사용하여 압축한 후에 일정한 길이의 압축문에 대해 서명하고, 디지털 서명을 생성한다. 해쉬함수의 입력길이는 제한이 없고 출력길이는 정해져 있다.

• HDD

"하드디스크드라이브"는 컴퓨터 보조기억장치의 일부로서 하드디스크 작동장치라고도 한다. 컴퓨터 보조기억장치는 오디오용 기록, 재생장치와 궤를 같이하고 있다. 마그네틱테이프 소리를 녹음, 재생시켜주는 카세트테이프 레코더와 유사한 컴퓨터 보조기억장치가 마그네틱테이프 드라이브라면 음반과 음반에 소리를 녹음, 재생시켜주는 픽업장치를 가진 턴테이블과 유사한 형태가 HDD이다.

HDD가 오디오용 턴테이블과 다른 점은 음반에 해당하는 하드디스크에 자성코팅이 돼있어 저장된 정보의 판독뿐만 아니라 기록도 가능하다는 점이다.

HDD는 구조면에서 음반과 픽업으로 구성된 턴테이블과 같을지라도 컴퓨터 보조기억장치로 쓰이기 위해 매우 정밀하게 만들어져 있어 기술면에서는 턴테이블과 비교도 안될 만큼 고도의 기술을 요한다.

HDD는 정밀도를 높이기 위해 음반에 해당하는 하드디스크와 픽업에 해당하는 헤드를 밀폐된 공간에 일체화시켰으며 필요에 따라 하드디스크와 헤드수를 늘릴 수 있다.

HDD는 하드디스크와 헤드수에 따라 2천만자의 정보를 기록할 수 있는 20MB부터 1억자에 해당하는 1GB까지 용량이 다양하고 크기도 하드디스크의 지름이 14인치인 것에서부터 25인치까지 여러 가지이다.

HDD는 기술발전과 더불어 고용량화, 초소형화되고 있으며 원하는 정보를 찾아내는 시간도 짧아지고 있다. 음악을 듣고자 할 때 카세트테이프보다 음반에서 원하는 곡을 찾아내기가 쉽듯이 HDD가 마그네틱테이프 드라이브보다 탐색시간이 짧다.

• Helpers / Helper Application

Helpers란 넷스케이프를 도와주는 프로그램으로 여러 종류의 프로그램들이 있다. 예를 들어 인터넷상에서 넷스케이프만으로는 음악을 듣는다든지 3차원의 페이지를 본다든지 하는 것을 할 수 없었다.

하루가 다르게 새로운 기술들이 나오는 인터넷에서 매일 넷스케이프를 수정하여 배포하는 것은 불가능하므로 넷스케이프사는 "Helpers"라는 기능을 두어 새로운 기술을 만든 회사의 프로그램의 "헬퍼"에 등록을 하여 사용할 수 있도록 하였다.

• High Resolution

"고해상도(High Resolution)"는 출력장치에 나타나는 정보의 질을 대변하는 것으로 프린터 또는 모니터 등과 같은 화면출력장치에서 사용되는 용어이다. 일반적으로는 화면출력장치에 존재하는 픽셀(화소)의 개수나 특정한 모드에 따라 프로그램에서 화면의 정보를 출력하기 위하여 사용되는 픽셀의 개수를 해상도라고 하며, 이러한 픽셀이 많이 사용되는 것을 고해상도라고 한다.

예를 들면 개인용PC에서는 최소 640×480의 해상도, 워크스테이션에서는 1000×1000 이상의 해상도를 고해상도라고 하며, 프린터장치에서는 1인치 안에 300개 이상의 점이 출력되는 장치를 고해상도라고 한다.

- Housing

카메라를 먼지 및 외부환경으로부터 보호하고 외관상 깔끔한 이미지를 주기 위해 사용하는 장비로 장소와 설치위치에 알맞게 선택해서 사용한다. 또 내부에 온도조절장치도 설치가 가능해 극한 환경에서도 사용할 수 있다. 하우징의 종류로는 옥내일반용, 옥외일반용, 특수용 등이 있다.

- Hub

네트워크 장비로 호스트나 라우터들이 한 곳에 연결되어 있는 장비를 말한다. 예를 들면, 허브는 가정에서의 두꺼비집에 비유할 수 있다. 하나의 주전력선이 가정으로 연결되면 이것은 두꺼비집에 연결된다. 주전력선이 연결된 두꺼비집에 여러 가지 회로가 연결되어 가정에 전기를 공급하는 기능을 하는 것처럼 허브는 클라이언트와 서버가 통신할 수 있는 중심적인 영역이다.

I

- IA-64

IA-64는 인텔과 HP가 차세대 마이크로프로세서 "메르세드"에 채택하게 된 새로운 아키텍처로 64비트 데이터처리와 완전병렬 명령어 컴퓨팅(EPIC)기술을 핵심요소로 삼고 있다.

IA-64는 80년대 초부터 인텔칩의 아키텍처로 자리잡아온 "X86"의 퇴장을 의미하는 것이자 명령어 축약형 컴퓨팅(RISC)기술 등장이후 마이크로프로세서 산업 최대의 혁신적인 발전을 가져온 것이라는 평을 받고 있다.

- Illuminance

입사하는 광속을 단위 면적당으로 환산한 값. 단위는 룩스(Lux, LX)를 사용한다.

• Image Sensor

CCTV 등으로부터 수신한 영상정보를 처리하여 차량의 유무, 속도, 대기열, 차종 등을 인식하는 감지기.

• Image Size

카메라의 촬상소자에 의해서 얻어지는 것으로 화상의 크기에 의해 결정된다. 표준으로 1인치, 2/3인치, 1/2인치, 1/3인치 등이 있다.

• Imaging Range

CCTV시스템에서 렌즈를 선택하는데 중요한 점의 하나가 카메라의 위치에서 어떤 거리와 어떤 범위 내에서 피사체를 촬영(촬상)할가를 선정하는 것이다. 이를 렌즈의 초점거리와 사용카메라의 촬상소자 크기에 따라 결정되어진다.

• Interace Scanning

Pixel 사이에 크롬 불순물이 도금된 전송로(Interline)가 있어서 그곳을 통하여 전하를 전송하는 방식임. 주로 범용 Camera에 적용되며, SSA Camera도 이 방식이다. TV 주사시 사람의 눈에 화면이 가물거리는 현상을 없애기 위해 한 줄 건너서 한 줄씩 주사하며 2회의 수평주사로서 한 장의 그림을 완성하는 주사방식. 이 비월주사가 현재 전세계 각국의 표준방식으로 널리 채용되고 있다.

• Internet

인터넷이 등장하면서 새롭게 대두된 것이 인트라넷으로 기존 사무실환경의 그룹웨어를 대체하는 개념으로 등장하였다. 인터넷과 동일한 TCP / IP 프로토콜을 사용하는 사무실 내의 네트워크를 인트라넷이라 한다.

그룹웨어는 사용자마다 프로그램을 설치하는 번거로움과 업그레이드시 많은 비용과 시간이 들었지만, 인트라넷을 이용하면 이러한 단점을 극복할 수 있으며 웹브라우저로 인트라넷을 사용한다.

자연스럽게 인터넷과 연결할 수 있는 것이 큰 장점 중 하나이다.

인터넷의 대중화와 웹브라우저의 기능향상, TCP / IP를 기반으로 한 응용프로그램의 확충으로 더욱 그 시장을 넓혀가고 있다.

인트라넷이 부각되면서 여기저기서 인트라넷 애플리케이션을 내놓고 있지만, 전용 애플리케이션이라 부를 수 있는 소프트웨어는 그리 많지 않다. 다만, 몇몇 업체들이 기존의 인터넷 제품이나 그룹웨어 제품들에 새로운 기능을 추가해 선보이고 있는 실정이다.

- Intrusion Detection

침입이나 침입시도를 수작업으로 또는 로그들이나 네트워크상에 존재하는 정보들을 이용하는 전문가 시스템을 통해 감지하는 것.

- IPX / SPX

노벨사의 네트워크 OS인 Netware를 구성하는 프로토콜 중 하나이다. IPX는 서로 다른 2개의 통신망 사이에서 데이터 패킷을 교환하기 위해 사용되는 통신규약으로 쉽게 예를 들면 어떤 하나의 사무실에 설치된 LAN에서 다른 사무실의 LAN으로 연결된 컴퓨터에 자료를 전송하기 위해, LAN의 경계를 통과하려고 할 때 IPX를 사용하는 것이다.

- Iris

그리스 신화의 무지개여신 "아이어리스(Iris)"에서 유래된 용어로 조도 변화에 맞추어 렌즈에 보내는 빛의 양을 조절하는 조리개를 말한다. 밝기가 일정한 경우에는 수동조리개(Manual Iris) 렌즈를 사용하고, 밝기가 시간대에 따라서 바뀔 경우에는 자동조리개(Auto Iris) 렌즈를 사용한다. 렌즈의 구경률(Aperture)을 조절하는 역할을 하며 렌즈를 통과하는 빛의 양을 조절한다.

- ISDN(Integrated Service Digital Network)

종합정보통신망. 음성, 데이터, 팩스 등을 다양한 정보를 함께 전송하는 정보전송기술로서 전화, 데이터, 통신, 팩시밀리 등 서로 다른 통신서비스를 통합적으로 제공하는 디지털 통신망이다. 디지털 회선을 이용해서 음성을 포함한 데이터를 효율적으로 전송하며 각종 통신서비스의 형식을 통합하여 하나의 회선으로 일원적으로 제공한다. 일반 가정이나 기업을 연결하고 있는 전화중심의 아날로그 통신망을 데이터통신 등 전화 이외의 서비스에도 적용시킨 디지털회선 망으로 변화하는 것이 ISDN의 목적이다.

이용자가 있는 곳까지 디지털 회선이 되기 때문에 모뎀이 없어도 직접 디지털데이터를 송수신할 수 있다.

- ISOC(Internet Society)

인터넷을 국제적으로 대표하고, 기술개발이나 운용관리사의 제반 문제를 총괄하는 조직이다. "인터넷 소사이어티(Internet Society)"는 1992년부터 활동을 개시하고 있고, 지금까지 여러 가지 경위로 창설되어 존재하고 있는 인터넷 관련조직을 이 "인터넷 소사이어티"가 총괄하는 형태로 편성되어 있다.

- ISP(Internet Service Provider)

인터넷접속 등의 서비스를 대가로 영리사업을 하는 단체, 회사. 인터넷 서비스 제공기관.

- IT(Information Technology)

대규모의 조직이나 회사 내의 정보관리와 관련한 제반 문제.

J

- JPEG(Joint Photographic Experts Group)

JPEG는 컬러정지화상의 압축과 복원에 대한 표준화를 추진하는 ISO(국제표준화기구)와 ITU-TS의 산하에서 결성된 국제표준화그룹의 이름을 말한다.

JPEG이란 2진화상을 제외한 그레이 레벨에서부터 컬러화상에 이르는 거의 모든 종류의 정지화상의 압축 및 부호화를 위한 국제표준을 정의하고 있고 멀티미디어 표준도 이 단체에 의해 제정되었다.

JPEG는 무손실 압축기법과 손실허용 압축기법은 물론이고 순차재생과 점진재생을 모두 지원한다.

K

- Kernel

OS의 중앙모듈. OS의 일부로서 제일 먼저 로드되어서 주메모리에 상주된다. 메모리 내에 있기 때문에 OS나 에플리케이션이 필요로 하는 기본적인 역할을 해야 할 뿐만 아니라 크기도 작아야 한다. 일반적으로 "커널"은 메모리관리, 작업관리, 디스크관리 등의 역할을 한다.

- Key Management

키 관리란 암호키를 생성, 등록, 인증, 등록폐기, 분배, 설치하는 것은 물론 추론하고, 보관하고, 폐기하고, 사용종결하고, 되살리는 서비스들을 제공하는 운영관리를 지칭함. 키 관리는 사용되는 키와 알고리즘의 유형에 따라 달라지고, 목적은 시큐리티 침해의 가능성을 줄이고, 침해를 받는 경우, 그 피해를 최소화하고, 가능성 있는 불법침입이나 키의 변경을 포착하는데 있다.

키의 관리는 사용자가 직접할 수도 있고, 키 관리센터가 대신해 줄 수도 있다.

이 KMC(Key Management Center)가 대신해 줄 수도 있다. 이 KMC는 사용자로부터 어떤 형태로든 믿어져야 하며, 한 네트워크에 하나 이상의 KMC가 있을 수 있다.

L

- LAN(Local Area Network)

근거리통신망으로 수 Km이내의 건물내, 건물간의 컴퓨터끼리의 데이터 전송방식이다. Ethernet, Token Ring, FDDI 등의 프로토콜이 사용된다. 소규모 지역에 걸쳐 있는 컴퓨터 네트워크로서의 대부분의 LAN은 단일건물이나 건물내의 그룹들로 한정되어 있다. 이러한 형태로 연결된 LAN을 WAN이라고 한다. 대부분의 LAN은 워크스테이션과 PC를 연결하는 것이다. LAN상에 있는 어떠한 데이터나 장치에도 액세스할 수 있다.

이 말은 사용자가 데이터뿐만 아니라 레이저프린터와 같은 장치도 공유할 수 있다는 뜻이다. 사용자들은 또한 LAN을 이용해서 e-mail이나 채팅을 통한 통신을 할 수도 있다. LAN장비로는 LAN card, Hub, Cable, Repeater, Gateway 등이 있다.

- LCD(Liquefied Crystal Diode)

액정표시장치로서 평면표시장치의 일종이다. 액정을 사용하여 영상정보를 제공하기도 하고, 노트북컴퓨터 등의 표시장치로 사용하기도 한다.

LCD는 노트북이나 다른 소형컴퓨터들의 화면으로 사용되는 기술이다. LED(Light Emitting Diode)나 플라즈마 기술들처럼, LCD도 CRT보다 두께를 더 얇게 할 수 있다.

LCD는 빛을 내뿜는 것이 아니라 빛을 저지하는 원리로 동작하기 때문에, LED나 플라즈마 디스플레이보다 전력소모가 적다.

LCD는 화면의 그리드에 있어 패시브 매트릭스와 액티브 매트릭스의 두 가지로 만들어진다. 액티브 매트릭스 LCD는 흔히 TFT 디스플레이라고도 알려져 있다. 패시브 매트릭스 LCD는 그리드의 각 교점에 위치한 픽셀들에 전도체 그리드를 가지고 있다. 전류는 특정 픽셀의 빛을 조저하기 위하여 두 개의 전도체를 가로질러 그리드로 보내진다. 액티브 매트릭스는 각 픽셀의 교점마다 픽셀의 휘도를 조절하기 위해 전력소모가 적은 트랜지스터를 가지고 있다. 이러한 이유로, 액티브 매트릭스 디스플레이의 전류가 좀더 자주 들어왔다 나갔다 할 수 있고, 화면의 재생시간이 개선되는 것이다(예를 들어 마우스의 포인터가 좀더 부드럽게 화면을 가로질러 움직이는 것으로 보인다)0

몇몇 패시브 매트릭스 LCD는 이중 스캐닝을 하는데, 이것은 이전의 기술로는 전류가 그리드에 한번 스캐닝할 수 있는 시간 동안 두 번 스캐닝한다는 의미이다. 그러나 아직도 기술적으로는 액티브 매트릭스가 우위에 있다.

• Level Control

자동조리개 회로에서 조리개를 조정하게 되는데, 조명조건이 변할 때에 이 회로는 조리개 레벨을 조절한다. 제어를 "High"쪽으로 돌리면 조리개는 열리고, "Low"쪽으로 돌리면 조리개는 닫힌다.

• Load

"로드(Load)"는 자기디스크 또는 자기테이프 등과 같은 보조기억장치에 저장되어 있는 필요한 파일을 주기억장치(메인 메모리)로 전송하는 작업을 말한다. 보조기억장치에 저장되어 있는 프로그램을 실행시키기 위해서는 보조기억장치로부터 주기억장치로 읽어 들이는 작업을 로드라고 하는데 모든 데이터, 프로그램파일들은 메모리로 로드된 후에 실행된다.

통신의 경우에는 외부의 다른 컴퓨터로부터 사용자의 컴퓨터 주기억장치로 데이터를 불러오는 것을 뜻한다.

• Logging Firewall

시스템이나 네트워크에 일어나는 일들에 관한 정보를 저장하는 프로세스 또는 Video Source에 병렬로 영구적으로 연결된 "High" 임퍼던스 조사를 일컫는 말.

M

• MAC(Media Access Control)

전송매체에 액세스하는 것을 통제하는 방법. 예를 들어, 토큰링, 이더넷, FDDI 등 Mainframe 수천명의 사용자를 동시에 지원할 수 있는 대형컴퓨터, 시계에 들어가는 단순한 마이크로프로세서에서부터 슈퍼컴퓨터까지의 분류체계에서 메인프레임은 슈퍼컴퓨터 다음으로 분류된다. 동시에 더 많은 프로그램을 지원하기 때문에 때로는 메인프레임이 슈퍼컴퓨터보다 더 강력할 수 있다.

그러나 슈퍼컴퓨터는 한 개의 프로그램을 놓고 볼 때 메인프레임보다 더 빨리 실행할 수 있다. Unisys와 IBM은 가장 큰 메인프레임 제조업체이다.

- Manual Iris Lens

Iris를 고정위치로 설정하여 사용하는 렌즈. 일반적으로 고정된 밝기에서 사용하며, 일정한 출력레벨을 얻기 위해서는 전자셔터 아이리스와 같은 별도의 보정회로가 필요하다.

- Marginal Ray

주변광선 광축외의 물점에서 나와 광학계의 입사 동공주변을 통과하는 광선.

- Matrix System

다수의 입출력 단자가 있어서 정해진 순서에 관계없이 입력된 CCTV 카메라의 영상신호를 시스템관리자의 취향에 맞춰 원하는 모니터에 임의로 출력할 수 있으며, CCTV 카메라의 설치규모에 따라 매트릭스 시스템을 확장, 축소하여 구성할 수 있다.

이 장비는 단지 스위처의 개념으로만 제작된 것이 아니라 방범용 종합시스템으로 제작되었고, 구성품들도 매우 복잡한 형태로 이루어져 있다.

시스템의 특징은 구성된 각각의 장비들을 원격제어한다는 점으로 각 장비들은 모두 통신용 포트를 내장하고 있어, 구성장비가 각각 분산돼 있다고 하더라도 한 장소에 컨트롤 장비하나로 일괄 제어할 수 있다.

다수의 카메라와 다수의 모니터, 팬 / 틸트, 각종 센서들을 복합적으로 설치하는 곳에 유리하며, 구성품은 각 제조업체마다 그 명칭과 기능에 다소 차이가 있음은 물론 구성형태도 매우 다양한 편이다.

- Microprocessor

싱글칩상에서 설비를 처리할 수 있는 마이크로칩 컴퓨터로서 온칩 마이크로프로세서라고도 불려지며, 마이크로프로세서는 레지스터와 캐쉬메모리를 포함하고 있는 칩상의 컴퓨터프로세서이다.

또한 마이크로컴퓨터와 마이크로 컨트롤러는 동일칩상에 데이터와 프로그램 메모리를 갖추고 있다.

• Minimum Illumination

카메라에 필요한 피사체조도의 최저한도를 의미한다. 일반적으로 카메라를 최저 피사체조도의 최종한도에서 사용하는 것은 최상을 거의 포착하기가 어려우므로 카메라의 최저조도가 높을수록 정확한 최상의 포착확률이 높아진다. 보편적으로 최저 조도가 낮을수록 성능이 우수한 카메라이다.

• Mistermination

전송라인 상에서 그 자체의 특정한 임피던스에 의해 전송이 끝나지 않았을 때에 초대하는 부적합 신호레벨.

• MOD(Minimum Object Distance)

피사체에 초점을 맞출 수 있는 렌즈의 최소근접거리. 렌즈 앞(Vertex)으로부터 피사체까지의 거리로 측정된다. 일반적으로 광각렌즈는 초점거리가 긴 렌즈보다 MOD가 작다.

• Moire

무아레. 두 개의 규칙적인 모양이 겹침에 따라 생기는 거치른 모양. 비디오카메라에 있어 각종 규격의 TV방식 및 사용되는 촬상소의 호소수에 따른 양자화 주파수와 간섭하는 주파수 성분을 포함한 피사체를 촬상하였을 때 발생되는 영상왜곡현상으로 특정한 피사체(규칙적인 상하 줄무늬, 빛살무늬, 체크무늬)를 특정한 크기로 촬상하면 아지랑이 모양의 불규칙한 색상이 겹쳐 보이는 현상.

촬상소자의 화소수에 대응, 적절한 과학LPF를 채용하여 이 영상 왜곡을 경감시킬 수 있다.

• Monochrome Signal

흑백TV에서 화면의 밝기를 제어하는 신호이다. 컬러TV에서는 컬러 또는 흑백의 화면밝기를 제어하는 신호도 의미한다.

• Motion Detection

야간 또는 사람의 왕래가 빈번하지 않는 지역에서 물체가 움직이는 것만을 녹화하게 하는 장비로 메모리에 일시정 저장된 영상신호를 전단계 화면과 비교하여 변화된 부분이 어느선 이상 발생했을 때만 저장하도록 명령을 수행하는 기능.

- MPEG(Moving Picture Expert Group)

동영상압축표준. 동영상의 압축과 복원방식에 대한 국제표준화 중의 하나로서 디지털 녹화장비(DVR) 등에서 이 방식으로 화면을 녹화한다.

MPEG의 원래의 의미는 "동화상전문가그룹"이란 뜻으로 1988년 설립된 MPEG에서 제정한 동화상에 대한 압축, 해제방식을 정의한 규격을 말한다. 정지된 화상을 압축하는 방법을 고안하고 있는 JPEG와는 달리, MPEG는 시간에 따라 연속적으로 변하는 동화상 비디오 데이터의 압축과 코드표현을 통하여 정보전송이 이루어질 수 있는 방안을 연구하고 있다.

VCR수준의 화상을 제공하는 MPEG-1과 고해상도 디지털비디오를 지원하는 MPEG-2가 있는데 일반적으로 MPEG-1이 사용되고 있다.

컬러동화상의 압축방식을 담당한 ISO위원회를 칭하기도 하며 윈도우95의 발표와 함께 관련 소프트웨어만 가지고도 동화상 재생이 가능하고 일반 비디오CD의 감상도 가능하다.

- Multiplexer / Mux

Mux는 디지털통신의 다중화 장치인 "Multiplexer"의 약자로 복수회로의 입력신호 중에서 선택제어신호에 의해 어느 하나의 입력신호를 선택하여 출력회로에 실어주는 기능을 수행하는 데이터선택 논리회로이다.

Mux는 다수의 호스트컴퓨터 또는 단말기에서 작성된 데이터를 하나의 통신위성을 이용, 전송할 수 있게 해주는 회로장비로 회선비용을 크게 절감할 수 있다는 이점 때문에 최근 이용이 지속적으로 확산되고 있다.

통상 Mux는 STDM(통계적 시분할 방식)기법이나, TDM(시분할 방식)기법을 채택, 통신채널을 공유토록 하는데 대부분 모뎀(디지털신호를 아날로그신호로, 아날로그신호를 디지털신호로 변복조하는 장치)과 단말기 사이에 설치, 운용된다.

CCTV 주변기기로 8채널, 16채널의 제품이 있으며 기능으로는 다중녹화 및 다양한 Display모드를 설정하여 화면분할을 최대 8화면~16화면으로 다중모니터링이 가능하다.

N

• Noise

전기에너지의 임의 송출이나 상호간섭을 말함. 비디오신호에 있어서 Why? 재현된 최상의 Grain효과, Snowy효과 또는 화상에서 노이즈는 수많은 원인을 가지고 있을 수 있다. 그러나 노이즈현상을 일반적으로 카메라가 최대이득의 자체증폭기로 낮은 신호, 라이트 레벨에서 동작할 때 분명하게 나타난다.

• NTSC(National Television Systems Committee)

FCC와 미국 컬러TV표준을 제정한 국제TV시스템위원회 또한 그 방식, NTSC방식은 1953년 미국에서 컬러TV표준방식으로 채택하였으며 일본에서도 1960년 6월에 표준방식으로 채용하였고 한국은 1980년에 컬러TV방식의 방송도입문제로 각계에서 NTSC, PAL 등 방식에 대해 의견이 있었으나 주무관청인 전파관리국은 이미 할당된 채널기준과 운용되고 있는 방송장비의 특성을 고려, NTSC방식을 채택하였다.
CCTV 시스템에서는 통상적으로 NTSC방식을 주로 채택하고 있다. 대체적으로 대부분의 국가들이 PAL 또는 NTSC방식을 사용하고 있다.

• Number of Scanning Lines

수직귀선 기간을 포함한 1프레임의 화면을 나타내는 주사선의 수. NTSC방식은 525분, PAL과 Secom방식은 625분, 하이비전방식은 1125분 등(단, 예외도 있다). 또 수직귀선 기간을 제외하면 유효주사선수라고 한다.

O

• Object Distance

물체거리. 물체 측의 특정 원점에서 물점까지 광축을 따라 측정한 거리.

• OLPE(Optical Low Pass Filter)

Lens를 통해 들어온 빛의 양을 최적의 상태로 조절하는 장치.

- Omni-scan

주변 인테리어와도 조화를 이룰 수 있도록 설계, 제작된 돔형태의 장치를 인테리어를 중시하는 고급건물과 보안을 중시하는 중요건물에 주로 사용되며, 카메라 하우징과 팬 / 틸트 기능을 동시에 수행할 수 있다. 팬 / 틸트 구조물과 상단덮개는 천장위쪽에 설치하도록 노출을 최소화했고, 팬 / 틸트 구조물은 회전시에 소음과 진동을 최소화하기 위해 DC스태핑 모터를 사용한다.

하단 커버부분은 카메라의 영상에 직접적인 영향을 주므로 빛의 투과율이 좋으며, 굴절현상이 없도록 고급소재의 특수기술로 제작된다.

- Optical Axis

광축, 광학계의 광원렌즈 조리개 등의 중심을 연결하는 직선. 광학계를 구성하는 굴절곡면, 반사곡면의 곡률중심을 연결하는 직선.

- Optical Fiver Cable

광케이블은 플라스틱이나 유리섬유로 만들어진 매체를 말하는 것으로 광파이버 케이블(Optical Fiver Cable)이라고도 한다.

광케이블은 가볍고 얇아서 적은 공간을 차지하면서도 높은 전송속도와 낮은 에러율을 제공하여 고속전송과 높은 신뢰도를 필요로 하는 응용분야에서 많이 사용되는 매체이다.

광케이블의 규격은 Core와 Clad의 직경으로 규격을 구분한다. 예를 들어 Core의 직경이 100micron이고, Clad의 직경이 140micron인 케이블은 100 / 140케이블로 부른다. 현재 상용화된 케이블은 50 / 125(공중망용렌즈), 62.5 / 125(LAN표준), 85 / 125(벨에서 제시한 규격), 100 / 140(LAN에서 사용) 등이 있다.

각 규격은 서로 다른 환경에 적합하도록 개발되었고, 현재까지는 LAN에서 100 / 140규격이 많이 사용되어 왔지만, IEEE802위원회에서 62.5 / 125를 표준으로 정한 이후로는 62.5 / 125규격으로 기울고 있다. 광케이블의 특성은 한마디로 높은 전송속도와 낮은 에러율로 표현할 수 있다.

수100Mhz에서 3Ghz까지의 높은 대역폭에서 1Gbps이상의 전송률을 제공해 500Mhz가 상한선인 동축케이블에 비해 훨씬 높은 전송속도로 데이터를 전송할 수 있다. 뿐만 아니라 리피터 없이도 수Km이상 연결할 수 있어 서로 떨어진 건물에 있는 버스나 링 네트워크를 서로 연결하는데 적합하다.

그 중에서도 외부의 전자기적인 영향을 받지 않으므로 간섭, 충격, 누화에 잘 견디는 등 극도로 우수한 잡음특성을 가지고 있어 1 / 109 이상의 낮은 에러율을 유지한다. 따라서 에러검출과 재전송에 필요한 제반절차가 감소되는 이점을 가지고 있다.

또한 에너지의 발산이 없어 다른 기구에 영향을 주지 않고, 중간에 tap을 만들기가 어려우므로 도청으로부터 안전하다.

배선의 측면에서 본다면 광케이블은 동축케이블이나 트위스트페어보다 부피가 작고 가벼워 설치공간도 적게 들고 배선을 위한 부대설비도 최소화된다. 가격이 비싸기는 하지만 장거리에서도 100Mbps 이상의 고속데이터전송을 하고, 트위스트페어의 간편성과 동축케이블이 가진 넓은 대역폭의 특성을 모두 가지고 있어 완벽한 전송매체로 부각되고 있다. 그러나 네트워크 연결용 송수신기가 고가이고 케이블과 장비간의 접속기술이 취약해 사용범위가 제한되어 있으나, 데이터 증가로 이더넷이나 토큰링의 처리속도가 문제로 부각됨에 따라 LAN의 백본(Backbone)으로 사용되는 것이 일반화돼 있다. 장기적인 측면에서 보면 광케이블은 LAN의 백본으로 정착하고, 전송속도, 보안이 중요시되는 분야에서는 단말부분에까지 널리 사용될 것으로 보인다.

• Optical Low Pass Dilter

화상에 포한되어진 불필요한 공간주파수 성분을 제거하기 위해 광학적인 "Low Pass Dilter". 수저의 복굴절에 의한 다중상을 이용하는 것이 많다. 고체 촬상소자를 이용한 카메라에서는 화상의 이산적 샘플링에 의한 반사잡음의 발생을 방지하기 위하여 필요하다.

P

• PAL(Phase Alternate Line)

대체적으로 Bruch of Telefunken에 의해 개발된 컬러 부호화 / 전송 시스템.

PAL부호화 시스템에서 컬러정보는 전송된 컬러에 의존하면서 특정한 진폭과 군집신호와 연관된 위상관계를 가지는 부반송파에 의해 나타난다.

매번 두번째 라인마다, PAL시스템에서 복조화 과정에 의해 신호위상은 180도 반전되고 전송경로에 의해 재현된 위상측은 진폭에러는 평균화, 최소화된다.

PAL은 지구상에서 UHF와 VHF전송에 양쪽으로 이용된다. 대체적으로 대부분의 국가들이 NTSC방식과 PAL방식 두 가지의 전송방식 중에서 하나를 선택해서 쓰고 있다.

● Pan / Tilt

고정 팬틸트와 전동 팬틸트의 2종류가 있다. 고정 팬틸트는 수평방향 15~30도, 수직방향 45도 정도 방향을 조정할 수 있으며 최종적으로 고정한다.

전동선회대는 카메라의 촬상방향을 상, 하, 좌, 우로 원격제어할 수 있는 것으로 많은 종류가 있다.

- 카메라를 상하, 좌우 회전하는 회전기로 감시범위를 확장하기 위한 장비이며 카메라의 영상에 접하지 않는 부분(사각지역)을 해소하기 위한 장비이다.
- 스틸(Steel) 및 플라스틱 압출물로 제작되며 탑제능력 및 방수여부에 따라 구분된다.
- 팬 / 틸트는 탑재중량에 따라 소, 중, 대형으로 구분된다.

● PCI Bus(Periphera Component Interconnect Bus)

PCI버스란 PC내부의 데이터전송을 위한 데이터 버스 표준규격을 말하는데, 91년 미국 인텔사를 중심으로 유력 컴퓨터 관련업체가 제창한 규격이다. 버스란 중앙처리장치와 주변기기를 연결해 주는 컴퓨터 내부의 통신장치로 일종의 연결통로를 일컫는데, 지난 10여년간 CPU가 고성능화됨에 따라 업체표준이었던 ISA나 EISA, MCA, 최근에 등장한 VESA 등의 버스는 많은 문제점을 드러낸다. VESA버스의 경우 구조상 컴퓨터의 두뇌라 할 수 있는 CPU에 과중한 부담을 주게 되어 그래픽 처리속도나 주변장치로의 정보전달 등에 결정적인 약점이 있는 것으로 지적되어 있다. 게다가 차세대 PC분야의 주력제품으로 등장한 64비트 PC에서도 확정된 데이터버스 사양이 없다는 문제도 제기되고 있다.

이에 따라 세계 컴퓨터업계는 더욱 효율적으로 데이터를 처리할 수 있는 버스를 찾아 나섰고 그 대상이 바로 PCI버스다.

이 방식은 우선 개념 자체가 64비트 위주여서 펜티엄 PC등에 채택하기 쉬운데다가 구조도 CPU와 버스가 독립적으로 작동하도록 돼있어 정보처리속도가 빠르다는 것이 특징이다.

또 PCI버스는 호환성이 VESA버스에 비해 뛰어나고, 슬롯의 크기가 작다는 것도 커다란 장점으로 꼽히고 있다. 현재 PCI버스 진영에는 인텔을 중심으로 IBM, 컴팩, TI등이 참가하여 VESA버스 시장을 압도하고 있다.

● PCM(Pulse Code Modulation)

펄스부호방식. 레코드나 라디오의 음성을 음의 강약으로 전달, 재생하는 아날로그 방식을 취하고 있다. 이에 대해 음의 강약을 1이나 0의 신호(1은 전류가 흐르고 0은 흐르지 않음)의 조합 즉 디지털 신호로 변환해서 보내는 것이 PCM이다.

• Pixel

화소를 의미하는 것으로 화면을 구성하는 최소단위의 점을 가리킨다. 예를 들면 CCD 고체촬상소자의 감당화소가 수평 786개이고 수직 494개라면, 총 38만 화소라고 표현한다.

화상은 명암이 있는 색의 점(도트)의 배열에 의하여 형성되어 있다. 화소수가 많을수록 해상도가 높은 영상을 얻을 수가 있다. 보통 총화소와 유효화소로 구분이 되는데, 이것은 전체화소를 총화소로 부르고, 전체화소 중 실제 영상신호로 출력되는 부분의 화소를 말하는데, 유효상원(상면)은 CCD소자가 렌즈를 통해 촬상된 부분중 실제영상신호로 출력되는 면적을 말한다.

• Pinhole Lens

카메라를 몰래 숨겨서 사용하기 위해서 총알형태의 작은 크기로 만든 렌즈. 핀홀렌즈를 사용하는 카메라를 핀홀카메라라고 한다. 해외에서는 “Bullet Camera”라는 표현이 일반적이다.

• Pre-position Lens

렌즈제어기에 줌 / 포커스 위치를 표시하기 위해 가변저항기(Potentiometer)를 사용하는 줌렌즈. 사용자가 초기설정 후에 줌 / 포커스를 매번 조정할 필요 없이 서로 다르게 설정된 화면을 빨리 볼 수 있는 이점이 있다.

• Progressive Scanning

화상의 주사방법의 일종으로 1프레임기간 내에 모든 주사선(走査線)을 순서에 따라 주사하는 방법.

주사방법으로는 가장 단순한 방법이지만, 화상신호의 대역압축이라는 관점에서 현재 TV에서는 비월주사가 채용되고 있다.

그러나 비월주사 고유의 문제점 Eons가 근래에는 순차주사의 재평가가 이루어지고 있으며 수신한 비월주사신호를 순차주사로 변환하여 표시하는 수상기도 실용화되고 있다.

Q

Quad Splitter

4개의 개별영상을 입력받아 1개의 화면에 4개 분할해서 동시 감시하는 장비이며, 가장 일반적으로 많이 사용되며, 컬러, 흑백전용과 컬러와 흑백이 가능한 제품 등이 있다.

1개의 화면에 최대 4개까지 화면이 분할되기 때문에 17″이상의 모니터를 사용하는 것이 가장 좋다(모니터화면이 너무 작으면 제대로 영상을 감시하기 어렵다).

단점으로는 화면에 보고 있는 상태로만 녹화가 된다. 즉 4분할 상태에서 녹화하고 다시 재생하였을 때 1개의 확대화면으로 볼 수 없다.

모니터에 자체적으로 화면분할 기능을 갖고 있는 제품도 있으며 중소형 시스템에 적합한 기기이다.

R

Receiver Unit

중앙관제실에서 멀리 떨어진 카메라 단말부에 설치되어 원격제어 송신기(Transmitter)로부터 데이터를 받아 단말부의 카메라, 줌렌즈, 전동선회대 등의 동작을 제어하는 기기.

Resolution

"해상도(Resolution)"란 텔레비전이나 팩시밀리의 화상 디테일 콘트라스트(정세) 표현능력의 척도를 말한다. 해상도는 화면의 정세성을 나타내는 척도, 즉 화상의 섬세한 부분이 어느 정도 세밀하게 재현되는지를 나타내는 척도로 해상도 측정용 패턴을 사용해 한계해상도의 가닥(주사선)수나 진폭변조도 특성으로 그 척도를 나타내는데 기본적으로 화소수가 많을수록 해상도가 높아진다.

텔레비전 화면에 균일간격으로 번갈아 나타나는 흑백의 수평 방향선을 화면 높이 속에 몇 개까지 나타낼 수 있는지를 수직 해상도에 나타내며, 화면 높이와 같은 길이로 된 흑백의 수직 방향선을 가로폭 속에 번갈아 몇 개가 재현되는 지로 수평해상도를 나타낸다.

해상도는 흑백의 선이 교차하는 선의 폭이 화면 높이의 N분지 1일 때 N가닥(본이)이라고 하는 수치로 표현하며, 래스터(Raster : 일정영역 내 주사선군의 패턴)의 수평방향 길이와 같은 거리로부터 판독할 수 있는 테스트 차트의 선의 가닥수로 그 해상도를 표시한다.

해상도는 수평해상도와 수직해상도가 있지만 촬상관식 카메라는 화면중심부의 수평해상도를 표시한다. 수직해상도는 주사선의 수에 따라 결정되며 한국의 표준 TV 방식에는 주사선수가 525Line, 수직해상도는 350Line이다.

• RF Module

RF모듈이란 통신기기의 송수신 고주파 회로부를 하나로 집적한 것. 모든 무선통신기기는 음성신호 주파수를 멀리 보낼 수 있도록 고주파화한 후 이를 안테나로 받아 다시 원래의 주파수로 낮추는 역할을 하는 고주파(RF)부와 고주파 신호를 정확하게 재생할 수 있게 해주는 베이스밴드부, 조직부 등 크게 3개 부분으로 구성되어 있는데 RF모듈은 바로 고주파부를 하나의 모듈로 구성, 상품화한 것을 말한다.

RF모듈은 통신기기 시장에서는 최근에야 유망사업으로 급부상하고 있지만 가전부문에서는 이미 오래전부터 상품화되어 왔다. TV나 VCR, 위성방송 수신용 튜너 등은 바로 RF모듈의 독립 상품명이다. 통신단말기 중 RF모듈을 채용하는 제품은 현재 9백Mhz 무선전화기에서 본격화되고 있으나 앞으로는 휴대폰, 개인휴대통신(PCS)용 단말기 등으로 점차 확산될 것으로 예상돼 RF모듈이 독자적인 사업영역으로 자리잡을 전망이다.

• RGB(Red Green Blue)

RGB는 적색(Red), 녹색(Green), 청색(Blue) 약자를 의미하는 것으로 빛의 삼원색을 조합하여 화면에 색상을 표현하는 방식으로 디지털 방식의 모니터에서 사용하는 방법이다.

• RISC(Reduced Instruction Set Computer)

처리시간이 매우 짧고 간단한 명령만을 골라 그것들을 조합한 명령세트에 의해 종래의 CISC(Complex Instruction Set Computer)보다 처리를 고속으로 하는 마이크로 프로세서.

RISC는 종래의 기계어와 마이크로 명령의 중간레벨로 어드레싱을 소수로 제한하고 있으며 LSI(고집접)화가 용이하고 파이프라인에 의한 명령의 고속화가 장점을 갖고 있으며 ① 모든 명령은 1클럭(스위치개폐를 제어하는 순간적인 신호)으로 실행 ② 모든 명령은 1워드 길이로 ③ 연산은 레지스터 사이에서만 실행 ④ 명령은 31종류로 매우 적으며 ⑤ 큰 레지스터파일(레지스터 윈도라고도 불림)을 갖는 특징을 지닌다.

S

Scanning

2차원의 화상을 시간적인 전기신호로 전송하기 위해 화상을 화소로 분해하고, 각 화소의 신호값을 일정한 순서와 방법으로 읽어내는 동작, 또는 이와 같은 신호로부터 원래 초상을 복원하는 동작.

Scanning Standard

화상을 구성하기 위해 정해진 走査에 관한 방식. 주요 방식으로는 선주사, Sector 주사, 점주사가 있다.

Sensitivity

카메라 성능을 표시하는 지표의 하나이다. 반사율 89.9%의 회색피사체를 2,000LUX의 조명에서 촬영하여, 비디오 출력신호 레벨이 100%얻을 수 있는 F치(렌즈의 조임)로 표시함.

각종 기기나 센서의 입력에 대해 응답하는 정도를 나타내는 말로서 원하는 출력을 만들기 위해 필요한 최소 입력레벨. TV나 비디오카메라에서는 원하는 S / N비를 얻기 위해 필요한 수신입력레벨 또는 피사체 조도로 정의.

단위 입력당 출력의 크기. 광센서 등에서는 입사 광속당 출력전류로 정의되는 광전감도가 일반적으로 이용된다.

Sens Up

조도가 낮으면 일반적으로 카메라 감도도 낮아져서 피사체가 흐리게 나오게 되는데 이를 방지하기 위한 기능이다. 일반적으로 카메라는 피사체에서 반사되는 빛을 받아 그 빛을 신호로 처리하는데 낮은 조도 환경에서는 반사되는 빛의 양이 적어서 흐리게 나온다. 그러나 별과 같은 반사되는 빛이 적은 사진을 찍을 때 카메라의 셔터를 오랫동안 열어놓고 찍는 사진촬영기법이 있는데, 이와 같은 방법으로 낮은 조도 환경에서 피사체를 촬영할 때에 카메라의 셔터속도를 늦추어 피사체에 많은 빛을 받아 감도를 높여주는 기능이다.

Serial Port

시리얼통신을 사용할 때 쓰이는 포트나 인터페이스. 시리얼은 한번에 1bit의 데이터를 송신하는 방법이다. PC상의 대부분의 시리얼포트는 RS-232나 RS-422방식을 따른다. 시리얼포트는 모뎀, 마우스, 프린터(프린터가 패러렐포트에 연결될 때) 등과 같이 일반적으로 사용되는 장치에서 쓰이는 인터페이스이다.

- Smear

강한 광선으로 전하가 과다하게 생성되어 "Potential Warrier"를 넘어, 전하가 정상적으로 전송되지 못하고 상하로 넘침으로써 수직방향으로 띠를 형성하는 현상임.

- S / N(Signal & Noise)

색신호에 도안하는 잡음(노이즈)성분의 양을 수치로 표시한 것. S / N은 신호와 잡음으로 표시하며, 수치가 클수록 잡음(노이즈)이 작아진다. 컬러S / N은 6db를 늘릴 경우, 잡음의 양이 2배 또는 1 / 2가 된다.

신호(Signal)레벨과 잡음(Noise)을 표시하며, 단위는 db이다. 이 수치가 높으면, 노이즈가 작음을 표시하며 보다 깨끗한 화면의 구현을 의미한다.

최근의 CCTV카메라 중에서 적은 조도에서도 선명한 화면구현을 위하여 자동 이득 조정회로 AGC가 부착된 카메라가 많지만 AGC(Automatic Gain Control)회로가 동작되는 경우 카메라의 감도가 향상되는 만큼 S / N비가 저하된다.

일반적으로 S / N비가 40db이상이면 잡음이 거의 없는 화면구현이 가능하며, S / N가 32db~40db일 경우 약간의 잡음 가능성이 있고 32db미만일 경우에는 정상적인 화면구현이 어렵다.

- Solid State Image Sensor

반도체 주사회로에 의해 영상신호가 읽혀지는 촬상소자이다. 수광부는 입사광에 의해 신호전하를 생성, 축적하는 다소의 화소로 구성된다.

각 화소에 축적된 신호전하는 스윗칭트랜지스터를 거쳐 소정의 순서로 읽어낸다. 촬상관등 진공형 촬상소자에 비해 소형, 경량이며 내구성과 조작성이 뛰어나다. 화소가 1차원으로 배열된 Liner센서가 있고, 2차원의 Area센서가 있으며, 방송용 카메라나 가정용 비디오카메라를 시작으로 사무기기나 의료, 업무용 등 다방면에서 이용되고 있다.

저잡음의 CCD를 주사회로로 이용하는 것이 주류이다.

- Synchronism

비디오카메라가 1초에 30매의 화상을 촬영하고 동화면을 만드는 과정에서 1매를 촬상하는데 사용되는 타이밍을 동기라고 부른다.

동기에는 수평동기와 수직동기가 있고 CCTV카메라를 동작시 이러한 동기를 취하는 것이 필요하게 된다. 통상 동기는 카메라 내부에서 신호를 발생하지만 특히 여러 대의 카메라를 전환하여 1대의 모니터에서 수상할 경우와 수대의 카메라영상을 1대의 모니터에 분할할 경우는 외부로부터 동기신호를 공급하여 전체 카메라 및 기기를 동일하게 동기신호로 동작시킬 필요가 있다. 이를 외부동기방식이라 부른다.

T

- TCP / IP(Transmission Control Protocol / Internet Protocol)

인터넷의 기본적인 통신 프로토콜로서, 인트라넷이나 엑스트라넷과 같은 사설망에서도 사용된다.

사용자가 인터넷에 접속하기 위해 자신의 컴퓨터를 설정할 때 TCP / IP프로그램이 설치되며, 이를 통하여 역시 같은 TCP / IP 프로토콜을 쓰고 있는 다른 컴퓨터 사용자와 메시지를 주고받거나, 또는 정보를 얻을 수 있게 된다.

TCP / IP는 2개의 계층으로 이루어진 프로그램이다. 상위계층인 TCP는 메시지나 파일들을 좀더 작은 패킷으로 나누어 인터넷을 통해 전송하는 일과 수신된 패킷들을 원래의 메시지로 재조립하는 일을 담당한다.

하위계층 즉 IP는 각 패킷의 주소부분을 처리함으로써 패킷들이 목적지에 정확하게 도달할 수 있게 한다. 네트워크상의 각 게이트웨이는 메시지를 어느 곳으로 전달해야 할지를 알기 위해 메시지의 주소를 확인한다. 한 메시지가 여러 개의 패킷으로 나뉘어진 경우 각 패킷들은 서로 다른 경로를 통해 전달될 수 있으며, 그것들은 최종목적지에서 재조립된다.

TCP / IP는 통신하는데 있어 클라이언트 / 서버모델을 사용하는데, 컴퓨터사용자(클라이언트)의 요구에 대응하여 네트워크상의 다른 컴퓨터(서버)가 웹페이지를 보내는 식의 서비스를 제공한다.

TCP / IP는 본래 점대점(點對點) 통신을 하는데, 이는 각 통신이 네트워크상의 한 점(또는 호스트컴퓨터)으로부터 시작되어, 다른 점 또는 호스트컴퓨터로 전달된다는 것을 의미한다.

TCP / IP와 TCP / IP를 이용하는 상위계층의 응용프로그램들은 모두 "커넥션리스(Connectionless)"라고 불리는데, 이는 각 클라이언트의 요구가 이전에 했던 어떠한 요구와도 무관한 새로운 요구로 간주된다는 것을 의미한다(일상적인 전화통화가 통화시간내내 지속적으로 연결되어 있어야 하는 것과 다르다). "커넥션리스"는 네트워크를 독점하지 않으므로 모든 사람들이 그 경로를 끊임없이 공동으로 사용할 수 있게 한다(사실 TCP계층 그 자체는 어떠한 메시지에 속하는 모든 패킷들이 수신될 때까지 계속 유지된다). 많은 인터넷 사용자들이 TCP / IP를 이용하는 상위계층 응용 프로토콜에 대해서는 잘 알고 있다. 이러한 상위계층 프로토콜에는 웹서비스에 사용되는 HTTP를 비롯하여 멀리 떨어져 있는 원격지의 컴퓨터에 로그온 할 수 있게 해주는 "Telnet" 그리고 파일전송에 사용되는 FTP(File Transfer Protocol)와 메일전송에 사용되는 SMTP(Simple Mail Transfer Protocol) 등이 있다. 이러한 프로토콜 등은 종종 TCP / IP와 함께 패키지로 일괄 판매된다.

PC사용자들은 보통 인터넷에 접속하기 위해 SLIP(Serial Line Internet Protocol)이나 PPP(Point-to-Point Protocol) 프로토콜들을 다이얼업 전화접속을 통해 접속서비스사업자의 모뎀으로 보내질 수 있도록 IP패킷들을 캡슐화한다.

TCP / IP와 관련이 있는 프로토콜로 UDP(User Datagram Protocol)가 있는데, 이것은 특별한 목적을 위해 TCP대신에 사용되는 것이다. 라우팅정보를 교환하기 위해 네트워크 호스트컴퓨터에 의해 사용되는 프로토콜에는 ICMP(Internet Control Message Protocol), IGP(Interior Gateway Protocol), EGP(Exterior Gateway Protocol) 그리고 BGP(Border Gateway Protocol) 등이 있다.

- Time Laps VCR

타임랩스 VCR은 일반 VCR과는 달리 테이프상에서 기록하는 시간 간격을 길게 하여 테이프의 사용시간을 늘려주기 때문에 주사용처인 CCTV시스템에 적합하도록 개발된 VCR이다.

타임랩스 VCR은 다른 기기와 연동이 가능하며, 녹화시간에 따라 12, 24, 36, 960시간 등 다양한 기종이 있으며 녹화시간을 선택할 수 있다.

- Transceiver

아날로그나 디지털 신호를 송수신하는 장치. 대부분의 LAN에서 트랜시버는 NIC에 내장되어 있다. 이더넷에서 트랜시버는 MAU(Medium Access Unit)라고 불린다.

U

- Ultra DMA

버스를 통하여 하드디스크 드라이브와 램 간에 데이터를 전송하기 위한 프로토콜이다. Ultra DMA / 33 프로토콜은 집중모드에서는 초당 33.3MB의 속도로 데이터를 전송할 수 있는데, 이는 이전의 DMA 인터페이스보다 2배 이상 빠른 속도이다.

Ultra DMA는 하드디스크 드라이브 제작사인 퀀텀사와 컴퓨터 버스기술을 지원하는 칩셋의 제작사인 인텔사에 의해 제시된 산업체 표준으로서 개발되었다.

자신의 컴퓨터가 Ultra DMA를 지원한다는 것은 부팅 및 응용프로그램이 시작되는 속도가 더 빨라질 것이라는 것을 의미한다. 이것은 또한 그래픽 위주의 사용자나 하드디스크 상에 있는 많은 양의 데이터를 액세스해야 하는 프로그램의 사용자들에게도 도움이 될 것이다. Ultra DMA는 새로운 차원의 데이터 보호를 제공하는 CRC를 사용한다.

Ultra DMA 프로토콜은 이전의 PIO와 DMA 프로토콜과 함께 동작할 수 있도록 설계되었기 때문에, Ultra DMA / 33 PCI 어댑터 카드를 설치하는 것만으로도 기존의 많은 수의 컴퓨터들에 추가될 수 있다. Ultra DMA는 PIO나 DMA와 같이 동일한 40핀짜리 IDE 인터페이스 케이블을 사용한다.

UDTV(Ultra Definition Television)

주사선이 HDTV에 배해 2배에 가까운 2000개 이상인 TV 방송뿐만 아니라 통신, CD롬, 멀티미디어, 단말기 등 모든 미디어에 공통적으로 적용시키는 미디어 융합도 가능하다.

- UPS(Uninterruptible Power Supply)

정전일 경우에 전원을 공급할 수 있는 장치. 일반적으로 UPS는 정전 후에도 몇 분 동안 컴퓨터를 작동시킴으로써 RAM에 있는 데이터를 저장하는 기능을 하며, 이로서 컴퓨터를 정상적으로 종료시킨다.

- USB(Universal Serial Bus)

USB란 인텔, 컴팩, IBM, DEC, 마이크로소프트, NEC, 노턴텔레콤 등 7개 기업이 합의한 PC주변기기 포트규격을 말하며 PC의 주변기기를 쉽게 사용하기 위해 개발되었으며, 음성과 압축된 영상을 12Mbps 전송속도로 실시간으로 처리할 수 있게 해주는 PC연결방식이다. 인텔이 96년 2월 이를 구현할 수 있는 "인텔82930A" 컨트롤러를 상용화함으로써 전세계 PC업체들은 이를 채용한 제품개발에 박차를 가하고 있다. 이 방식은 P&P(플러그 앤드 플레이)를 거의 완벽하게 실현할 수 있는 PC규격으로 평가받고 있으며 현재 대부분의 PC카메라가 USB포트 연결방식을 채택하고 있다.

V

• Vari Focal Lens

가변초점렌즈로서 초점거리를 가변할 수 있는 렌즈. 주렌즈 앞의 부가렌즈를 이동시켜 연속적으로 초점거리를 가변하지만 줌렌즈와는 달리 결상면도 변한다. 줌렌즈의 일종이지만 저가격을 목적으로 하고 배율, 줌비율이 보통의 약 2배로서 자동조리개와 수동조리개의 2종류가 있다.

설치시 초점거리가 약 2배정도로 변할 수 있기 때문에 정확한 화각을 렌즈교체없이도 선택할 수 있는 특징이 있다. 현재 출시되고 있는 모델은 초점거리가 3.5~8mm, 4.5~10mm, 6~12mm로 그 중 가장 수요가 많은 기종은 3.5~8mm와 6~12mm이다.

• VCD(Video CD)

CD-ROM XA에 기반을 둔 CD형식으로서 MPEG-1 비디오데이터를 수록함은 물론, 상호작용 능력을 갖추도록 특별히 설계되었다. VCD는 DVD의 해상도에는 훨씬 못 미치지만, VHS와는 비슷한 해상도를 가진다.

각 VCD 디스크는 72~74분 정도의 비디오를 수록할 수 있으며, 1.44Mbps의 데이터 전송속도를 가진다. VCD는 TV셋이나 컴퓨터에 연결되어 있는 VCD플레이어, CD-i플레이어, 일부 CD-ROM드라이브 그리고 일부 DVD플레이어에서도 재생될 수 있다.

VCD는 1993년 JVC, 필립스, Sony 및 마쯔시다 등에 의해 소개되었으며, White Book 규격에 자세하게 기술되어 있다.

비디오데이터는 기본적으로 대량의 저장공간이 요구되는데, 1초당 대체로 5MB의 저장공간을 필요로 하므로, 이대로 계산한다면 680MB 용량의 CD 한 장에 대략 2분 분량의 비디오를 저장할 수 있을 뿐이다. 실제로 비디오 정보를 한 장의 CD에 저장하기 위해서는 데이터를 압축하여 저장하고 재생할 때 압축된 데이터를 실시간으로 풀어주어야 한다.

MPEG-1은 데이터를 최고 200:1의 비율로 압축한다. MPEG는 MPEG 비디오를 사용하는 하드웨어를 만드는 제작회사들에 의해 사용되는 국제규격이다.

MPEG 비디오는 또한 어떠한 CD에도 저장될 수 있다. VCD형식은 MPEG-1 데이터에서 불필요한 정보를 제거하며, CD-i 실행시간 활용능력을 포함함으로써 특화된 비디오 저장능력을 추가한다.

- VDA

1대의 카메라 영상신호를 다수의 영상모니터에 공급하는 장치.

- Vertical Resolution

수직방향의 공간 해상도. 촬상소자의 경우 화소수, 촬상관의 경우 빔의 크기 그리고 방송방식과 과년이 깊다. 단위는 분 또는 Line을 사용한다.

- Vertical Scanning

상하방향의 주사. 화면을 구성하는 화소의 신호값을 상하방향 즉 수평주사선에 수직인 방향으로 순차적으로 읽어내는 것 또는 같은 방법으로 순차기록 또는 표시하는 것.

- VHF(Very High Frequency)

초단파. 파장이 10Cm에서 1mm까지의 전파를 말한다. 직진하는 성질 때문에 단파처럼 지구를 둘러싼 전리층에서 반사되지 않고 통과해 버리므로 초단파를 이용한 통신은 대상물이 일직선 범위내로 한정된다.

- Video Server

컬러동화상이나 음성을 저장하여 통신회선과 근거리(LAN)에 접속된 단말기로부터 이들 데이터를 이용하기 위한 서버를 말한다. 대화형 케이블TV 등 양방형 멀티미디어 서비스를 실현하기 위한 주요 구성요소이며 현재 일반사무실에도 도입이 시작됐다. 이 시스템은 "고성능 중앙처리장치(CPU)"와 고속 입출력이 가능한 "메모리"와 많은 단말기에 화상데이터를 전송하기 위한 "다중분배장치" 등으로 구성된다.

화상데이터는 압축한 후, 디스크 어레이로 보관된다. 현재 압축, 확장방식은 전송속도 1.5메가비트/초의 MPEG-1이 주류를 이루고 있다. 사용되는 컴퓨터는 초병렬 컴퓨터, 메인프레임, 전용기, PC 및 워크스테이션 등이다.

• Video Type Auto Iris Lens

자동조리개 렌즈의 일종으로 직류전원과 영상신호를 공급받아 렌즈 자체에서 일정한 광량을 유지하는 기능의 회로를 갖고, 영상신호의 레벨을 판단하여 렌즈의 조리개를 자동으로 조정할 수 있도록 한 렌즈.

• Visible Light

일반 CCTV 카메라는 가시광선에 의해 조명된 피사체를 찍는다. 가시광선이라는 것은 빛에 대해 사람의 눈이 감각할 수 있는 범위를 말하며 빛의 파장으로 380에서 770mm의 범위이다.

380mm이하 파장의 빛을 자외선, 770mm이상 파장의 빛을 적외선이라 한다.

• VRS(Video Response System)

비디오응답시스템. 텔레비전 수상기와 키보드를 단말로 하고 광대역 전송로를 통해 파일정치를 가진 센터를 접속하여 이용자의 요구에 따라 정보를 개별적으로 제공해 주는 방식이다.

화상응답시스템이라고도 하며, 사진, 영화의 제공도 가능하다.

W

• Watch Dog

DVR에서 시스템불안시(시스템이 다운될 경우, 윈도우상에서의 에러발생으로 프로그램오류발생의 경우) DVR시스템상에서 스스로 BUG를 감지하여 대처하는 기능으로 일종의 자기진단 기능이다.

• Wavelet

차세대 영상압축 소프트웨어기술을 말한다. 웨이브릿 압축기술은 JPEG처럼 프레임 단독으로 영상을 압축, 복원하는 기법을 사용하면서 프레임당 3KB 내외(화면해상도 340X240기준)의 압축률을 나타낸다.

웨이브릿은 정지영상 압축률이 JPEG방식에 비해 3배 이상 높아 저장매체의 이용효율을 높일 수 있기 때문에 수요처를 중심으로 호응을 얻고 있는 기술이다.

웨이브릿은 JPEG, MPEG 등 상용화된 다른 영상 압축기술과 달리 아직 세계적으로 표준규격이 없다.

- WDR(Wide Dynamic Range)

일본 파나소닉에서 발전된 기술로 조도차가 큰 환경에서도 선명한 영상을 구현할 수 있는 기능으로 역광보정기능(BLC)보다 한 차원 높은 기능. 역광보정기능은 배경(역광부분)은 희미하지만 WDR기능을 채택하면 배경(역광부분)을 좀더 나은 화면으로 볼 수 있다.

Z

- Zoom Lens

광학계의 일부를 광축에 따라 이동시킴으로서 피사체의 위치를 변화시키지 않고 초점거리를 연속적으로 변화시킬 수 있는 렌즈. 비디오카메라용 줌렌즈의 일반적인 구성은 배율을 바꾸는 변배렌즈계와 결상기능을 하는 결상렌즈계로 구성된다.

상에 초점을 맞추는 기능은 변배렌즈계 또는 결상렌즈계의 일부렌즈를 이동시켜 행한다.

일반적으로 줌렌즈의 구경비는 줌비에 따라 변하지 않지만 줌렌즈의 소형화를 위하여 최대 초점거리에서 구경비가 크게 되는 것도 있다.

- Zoom Ratio

줌렌즈 또는 가변초점렌즈에서 최대 초점거리와 최소 초점거리와의 비율. 촬영하는 화각을 변화시킬 수 있는 정도를 나타내는 수치.

※ 참고자료 제공

CCTV 뱅크

인터넷 전자신문

한국 하니웰 기술연구소

부 록 II(Appendix)

CCTV 관련 오피니언(Opinion)

현대사회에서 CCTV는 ITV로서 방송텔레비전 이외에 상업용, 교육용, 의료용, 반재용 및 사내의 정보 전달용 등 그 용도가 다양하지만, CCTV 설치배경의 핵심 이유는 범죄예방기능에 중심을 두고 있다고 볼 수 있다.

지금까지 CCTV의 임무는 범죄가 발생한 후 범인을 찾아내는 것이 고작이었으나, 이제는 범죄를 저지를 가능성까지 분류하여 추적하는 시스템의 기능도 가지고 있다.

현재 전세계에는 2,000만대가 넘는 CCTV가 설치된 것으로 추정하고 있다. 특히 영국 런던에서 발생한 폭탄테러사건 이후, 영국은 세계에서 CCTV를 가장 많이 보유한 국가이다.

영국 "세필드 범죄조사센터"의 "클라이브 노리스"박사가 조사한 바에 따르면 영국내 설치된 CCTV대수는 428만 5000여대에 달한다고 하며, 이는 영국민 14명당 1대꼴로 CCTV가 설치된 셈이다.

통계상으로 "런던 같은 대도시에는 시민 1명이 자신도 모르는 사이에 하루 최대 300번까지 CCTV에 촬영될 수 있다 한다.

1990년대 초 3개 지역에서 시범적으로 설치되기 시작한 것이 현재는 런던을 포함해 500여 행정구역에 CCTV가 보급돼 있으며, 영국언론에는 수시로 CCTV에 찍힌 강간용의자, 절도용의자, 축구장에서 난동을 부린 "훌리건"들의 사진들이 공개되고 있다고 한다.

물론 CCTV가 사생활을 침해한다는 이유로 반대여론도 만만치 않지만, 금번 런던

테러 용의자색출에서 보인 CCTV의 위력 때문에 반대여론은 주춤하고 CCTV의 설치가 더욱 확대될 전망이라고 한다.

국내에서도 최근 검거된 서울 서남부 연쇄살인용의자가 CCTV를 두려워했다는 진술에 CCTV의 범죄예방효과가 다시 주목되고 있다.

용의자(容疑者)는 부자들이 많이 사는 강남지역에는 CCTV가 너무 많아 범죄가 쉽기 않을 것 같아 다른 지역에서 범죄를 저질렀다고 말했다. 용의자의 말이 사실이라면 강남주민은 CCTV의 수혜자인 셈이다. 따라서 강남경찰서는 "CCTV 예방효과가 입증되고 있다."라며 강남지역에 CCTV 100대를 더 설치하겠다고 말한 바 있다.

현재 강남구에 설치된 경찰방범용 CCTV는 372대로 서울의 25개 자치구 가운데 가장 많다. 강남구에 CCTV 관제센터가 들어선 것은 2004년 8월 25일부터다. 다른 지역에도 경찰방범용 CCTV는 많이 있지만, 이들을 통합해 모니터링하는 관제센터가 있는 곳은 강남구가 유일하다.

2004년 8월부터 2005년 말까지 CCTV를 통해 범인을 검거한 사건은 56건이나 되었으며, 첫 3개월은 강남지역 5대 강력사건 발생건수가 31.4% 감소했다는 보도도 있었지만, 국정감사자료에 의하면 2004년 9월부터 2005년 8월까지 강남지역 강도사건 발생률은 1년전 같은 기간과 비교해 7.4% 늘었다는 통계로 보아서는, 이 자료로만 보면 CCTV설치가 효과가 없는 셈이다.

그러나 CCTV가 정말 범죄예방 효과가 있는지, 인권침해요소는 없는지 논란이 계속되고 있지만 대다수 시민들은 골목길 방범 CCTV설치를 반기는 것만은 틀림없다.

경찰대의 모교수는 "짧은 기간 수집된 자료만 보고 범죄예방효과가 있다, 없다 단정짓기는 힘들다. 다만, 영국등 외국에서 학술적으로 연구한 자료를 보면 CCTV의 범죄예방효과는 있는 것으로 나온다."라고 지적했다.

이와는 달리 CCTV를 바라보는 시선이 냉소적인 시민단체들은 "범죄감소와 CCTV 설치 사이에 연관성이 지나치게 과장된 면이 있다. 계획적인 범죄를 저지르는 사람들은 CCTV가 없는 골목이나 다른 지역을 찾아 다시 범행을 저지른다. CCTV설치에 따른 긍정적인 효과가 아주 없지는 않겠지만 사회적 비용이 너무 크다."라고 주장했다.

또한 설령 CCTV가 설치되더라도 촬영내용이 외부에 유출되거나 악용되지 않도록 엄격히 관리되어야 한다고 말했다.(이상 "시사저널" 2005. 5. 9. 인용)

CCTV 영상을 통한 행동예측 사례(사진제공 영국 킹스톤대)

지하철 개찰구에서 사람들의 이미지가 푸른색 네모처럼 한 데 뭉쳐져 있으면 폭행 등이 발생했을 가능성이 있는 것으로 보고 관리자에게 통보한다.

다름 사람들은 계속 움직이는데 붉은색 네모처럼 정지해 있는 사람이 포착되면 관심을 기울여야 할 대상으로 보고 통보한다.

보행방향을 바탕으로 통보 등 주변 상황을 감안해 비정상적인 방향으로 가는 사람(네모안)이 포착되면 관리자에게 자동으로 통보된다.

「똑똑해진 CCTV가 테러 막는다.」

(“조선일보” 2005년 7월 19일자 보도)

영국 런던에서 발생한 참상은 전세계 사람들에게 커다란 충격을 안겨줬다. 그런데 사건발생 후 얼마 되지 않아 폐쇄회로TV(CCTV)에 찍힌 테러용의자의 사진이 공개됐다. CCTV가 범인을 찾아내는데 결정적인 역할을 한 것이다. 하지만 범인들이 폭탄테러를 하기 전에 경찰이 용의자를 색출, 사전에 검거할 수 있었다면 얼마나 좋았을까? 꿈같은 이야기지만 영국 경찰은 폭탄테러 후 전국 400만대의 CCTV를 통해 범죄를 저지를 가능성이 있는 사람만을 골라내 추적하는 시스템을 단계적으로 도입 중이다. “톰 크루즈” 주연영화인 “마이너리티 리포트”에서처럼 범죄를 예방하는 시대가 한발짝 다가오는 셈이다.

▶범죄용의자 가려낸다.

지금까지 CCTV의 임무는 범죄가 발생한 후 범인을 찾아내는 것이 고작이었다. 이제는 범죄를 저지를 가능성이 있는 사람을 분류, 추적하는 임무까지 맡게 된다. 어떻게 이런 일들이 가능할까. 쉽게 말하면 컴퓨터가 CCTV를 통해 정상적이지 않은 행동을 보이는 사람만 가려내서 추적하는 것이다.

컴퓨터는 CCTV화면에 나타난 사람을 하나의 점으로 간주한다. 이 점들 중에서 움직임이 비정상적인 것만 찾아내는 것이다.

영국 "킹스톤대"의 "세르지오 벨라스틴"교수가 개발한 "크로마티카(Cromatica)"는 CCTV를 통해 범죄를 예방하는 "소프트웨어"로서 컴퓨터는 지하철 CCTV에 찍힌 특정인의 보행(步行)방향이 대다수 사람들의 움직임이나 주변 통로 방향과 일치하지 않으면 즉시 관리자에게 경보(警報)를 보낸다.

또 몇 번씩 열차를 보내면서 자리를 뜨지 않는 사람이 있다면 자살할 가능성이 있는 것으로 판단한다.

이"소프트웨어"는 CCTV 사진을 구성하는 화소(畵素)를 분석, 사건발생 현장을 실시간으로 파악할 수 있다. 예컨대 사람들이 공간에 흩어져 있을 때는 화소 구성이 비슷하지만, 폭행사건 등이 발생해서 인파가 갑자기 한 장소에 몰리면 화소 구성이 급격히 변화하기 때문에 사건발생을 즉시 알 수 있다는 이야기다.

▶**관리 인력도 줄일 수 있다.**

컴퓨터를 이용한 CCTV감시 기술은 CCTV감시 인력 부족문제도 해결해줄 수 있다. 현재 사람 한명이 CCTV화면에서 감시(監視)할 수 있는 인원은 25명에 불과하다.

문제는 실제 화면에 찍히는 사람이 그보다 훨씬 많아 대충 넘어갈 수밖에 없다는 것. 그러나 컴퓨터가 사람대신 CCTV를 감시하고 있다가 이상 징후가 보일 때만 관리자에게 통보하면 감시 인력도 크게 줄일 수 있다.

현재 "벨라스틴"교수가 개발한 CCTV 감시기술은 런던 리버플驛에 설치돼 운용되고 있다. 이 기술은 앞으로 영국 전역의 지하철에 순차적으로 전파될 예정이며, 유럽 교통시스템에도 단계적으로 적용될 전망이다.

※경찰 방범용 CCTV 관제센터

◆CCTV관련 사회적인 오피니언사례

다음은 언론에 게재된 CCTV에 대한 견해이다. CCTV의 순기능은 세계적인 추세로 현대사회의 보편화된 시스템으로 받아들이고 있지만, 사생활보호가 자칫 실종되지 않을까하는 우려의 역기능 문제도 소홀해서는 안 된다는 의견도 있다. 그 내용을 원문(原文) 그대로 소개하여 본다.

「CCTV에 갇힌 인생」 – 東亞日報 김충식 논설위원

인천 자유공원의 맥아더장군 동상을 지키기 위해 3000만원의 예산이 들었다. 과격파들의 훼손시도 때문에 구청에서 감시카메라를 설치한 것이다. 서울 문래공원의 "박정희소장"동상도 훼손이 잇따르자 감시카메라를 세워 지켰다. 1980년대 하와이 총영사관은 반(反)정부 유학생들이 "전두환 기념식수"나무를 자꾸 파헤치자 나무 옆에 폐쇄회로(CC)TV를 설치할까 논의했다. 그러나 외신에 보도되고, 우스꽝스러운 군사독재의 나라로 비칠까봐 그만두었다고 한다.

▷미국은 9·11테러 이후 주요 도시의 감시카메라를 고성능으로 바꾸고 있다. 줌(Zoom)기능을 갖추어 멀리 있는 물체도 확대해서 식별할 수 있게 한다. 수도 워싱턴과 시카고 등지에 고성능 카메라 수천대가 새로 설치됐다. 호주의 멜버튼 시민들은 시내 곳곳에 붙어있는 카메라에 누구라도 하루 평균 100회 가량 찍힌다고 한다. 은행 현금지급설비, 주차장, 지하철역, 공항, 공중화장실, 전봇대의 감시카메라에 가는 곳마다 예외 없이 감시당한다.

▷영국이 공공장소에 설치한 카메라는 420만대나 된다. 경찰이 직영하는 방범(防犯)카메라만 4만대나 되고, 도시 주민들은 평균 30초에 한 번꼴로 찍힌다는 보도다. 카메라가 사생활만 침해할 뿐 테러로부터 보호도 못해준다는 불평이 일고 있다. 그러나 지난해 영국의 7·7테러발생 엿새만에 범인을 확인시켜준 것은 바로 방범카메라였다.

그래서 영국경찰은 "적어도 테러범 색출에는 도움을 주지 않느냐"고 반박한다.

▷서울 구로동의 오피스텔에 사는 주민이 감시카메라를 뜯어냈다 특수절도 혐의로 입건됐다. 그는 "술 취한 김에 사생활을 들여다보는 것 같아 뜯어냈다"며 "날이 밝으면 관리사무소에 가져다 줄 생각이었다."고 항변한다.

간간히 터지는 "몰카"소동 때문에 누군가 자신을 엿보고 있다고 느끼는 피해망상증도 늘어간다고 한다. 찍히는 게 기분 나쁘더라도 대범하게 의식하지 않는 길밖에 없다. 범죄예방에 갇혀 하루한시도 옴짝달싹 못하는 서글픈 현대인(現代人)이다.

「카메라행정을 즐겨선 안된다.」 – 제주 제민일보 사설

제주시가 "감시카메라행정"을 확대하려는 움직임이다. 쓰레기 무단투기를 예방하겠다며 주택가 도로변에 30대의 전자영상 감시장비(CCTV)를 이미 설치했거나 추진 중이다. 이런 시(市)가 이번에는 시청주변 불법주정차 감시용으로 CCTV를 추가, 시민들 사이에 오가는 말들이 많다.

감시카메라의 행정도입은 이제 보편화된 추세인 것은 부인할 수 없다. 어쩌면 전성시대로 접어들고 있다. 불법주정차와 쓰레기처리의 감시는 기본에 속한다. 최근에는 골목길 치안, 산불감시, 심지어 교도소수감자 감시용까지도 거론돼 곳곳에서 논란도 낳고 있는 실정이다. 제주시는 "행정력을 보완하기 위한 불가피한 조치"라고 말하고 있다. 마냥 틀린 얘기도 아니고 그에 따른 효과도 사실상 인정하지 않을 수 없다.

녹화기록만 관리하면서 과태료를 부과하는 게 편하지 않을 수 없다. 공무원들이 일일이 돌아다니며 단속하는 것보다 효과도 클 것이다.

우리가 걱정하는 것은 행정편의 속에서 사생활보호가 가려질 수 있다는 점이다. 물론 숨겨진 몰래카메라와는 성격이 다르긴 해도 불특정다수가 감시대상인 것에서는 자칫 사생활보호가 실종되지 않을까 우려되는 게 사실이다.

감시카메라의 순기능은 익히 알고 있지만 반대되는 역기능 문제를 소홀히 여겨선 안된다. 얼마든지 사생활침해 요인으로 작용할 수 있기 때문이다. 녹화자료 안의 불법인물을 가리려고 여기저기 수소문하는 과정에서 사생활 보호막이 깨질 수도 있다. 밤낮없이 찍어대면서 기본권을 침해할 소지도 다분하다.

감시카메라행정은 가능한 최소화하는 것이 바람직하다. 행정이 기계에 의존하고 감시기능에 비중을 두는 것은 행정서비스 차원에서도 좋지 않다. 생활행정은 현장 접근을

통한 주민과의 대화 속에 개선점을 찾을 수 있는 법이다. 당장 편하려고 카메라행정을 좇다가는 언젠가 카메라로 뒤덮힌 삭막한 제주가 안된다는 보장도 없다.

<2006년 4월 19일자>

부 록 Ⅲ(Appendix)

카지노 서베일런스 시스템 관련용어

다음은 게임산업과 관련된 갬블링용어이다. 대부분의 용어는 카지노게임에 주로 사용되고 있지만, 종종 거리의 갬블링에서 사용되고 있는 어구(語句)가 게임장으로 흘러들어가 게임용어로 생성된 바 있다. "갬블링용어"는 게임의 언어이며, 사전적 해석으로는 인류가 갬블링 동물의 입장에서 단지 경험에 불과한 언어, 주문(呪文) 또는 저주(咀呪)하는 언어, 또는 풍자적이고 위선적인 말투의 집합적인 언어라고 정의하였다. 따라서 "갬블링 스캠"에 관한 용어는 갬블링의 속임수를 주제로한 편취, 절도, 사기 등의 지하세계의 범죄와 연관된 언어로서 일반적인 대중에게는 잘 알려져 있지 않으며, 직업적인 갬블러들이 대부분 사용하는 전문어이다. 이에 본장에서는 갬블링 용어 중 카지노 서베일런스 시스템 관련용어를 발췌하여 구성하여 보았다.

A

- Above

부기원장에 기입된 게임의 소득

- Ace

하나의 주사위(Die) 상에 1점 또는 포커나 대부분의 카드게임에서 가장 높은 순위의 카드

- Aces(Craps Two)

각 1점을 나타내는 두 개의 주사위. 주사위의 합계 2점을 말한다.

- Ace Adjustment

배팅하는 정도를 결정하기 위해 남은 "Aces"의 비율을 조정하는 것

- Ace Adjustment Factor

배팅을 할 목적으로 런닝카운트를 조절하기 위해 "Ace"의 수를 늘이거나, 줄여서 앞으로 나올 카드를 집계하는 시스템에 의해 도출되는 수

- Ace Poor

남아 있는 "Ace"의 평균비율보다 낮게 진행되는 경우, 하우스 측에 유리하다.

- Ace Rich

남아있는 "Ace"의 평균비율보다 높게 진행되는 경우, 플레이어 측에 유리하다.

- Action

게임행위 또는 게임자가 진행하는 게임의 배팅총액

- Adjusted Running Count

"Ace"의 수에 따라 조절되는 런닝카운트의 가치

- Agent

배팅을 시도하는 사람, 카지노 딜러 또는 종업원과 공모하여 종종 속임수 행위를 하는 사람, 이득을 위해 고객을 유혹하여 부정한 게임을 하는 사람

- All Night Board Bingo

입장료를 지불했을 때 고객에게 주는 카드, 진행되는 모든 게임에 유용하게 사용할 수 있다.

- All Out

위닝(Winning)하려고 한도금액(Limit) 전체를 배팅하는 것이다.

- Anchor Man

블랙잭 게임에서 딜러의 바로 오른쪽에 앉은 사람. 테이블의 가장 마지막 좌석에서 게임을 한다.

- Angle

생각, 계획 또는 속이는 방법. 그 배트(Bet)를 쉽게 이기려는 수단.

- Ante

포커게임에서 핸드(패)가 돌아가기 전에 "Pot"에 칩스를 배팅하는 것 또는 캐리비

언 스터드 포커에서 고객이 카드를 갖기 전에 하는 배트.

- Apron

지정된 배팅지역(프린트)을 벗어난 에이아웃의 바깥지역 또는 룰렛테이블의 "Helper"가 작업하는 지역. 또한 딜러의 주머니를 가리기 위해 허리에 두르는 보호대를 지칭함.

B

- BP(Big Player)

큰배팅을 하거나, 큰배팅을 만드는 팀의 멤버

- Back Counting

보통 고객의 뒤에 서 있으며, 게임을 하지않고 "슈"의 카드덱이나 수치를 카운트하는 사람. "쉐도우 카운팅(Shadow Counting)"이라고도 한다.

- Backer

갬블러에게 도박자금을 제공해주는 사람

- Backing Up Card

한게임을 더 하거나, 한핸드에 다른 핸드로 카드를 뒤로 옮겨가는 행위

- Bagged

속이거나 훔치는 행위를 하여 적발된 속임수꾼임을 표현하는 용어

- Bank

갬블링자금, 하우스의 뱅크-롤, 또는 뱅킹게임이나 도박장에서 운용되는 돈

- Bank Craps

게임자가 접근할 수 없는 지역의 레이아웃으로, 크랩스 게임에서 하우스가 게임을 운영하기 위한 "Wager"를 취급하는 장소

- Banker

뱅킹게임의 운영자 또는 개인적인 뱅킹게임에서 다른 게임자로부터 배팅을 수용

하는 사람

• Banking Game

운영자나 게임자에게 상대편의 평균승산 또는 그 확률을 알려주는 구조적인 게임, 예를 들면 복권, 카지노게임, 넘버게임, 경마 또는 스포츠 등이 있다.

• Bank Roll

게임의 자금 또는 딜러의 바로 앞 트레이안에 보관되는 카지노 머니(칩스)

• Bar

테이블게임에서 기술이 뛰어나 게임에 참여시킬 수 없거나, 문제를 발생시킬 소지가 있어 카지노에서 영원히 추방당한 게임자. 블랙잭 게임에는 이러한 사람이 종종 있다. 또한 크랩스 게임에서 "돈패스"플레이에 12(6,6)가 나오면 돈패스 뱃이 무승부가 되는 것을 "Bar"라고도 한다.

• Barber Pole

칩스의 컬러를 믹스하여 액면가가 종류별로 서로 다르게 표시한 칩스의 스텍

• Basic Strategy

하우스가 규정해 놓은 게임룰을 사용하여 블랙잭 게임자가 최적의 조건으로 플레이하는 기본전략

• Base Dealer

카드덱의 "버텀카드"를 능숙하게 다루는 딜러로 "셀러(Celler)" 또는 서브웨이 딜러라고 한다. 또는 크랩스테이블에서 제2 또는 제3 베이스에서 딜링하는 딜러 중의 한 명을 지칭한다.

• Bean Shooter

속임수 행위를 하기 위하여 팔에 간단한 불법적인 장치를 은밀히 감춘 사람

• Base

– 블랙잭 게임 테이블에서는 게임자가 배팅하는 위치를 말하며,

1st Base : 딜러의 왼쪽에서 가장 먼 곳

2nd Base : 딜러의 정면 중앙

3rd Base : 딜러의 오른쪽에서 가장 먼 곳

– 크랩스 게임 테이블에서는 딜러의 위치를 말하는 것으로,

1st Base : 스틱퍼슨

2nd Base : 박스맨의 오른쪽 딜러

3rd Base : 박스맨의 왼쪽 딜러

- Beard

자신은 잘 알려진 갬블러이기 때문에 제삼자에게 배팅을 하도록 시키는 사람

- Beat

게임에서 갬블러가 돈의 액수를 속이는 행위. "Trim"행위와 같다.

- Beef

게임을 재연, 또는 시선을 다른 곳으로 돌리려고 게임에 대한 불평, 언쟁을 일삼는 자

- The Best of It

수학적인 계산, 숙련된 기술 또는 속임수 행위로 다른 게임자보다 이길 가능성이 큰 상황

- Bet The Limit

하우스가 정한 게임규칙이 허용하는 최소, 최고 단위의 배팅금액

- Betting Ratio

게임을 유리하게 가지려고 게임자가 임의로 설정하는 최고와 최저 배팅 사이의 수학적 확률

- Betting True Count

"에이스"카드의 수가 많고 적음에 따라 조절되는 실제 카드의 값

- Bevels / Beveled Shapes

한두면이 평평하지 않고 약간 둥글게 된 부정한 주사위. 이는 표면이 둥글어서 평평한 것보다 잘구른다.

- The Big Con

게임자를 보호해주는 수명의 "허슬러"들이 포함되어 여러 날에 걸쳐 진행되는 사기게임. 조악한 사기, 속임수와는 대조적으로 큰 시설을 이용한다.

● Bird Dog

계획적인 게임에 희생자(대상자)를 발견하였을 때, 사기도박꾼에게 그 정보를 제공하여 주는 사람.

● Black

액면가 십만원(미화 100불)의 칩. 주로 검은색으로 전세계적으로 액면가 가치가 유사하다.

● Blackjack

카드수치의 합이 21에 도달목표를 가진 뱅킹카드게임. 또는 첫 번째 두 장의 카드에서 "에이스" 1장과 "10-가치"를 가진 카드. "네츄럴(Natural)" 또는 "스냅퍼(Snapper)"라고 불린다.

● Black Line Work

각 카드의 테두리의 검은 선을 따라 미세한 자국(흔적)을 만들어 확률을 위해 카드에 표시하는 기술. 속임수꾼은 패를 고를 때 손가락으로 표시를 감지한다.

● Blind Bet Poker

포커게임에서 게임자가 카드를 보기 전에 이루어지는 배팅.

● Blister

카드 뒷면에 "핀(Pin)"과 같은 예리한 물체를 도구로 사용하여 어떤 표시를 하는 기술. 이 표시는 엄지손가락으로 카드의 뒷면을 순간적으로 무질러서 카드의 가치를 감지할 수 있다.

● Blow Off

"Con Game"에서 속임수 행위의 목표를 달성한 후에 그 표시를 제거하는 기술

● Bluff

포커게임에서 상대방이 대단한 패를 가졌다고 여겨, 테이블에서 물러난다고 생각되어 한수 아래에 배팅하는 것

● To Book

뱅크롤을 공급하는 것. 영업장에 자금을 공급하거나, 또는 카지노게임 특히 크랩스에서 말로 배팅(Call Bet)하는 것을 수용하는 것을 말한다.

• Bop

게임자에게 유리한 카드-덱이나 슈(Shoe)가 테이블과 테이블에 건네지는 것. 각 테이블에 있는 카운터에게 유리한 덱임을 신호한다.

• Bottom Dealer

톱-카드에서 딜링하는 것처럼 하면서, 카드-덱의 맨 아래에서부터 딜링하는 카드 속임수를 행하는 딜러. "베이스 딜러" 또는 "서브웨이 딜러"라고도 함.

• Bowl

룰렛게임에 설치된 움푹한 모양의 나무로된 휠의 보울. 또한 크랩스 게임에서 다이스를 선택하기 위해 5개의 주사위를 놓아두는 용기

• Boxperson

크랩스테이블에서 칩스의 운용만을 담당하고 있는 사람

• Break

블랙잭게임에서 카드의 수치 합이 21보다 더 큰 수의 카드를 받아 버스트(Bust)k 되는 것 또는 게임자가 지게(Lose)되는 경우.

• Breakage

크랩스 게임에서 다양한 칼라를 피하고, 게임자의 속임수를 방지하기 위해 "Flat Bet"으로 홀수계산을 지향하는 것을 말한다.

• Bricks

주사위의 한면이 깍여져(Shaved) 다른면 보다 그면이 아래로 지면에 도달하도록 한 것이다.

• Brush

① 테이블에 있는 다른 게임자의 카드를 밀어서 공범의 손에 있는 카드와 자신의 카드를 바꿔치기하는 속임수 행위
② 테이블 위에 있는 주사위를 밀어서 주사위 한쌍을 다른 것과 바꿔치기하는 주사위 속임수 행위

• Buble Peek

카드의 앞 끝부분을 엄지손가락으로 살짝 구부려서 카드의 순서를 감지함으로서,

카드–덱의 “톱–카드”를 엿보는 행위

- Bug

① 힛팅(Hitting)으로부터 정확한 일치를 방지하기 위해 슬럿머신에 장치한 비밀장치
② 카드–덱에서 카드를 은밀히 옮겨 잡기위해 테이블 아래에 부착한 클립

- Bum Move

의심스러운 행동. 서투르거나 확실한 부정행위. 포커게임에서 바로 앞전의 “Pot”에 넣은 배팅보다 많은 양을 배팅하는 행동

- Bundle

특별한 배팅에서 사용되어지는 용어로 돈의 커다란 단위의 합계를 말한다.

- Burn a Card

블랙잭 게임에서 카드를 셔플한 후 게임시작 전에 카드–덱의 첫장이나 두 장의 카드를 디스카드홀더에 버리는 것. 게임 진행 중 실수로 카드가 노출되었을 때도 그렇게 한다.

- Burn Out

피해자들 사이에 너무 알려져 더 이상 쓸모가 없어진 부정행위 방법

- Burn Dice

레이아웃의 표면에 다이스가 구를 때, 어떤 면이 나오게 하기 위해 주사위의 가장자리를 거칠거칠하게 깍은 주사위

- Bustout Joint

부정한 주사위를 전문적으로 바꿔치기하는 기술자. 보통 “바스터”라고 불리우며, 게임에 들어갔다 나왔다 한다.

- Butterfly Cup

주사위를 믹스하는 과정에서 미리 주사위를 바꾸어 속임수를 사용하는 주사위 컵

- Buy Bets

크랩게임의 지불하는 승산으로 “플레이스 벳(Place Bet)”의 6넘버(4, 5, 6, 8, 9, 10)에 대한 지불 퍼센티지를 말하며, 이는 게임자가 5%의 컴미션을 지불하는 효과가 있다.

C

• Cacle Dice

주사위를 섞는 척하며 덜컥덜컥 소리를 내면서, 사실은 교묘하게 손가락으로 잡아 손안에 넣는 행위

• Call

포커게임에서 앞전에 배팅한 금액의 동일한 금액을 "Pot"에 넣는 것

• Call Bet

고객이 현금이나 칩스로 배팅하지 않고 카지노 신용거래 또는 케이지에 보증금을 맡기고 배팅하는 것(이하 마커게임) 단골게임자에게만 허락한다.

• Caller

빙고게임에서 빙고의 숫자를 불러주는 종업원, 또는 바카라게임에서 "스쿠퍼(Scooper)".

• Call In Number

진행되고 있는 카운트를 예상하여 미리 결정한 숫자 카운트에서 "에이스"를 조절하고 "카운터(Counter)"가 BP를 유도하는데 사용된다.

• Call Plays

블랙잭게임자가 얼마를 배팅하고 어떻게 진행되는가를 카운트하고, 신호하는 것

• Canoe

룰렛게임에서 볼이 회전한 뒤, 마지막에 도착하기 전에 예측할 수 없는 변화를 주려고 "휠(Wheel)"안에 장치한 금속 메달. "스톱스(Stops)"라고도 한다.

• Capping

게임이 진행중, 또는 결과가 나온 후에 오리지날 벳에 칩스를 추가로 배팅하는 불법행위. "프레싱"이라고도 한다.

- Card Mechanic

속임수행위를 시도할 목적으로 카드를 능숙(교묘)하게 다루는 사람

- Casing

갬블링 게임을 정확하게 하기 위해 적절한 레이아웃은 놓여있는지, 적당한 리미트의 금액으로 책정되었는지 눈으로 미리보아 두는 것. 갬블링 사기꾼들은 약점을 보완하기 위해 게임시설이나 게임의 절차를 조사하기도 한다.

- Case Card

게임자의 카드-덱에서 게임자의 경기를 호전시켜 주는 남은 1장의 카드. 또는 덱에 남아 있는 마지막 카드가 내용(인덱스)이나 그림(슈트)가 같은 경우.

- Chance

게임에 이기려고 배팅할 때, 위닝(Winning)의 확률 또는 가능성

- Check

일반적으로 사용되는 칩스와 토큰. 게임의 레이아웃에 배팅의 목적으로 현금대신 사용된다. 또한 칩스나 토큰은 각 컬러와 크기에 따라 그 액수가 다르다.

- Check Cop

① 손바닥에 접착성의 풀을 장치하여 속이는 행위. 칩스나 코인더미(Stack) 위에 손을 놓을 때, 맨 위에 있는 것을 손바닥에 접착시켜 훔친다.
② 포커게임에서 칩스를 훔치는 행위

- Chip Cup

칩스처럼 보이지만 사실상 가짜이고, 속이 비어 있는 갈고리 형태로 되어 있다. 딜러나 그 취급자가 카지노에서 칩스를 훔칠 때 사용한다.

- Chiseler

뱅킹게임에서 다른 게임자의 배팅을 가로채는 도박꾼 또는 개인게임에서 돈을 빌려 갚지 않는 도박꾼

- Claim / Claimer

내기에 걸지 않았으면서도 이기는 내기에 배팅하였다고 우겨 지불을 받으려는 행위 또는 행위를 하는 자

• Clean

① 전과기록을 가지지 않은 사람을 일컫는 용어
② 게임에서 한 사람이 모두에게 이겨 돈을 모조리 가져가는 것
③ 현혹시키면서도 설득력있는 교묘한 사기행위를 일컫는 용어

• Clean Hand

딜러가 칩스, 현금을 만졌거나. 업무를 마친 후에 손바닥 안에 아무것도 없음을 공개하는 제스처

• Clean Money

지불목적으로 딜러의 칩스-랙이나 트레이에서 방금꺼낸 칩스

• Clock / Clocker

게임을 하는 동안 잃거나 딴돈의 액수를 기억하는 것 또는 이러한 행위를 하는 사람

• Cold Deck

카드 속임수꾼에 의해 나중에 바꿔치기할 목적으로 비밀리에 만들어 놓은 카드-덱

• Coming In One High

게임자에게 적게 지불하기 위해 게임자의 오리지날배팅 칩스와 지불할 칩스를 은밀히 바꿔치는 카지노 딜러가 사용하는 방법

• Console

한 사람 이상 또는 여러사람이 동시에 즐길 수 있는 전자식 슬롯머신 또는 비디오 머신

• Contract Bet

크랩스 게임에서 한번 배팅하면 옮기거나, 사이즈를 줄일 수 없는 벳. 패스라인과 컴벳이 계약된 배팅이다.

• Conversion(Partial)

총 지불을 전환하기 위해 고액의 칩스로 지불하고, 게임자의 저가칩스를 가져오는 것

• Cooler / Cooler Move

게임에 사용하기 위해 비밀리에 만들어 놓은 카드-덱, 콜드-덱과 같다. 또한 이 카드-덱을 앞전의 카드-덱과 바꿔치는 손기술을 "쿨러무브"라고 한다.

• Cop

내기에서 이기거나, 어떤 것을 훔치거나 손에 감춤.

• Count

핸드의 가치. 보통 런닝카운트를 일컬음. 주어진 시간에 진행되는 모든 카드의 누적 가치를 말한다. 각 카드의 수치(인덱스)에 값을 주어 그 가치를 기초로 한다.

• Counter

카드-덱이 게임자에게 유리한지 불리한지 결정하기 위해 진행되는 카드의 누적가치를 추적하는 카운팅시스템을 사용하는 게임자

• Counter Magnet

금속이 내장되어 있는 부정한 주사위를 조사하기 위해 크랩스 테이블이나 "Bar"의 아래에 설치한 전자석.

• Cover

① 내기를 받아들임
② 갬블링 레이아웃에 배팅을 하는 것
③ 카지노직원이 카운터로 변장하여 카운팅하는 수단
④ 빙고게임에서 표시한 번호위의 카드에 덧붙여 쓰거나 불려진 숫자를 채우는 것

• Cover Play

변장한 카지노 직원이 하우스가 유리하도록 전략상 실수를 만들어 내는 게임방법

• Craps

세계적으로 가장 주류를 이루고 있는 주사위게임으로서 가장 크게 배팅할 수 있는 게임이기도 하다.

• Crimp

나중에 카드를 식별하기 위해 자신만이 알 수 있도록 카드를 살짝 구부려 놓는 것

• Cross(The)

카드나 주사위게임에서 속임수 행위를 하여 희생자가 자신의 파트너임을 믿도록 유도하는 속임수

• Crossroader

직업적으로 카드게임을 찾아 전세계를 돌아다니는 카드 속임수 기술자. 지금은 주로 카지노에서 전문가의 입장으로 고용하기도 한다.

• Croupier

① 카지노게임에서 "위닝핸드"나 "루징핸드"에 돈을 지불하거나 수거, 또는 카드를 돌리는 등의 게임을 진행하는 카지노 종업원
② 딜러를 뜻하는 프랑스어로서 룰렛, 바카라, 쉬멘디포 등의 게임에서 핸드를 나누어 주는 카지노 고용인

• Cull

속임수에서 사용할 목적으로 일정한 카드를 카드-덱 또는 디스카드에서 골라내는 것

• Cut

① 카드-덱을 이등분하거나, 슈에 넣을 때 게임의 종료를 표시하는 카드
② 하우스 차지(Charge). 포커나 바카라게임에서 배팅한 게임자의 금액을 2~5% 딜러가 공제하는 것

• Cut Card

보통 플라스틱으로 된 칼라로 되어 있는 단단한 카드로 인디케이트(Indicate) 카드로 사용하며 카드-덱과 같이 슈안에 넣는다.

• Cut In

칩스더미(Stack)의 높이를 같게 하여 같은 사이즈의 칩스로 만드는 행위

• Cut Out Work

잉크를 지우는 액체로 카드 뒷면의 일정한 부분을 조금 넓게 표시한 카드

• Cutter

포커게임에서 하우스(도박장)의 수수료를 "Pot"에서 일정비율로 떼어내는 종업원

D

- Daub

게임이 진행되는 동안 카드에 표시를 하기 위해 사용되는 연고 또는 액체

- Dead Number Dice

나올 수 있는 횟수보다 더 자주 나와서 특별한 숫자가 죽은 주사위. 데드넘버의 가장 일반적인 형태는 데드에이스이다.

- Dealing a Blister

표시된 카드를 촉감으로 알아내어 카드패와 관련된 사기도박을 하는 사람은 그 카드가 덱의 맨위에 있을 때, 그것을 감지할 수 있도록 자신이나 파트너를 위해 마크한다.

- Dice

각 면에 1점에서 6점이 찍힌 2개의 정6면체의 주사위. 이는 36까지 숫자의 결합이 이루어질 수 있으며, 모든 승산과 확률은 이 숫자에서 계산된다.

- Double Apron

카지노딜러가 칩스를 스틸(Steal)할 때 사용하는 도구. 보통 주머니를 만들어 착용하는데 칩스를 주머니 안에 감춘다.

- Double Duke

상대방에 좋은 핸드를 돌리고, 자신이나 파트너에게 더 좋은 핸드를 가지는 카드 기술자.

- Double Exposure

플레이어가 게임을 시작하기 전에 디러의 카드가 노출된 블랙잭게임. 하우스에 의해 모든 규칙이 다시 정해진다.

- Double Steer

카드나 주사위게임에서 피해자가 자신의 파트너가 될 것이라고 믿게 하는 속임수.

• Dragging

게임의 결과가 정해진 후에 오리지날 벳의 칩스를 불법으로 옮기는 행위

• Driver Seat

스터드 포커게임에서 대부분의 돈을 따거나, 좋은 핸드를 가지는 자리

• Drop

① 테이블 게임에서 발행한 통화의 가치에 더해지는 현금의 총액수
② 카지노 전체의 통화 및 총액수

• Drop Box

모든 카지노게임 테이블에 설치된 이동할 수 있는 철제상자. 그 박스안에는 게임자들이 사용하는 칩스로 교환하여준 지폐가 들어 있으며, 이는 모두 카지노 회계감사의 자료가 된다.

• Drunken Mitt

포커게임에서 사용하는 간단한 사기게임. 속이는 사람이 핸드를 노출시킴으로 이길 수 없다는 것을 보여주는 것

• Dumping Off

카지노 딜러가 자신의 대리인을 이용하여 하우스로부터 돈을 따게 하거나 혹은 배팅을 하게 하는 것

E

• Early Surrender

딜러가 결과를 결정하기 전에 오리지날 벳의 반을 포기할 수 있는 게임자의 선택

• Earnest Money

사기게임에서 성의의 표시로 희생자가 요구하는 돈

• Edge

모든 카지노게임 이익의 특성을 만들어 내는 것, 또는 주사위의 날카로운 바깥 면.

- Edge Work / Marking

각 카드의 모서리와 무늬사이에 정확한 점을 약간 비스듬히 표시한 카드-덱. 모퉁이에 표시한 것은 "에이스"이고 아래 표시한 것은 "킹"을 나타낸다. 또는 주사위의 모서리를 갈거나 깎아내어 변형시키는 작업을 말한다.

- Elevator

카드를 딜링하기 위해 카드-덱을 반으로 나누어 오른손에서 왼손으로 바꾸어 옮기는 방법.

- Even Cup / Even Up Proposition

각 게임자에게 이길 기회를 똑같이 주는 게임 또는 제안, 정확한 승세에 거는 내기, 50대 50 내기.

- Expected Value

하우스의 통계상에 이익 또는 불이익과 정확히 일치하여 우연히 일어나는 게임자의 윈 / 루스 수치의 값

F

- Face Card

킹(King), 퀸(Queen), 잭(Jack) 또는 카드숫자의 10

- Fade Craps

크랩스 게임에서 슈터의 센터 배팅의 전부 또는 일부를 커버하는 것

- Fair Bank

게임자가 게임을 계속하게 하거나, 배팅금액을 올리게 유혹하는 사기행위를 하는 것

- Fast Company

지독한 방법의 속임수를 감지하는 능력이 있어 속이기 어려운 약아빠진 게임자

- Fill

뱅크롤(Bankroll)을 채우기 위해 뱅커 또는 케이지로부터 테이블로 가져온 추가의 칩스

• First Base

블랙잭게임 테이블에서 딜러가 서 있는 곳으로부터 왼쪽 좌석, 크랩스게임 테이블에서는 "스틱-맨"을 말한다. 바카라게임 테이블에는 "콜러"를 지칭한다.

• Five Card Charlie

블랙잭게임에서 5카드 총합이 21과 같거나, 보다 작으면 게임자에게 보너스를 지급한다.

• Flashing

블랙잭 딜러가 에이전트에게 맨위의 카드(톱-카드)를 노출시켜 자신이 이길 수 있게 도움을 받는 행위

• Flash Work

하나의 작은 부분만 희게 남겨두고 각 카드의 뒷부분 전체를 약간 그늘지게 표시된 카드

• Flick

부정행위를 하는 사람이 카드패를 돌릴 때 카드의 내용을 보기 위해 숨겨둔 작은 거울

• Floating Game

경찰의 단속을 피하기 위해 장소를 옮겨가며 하는 불법도박

• Flopping The Deck

딜러에 의해 맨밑에 있는 카드(Bottom Card)를 뒷면으로 돌려져 다시 핸드에 사용하는 속임수 행위 방법

• Four Eyed

안경을 전문적으로 사용하는 사기도박꾼을 묘사하는 용어

• Freeze Out Proposition Wager

게임이 시작되기 전에 갬블러끼리 가진 돈을 모두 걸고 배팅조건을 상호 합의하여 진행하는 긴 갬블링

• Frets

룰렛-휠 안에 38개의 번호를 각각 분리시키고 있는 금속소재로 된 세파레토(Separator)

• Front Loader

카드를 돌리면서 게임자에게 고의적으로 또는 실수로 카드내용을 언뜻 보여주는 블랙잭 딜러

• Front Man

다른 게임자에게 잘 알려진 자로서 존경을 받으려고, 부정행위 게임도 소개하고, 이익을 분배하여 자신의 성실성을 입증하는 게임자

• Front Money

고객이 마커게임(Marker Game)을 위해 카지노 게이지에 맡겨둔 예치금

G

• Gaff / Gaffed

부정행위를 돕거나 성취하는 방법 또는 비밀계획, 또는 부정행위에 유리하도록 불법적으로 변경한 속임수 계획

• Glim

카드가 돌려질 때 카드의 내용을 훔쳐보기 위해 숨겨진 작은 거울. 빛나는 물체는 무엇이든 사용된다.

• Gorilla

카운터에게 신호를 받는 카운트되지 않는 게임자로 배팅만을 전문적으로 하는 게임자

• Good Man

많은 양의 돈을 가진 게임자, 숙련된 속임수 행위자, 세련된 갬블링 조직 운영자 또는 종업원.

• Goulash

구석방에서 규칙적인 체계를 가지고 카드게임을 운영하고 있는 바, 레스토랑 같은 시설

• Graveyard Shift

이른 오전 시간의 시프트. 보통 오전 2시~오전 10시 또는 오전 4시~오후 12시까지

• Greek Deal

맨 위 카드를 돌리는 척하면서 덱의 맨 밑에서 두 번째 카드를 슬쩍 돌리는 기술

• Grift / Grifter

실력보다는 술책을 써서 남의 돈을 훔치는 절도의 모든 부분 또는 전문적인 부정행위자, 사기도박꾼.

• Griffin Agent

슬롯이나 게임의 부정행위, 부정직한 종업원, 카드 카운터들을 조사하기 위해 다수의 카지노에서 고용한 도박정보사무실에 종사하는 사람

• Grind Game / Grind Joint

이익을 얻기 위해 멋진 행동과 훌륭한 게임자만 참가할 수 있으며, 한도액이 적은 뱅킹게임. 또는 이익을 위해 많은 거래량을 가지려고 적은 배팅 한도를 가지는 카지노

H

• Handleshamming

처음엔 핸들을 당겨서 위쪽으로 힘차게 놓으며 슬롯머신에 나오는 라인의 위치를 조종하고자 휠을 다루는 방법

• Hand Mucker / Hand Mucking

손바닥에 카드를 숨기는 전문적인 속임수꾼. 돌려진 카드를 손바닥에 감추고 다른 것과 바꿔치는 행위.

• Hand Off

게임자인 채하는 공범자에게 칩스를 몰래 건네주는 카지노 딜러

• Hang The Flag

엄중한 감시 때문에 잠시 부정행위를 하지 말 것을 파트너에게 신호를 하는 어떤 행위

- Hard Rock

포커게임에서 빈틈이 없는 게임자, 돈을 빌려주지 않는 갬블러, 이기기 힘든 게임자를 뜻한다.

- Hawking The Dice

테이블의 한쪽 끝에 있는 베이스 딜러가 반대쪽에서 주사위가 구르는 것을 보는 행위, 이러한 행위는 딜러의 업무수칙에 금지되어 있다.

- Head to Head

게임자와 딜러 단둘이서만 하는 게임

- Heel Peek

엄지손가락 끝으로 카드 안쪽을 슬쩍 들어올려 카드의 맨 위를 슬쩍 훔쳐보는 방법. 카드가 오픈되기 전 슈에서 꺼내질 때도 사용된다.

- Hipster

승산에 대한 지식과 확률 또는 부정행위와 그 방법을 알고 있는 사람

- Hit it

블랙잭 게임에서 딜러에게 또다른 카드를 요구하는 것. 크랩스 게임에서 희망하는 어떤 점수를 만들거나, 스터드 포커게임에서 원하는 카드를 부름.

- Hold Out / Hold Out Man

승률이 틀림없는 카드를 의도적으로 몰래 빼내어 나중에 카드를 돌릴 때 바꿔지는 "알티스트 스코어"로 계산하거나 파트너와 이익을 분배할 때 그 액수를 속여 가로채는 사기도박꾼이나 부정행위와 딜링되어진 카드 중에서 유리한 카드를 빼내어 손에 감추고 있다가 다시 게임에 투입하는 방법을 전문적으로 하는 카드 속임꾼을 지칭한다.

- Hole Card

딜러카드가 블랙잭인지 아닌지를 확인하기 위하여 딜러의 맨 아래카드(Bottom Card)를 두 손으로 가리고 보는 행위

- Hop

다른 게임자가 컷팅을 한 후 그 카드-덱을 원래의 위치로 은밀히 되돌려 놓는 행위

• Hot Seat Game

한 사람의 희생자만 제외하고 모든 게임자들이 부정행위에 가담한 카드게임

• Hunch Player

게임의 지식에 대해 거의 또는 전혀 알지 못하고 충동적으로 내기를 거는 사람

• Hustle / Hustler

속임수음모, 사기행위 또는 수단, 내기도박의 기능을 가진 특별한 게임. 부정한 농간을 부리는 행위 또는 행위자.

I

• Index

카드의 왼쪽 위나 오른쪽 아래에 그 카드의 단위를 나타내는 숫자

• Inside Man

카지노케이지에 접근할 수 있는 카지노 내부직원

• Inside Work

다이(Die)가 굴러가는 것에 변화를 주려고 다이 내부에 중량을 싣는 작업을 하는 것

• Insurance

블랙잭 게임에서 딜러의 "쇼윙카드(Showing Card)"가 에이스일 경우 게임자는 오리지날 금액의 1 / 2을 보험에 걸 수 있다. 딜러가 블래잭이면 오리지날 벳은 루스하고, 보합금액은 두 배로 지불되며 딜러의 카드가 블랙잭이 아니면 보험금액만 루스하고 게임은 진행된다.

• Insurance Counter

인슈런스 벳에 완벽하고 특별한 카운트를 사용하는 게임자. 종종 다른 곳에서 다른 카운터에 의해 정확한 인슈런스 플레이를 신호하기도 한다.

J

- Jackpot

① 포커게임에서 카드를 도리기 전에 각 게임자가 "칩스"를 하나씩 "팟(Pot)"에 넣는 배팅형태
② 슬롯머신에서 가장 큰 당첨금을 지불하는 형태

- Jackpot Light Up Board

슬롯머신 게임장이나 도박장에 머신과 연결되어 걸려 있는 전자사인판. 잭팟이 터질 때마다 불이 켜지면 차임벨이 울린다.

- Jog

카드-덱에서 약간 튀어나오게 하여 의도적으로 카드의 위치를 표시한 덱. 주로 부정행위의 카드셔플과 컷팅에 사용된다.

- Joint Bank

2인 이상의 게임자가 공동으로 합자하여 윈 / 루스의 이익을 분배하는 것

- Juice Deck

카드를 보는 방법을 배운 적이 없는 문외한도 아주 잘 식별할 수 있도록 표시를 한 카드-덱

- Juice Joint

주사위나 룰렛게임의 부정행위 중 테이블에 전자석을 설치한 사기행위로서 룰렛-볼이나 주사위 안에 자석이 내재되어 있어 끌려가도록 장치한 카지노의 시설

- Junket Representative

다른 지역의 게임자를 카지노에 데려오는 사람. 테이블 게임의 플레이 수준에 따라 대가(보수)를 받는다.

K

• Kick Back

① 불평을 피하기 위해 스코어의 전부나 일부를 되돌리는 것
② 사업의 안전한 미래를 위한 사업수단으로서 게임자가 잃은 돈의 일정한 비율을 되돌려 주는 것. 네바다의 카지노에서는 종종 있는 일이다.

Kitty

① 비용을 지불하기 위해 "프라이베트(Private)"게임에서 빼낸 금액
② 특별한 내기에서 지불된 돈, 로얄티, 특별한 보너스 등을 모아 특별한 내기에 지급되는 합동자금

• Knock(a Mark)

도박장이나 사기게임에서 속임을 당하는 잠재성 피해자를 설득하는 외부인

• Knock Out

부정행위를 하는 딜러가 게임자를 몰아내는 것을 표현한 카지노 용어

L

• Ladder Man

높은 곳에 앉아 크랩스, 바카라 또는 쉬멘디포 테이블을 살펴보며 딜러의 실수나 주사위의 부정을 바로잡는 일을 하는 카지노 직원

• Lammers

① 뱅크-롤에서 체크를 "Space off"하는데 사용되는 단추
② 신용거래의 금액이나 어음을 조회하기 위해 게임에 설치된 명칭이 표시된 버턴드롭을 표시하는데도 사용한다.

• Leak

부정행위를 완벽히 감추는데 실패하는 것, 또는 부정행위에 속하지 않는 소득

- Legal Tie

블랙잭 게임에서 딜러의 카운트와 게임자의 카운트가 같은 경우, 또는 포커게임에서 두사람의 게임자가 같은 랭킹의 카드핸드를 가진 경우

- Liberty Bell

슬롯머신은 1895년 미국의 샌프란시스코의 29살 된 기계공이던 "찰스 훼이(Charles Fey)"에 의해 첫 슬롯머신이 발명되었다.

- Line Work

카드의 뒷면에 작은 표시를 더하고 손질하여 카드속임수꾼이 잘 읽을 수 있도록 표시하는 작업

- Live Card

게임자의 승부가 결정되지 않은 카드 또는 아직 딜링되지 않았거나 게임이 진행되지 않은 덱이나 슈에 남은 카드. 이와는 반대로 게임에 사용한 카드는 "디스카드" 또는 "데드카드"라고 한다.

- Loader / Front Loader

딜링 과정에서 핸드의 카드를 노출시키는 부주의한 딜러

- Location Play

게임 중 나오는 카드를 차례로 기억하여 뒤에 나올 카드핸드를 알 수 있는 사기도박의 일종

- Lookout

모든 일이 순조롭게 진행되는지를 관찰하며 부정직한 게임자나 카지노 직원을 즉시 지적해주는 책임을 맡은 종업원

- Luminous Readers

엷은 색깔의 안경을 통해서만 읽을 수 있도록 표시해둔 카드

M

- Mark

도박장이나 사기도박에서 희생되는 사람, 또는 가능성이 있는 사람

- Marker

카지노케이지에 현금, 수표, 어음 또는 신용거래로 보증금을 맡겨 놓고 게임을 하는 카지노의 VIP

- Mechanic

손기술을 전문적으로 사용하는 카드나 주사위의 속임수 행위자

- Mittman

카드를 돌릴 때 손바닥에 감추거나 카드를 바꾸는 것을 전문으로 하는 카드사기꾼

- Monkey

바카라게임에서 10점의 가치를 지닌 카드 또는 "페이스 카드(Face Card)"

- Muck

카드-덱을 돌릴 때 손바닥에 미리 감추어둔 카드, 혹은 카드 한 장을 바꿔치는 기술

- Mucker

① 카드-덱을 돌릴 때 손바닥에 감추어 바꿔치는 행위를 전문적으로 하는 사기도박꾼
② 룰렛 딜러가 칩스를 다루거나, 칼라별로 구분하여 스텍킹할 때 그를 돕는 보조딜러

- Multiple Slot Machines

한 개에서 여덟 개의 코인을 집어넣으면 승자에게 다양한 방식으로 지불하는 슬롯머신

N

- Nail Nicking

손톱으로 카드의 가장자리에 선(금)을 그으는 방식으로 카드에 표시하는 방법

- Necktying

카드패를 노출 안시키려고 위쪽으로 카드-덱의 앞을 약간 기울이는 행위

- Natural

① 1장의 에이스와 1장의 10가치카드(페이스카드 포함)가 결합된 블랙잭
② 크랩스 게임에서 첫 롤(Roll)에서 이기는 것
③ 바카라 게임에서 이니셜 2카드에서 8점 또는 9점이 되는 것

- Nut

사기도박꾼이 입힌 손해를 그의 총이익에서 공제하는 운영비. 시설의 최종 결산을 말하기도 한다.

O

- Odds

① 승산(勝算)이란 불리한 기회에서 유리한 기회로의 확률을 말한다.
② 크랩스 게임에서 하우스에 이익금을 지불하지 않는 특별한 배팅. 라인벳, 돈패스벳, 컴벳, 돈컴벳 등이 해당된다.

- Office

속임수를 행하려는 자가 다른 사람(파트너)에게 보내는 비밀신호의 한 종류

- On The Rail

게임에 참여하지는 않고, 게임자의 뒤에서 관찰만 함

- One Roll Action / Come Out Bet

크랩스 게임에서 슈터가 어떤 방식으로든지 정확한 번호에 던졌거나 여러 숫자

중 하나를 배팅하여 승부하는 방법

- Outside Man

외부(모니터실)에서 관찰하는 카지노 종업원 또는 도박사기단의 일원

- Over Lay

크랩스 게임에서 최대한도인 "돈패스"에 건 배팅, 추가로 배팅한 게임자는 "비거리쉬(Vigerish)"를 부담한다.

P

- P.C

비율(퍼센티지) 또는 대부분이 다양한 카지노 게임에서 하우스가 가지는 이익과 게임의 비율을 나타내는 생략기호

- Pad Roll

크랩스 게임에서 회전하지 않고 마치 바위처럼 옆으로 돌게 주사위를 던지는 방법. 표면이 부드러울 때만 할 수 있다.

- Painter

게임하는 중 카드를 뒤바꾸는 일을 전문적으로 하는 카드 속임수 행위자

- Pallette

바카라나 쉬멘디퍼 딜러들이 카드나 칩을 이동하기 위해 사용하는 길고 가는 손잡이가 달린 나무 수크프

- Paper

게임 전에 뒷면에 표시를 한 카드, 체크 또는 유통 증서

- Parlay

앞전의 배팅에서 이긴 총 금액을 증가시켜 다시 배팅하는 것

- Past Posting

게임의 결과가 결정이 난 후에 불법적으로 배팅

하는 행위

• Pat Hand

이니셜 2장의 카드가 17, 18, 19, 20점과 같이 높은 점수를 나타내는 핸드로서 일반적으로 히트하지 아니한다.

• Pay Line

슬롯머신에서 지불표시가 나타나는 기계에 표시된 가운데 줄

• Perfects

1인치에 10000분지 2정도의 오차만 가지는 정육면체 주사위

• Peg

뒷면을 살짝 부딪혀서 식별할 수 있도록 표시된 카드

• Pickup Stack

게임 테이블에서 카드를 집어드는 과정에서 카드를 뒤로 눕혀서 카드를 확인하는 기술

• Pinching

게임이 진행된 후에 배팅한 자리에서 칩스를 이동하거나 금액을 줄이는 불법행위

• Play Best Hand

2명 이상이 공모하여 하는 포커게임. 손짓으로 서로 신호하거나 또는 제일 실력이 있는 게임자만 남고 나머지 사람들은 드롭하기도 한다.

• Player Tracking System

① 슬롯머신에서 모든 동전이 기계로 들어가는 것과 그들이 사용하는 배팅형태를 탐지하는 컴퓨터 소프트웨어 시스템

② 테이블게임에서 게임자의 액션을 추적하여 평가하는 관리시스템

• Plug

"슬러그(Slug)"와 같은 뜻의 용어로 카드-덱의
내용을 높고 낮게 미리 정돈해 놓은 카드묶음

• Pot

각 경기 참여자의 참가비를 포함한 배팅 칩이나 돈의 총액, 또는 포커게임에서

싱글핸드에 배팅한 현금, 칩스의 총합

• Preferential Shuffling

딜러가 플레이어에게 유리하게 셔플링하여 불리하게 디바이드하는 차별화된 행위

• Prop Hustler

이길 승산이 거의 없거나 전혀 없는 게임에 희생자를 끌어들이는 일을 전문적으로 하는 사기꾼

• Proposition Cheat / Proposition Hustler

상대에게 절대 "Break"주지 않는 방식으로 게임을 하는 속임수꾼 / 상대에게 공정하고 유리한 제안을 하지만 사실은 사기꾼에게 큰 이익을 제공하는 게임자

• Pull-up a play

주로 다른 게임자에 의해 신호가 보내지는 카운팅이나 카드로 인해 카지노에서 게임을 중단하는 것

R

• Readable Dealer

카지노에 있는 게임자나 다른 사람에 의해 점을 찍어 표시한 카드를 가진 딜러

• Readers

표시된 카드 또는 표시된 카드를 읽는 센서

• Real Work

부정행위를 행하는 정확한 방법에 대한 확실한 내부정보

• Relay

한 사람에게서 다른 사람에게 신호를 중계하는 것

• Rembrant / Picasso

게임이 진행하는 동안 카드에 칠하는 것을 전문적으로 하는 카드사기꾼

• Result Player

게임의 결과가 나온 후에 어떻게 배팅했고, 어떻게 플레이하여야 하는지 평가하는 게임자

• Ride

어떤 정직하지 못한 행위가 일어나고 있는지 깨닫지 못하기 때문에 도박꾼의 부정행위를 불평하지 않고 참는 희생자

• Rig

속임수와 사기

• Ring In

사기게임 장비를 게임에 끌어들임

• Rip & Tear

결과에 대한 두려움이 없이 자유롭고 광범위하게 하는 부정행위

• Road Hustler

사기게임을 찾아 여러 지역을 돌아다니는 카드 또는 주사위 사기꾼 조직

• Rob

게임에서 플레이어를 속이는 행위

• Rock

돈을 빌려주지 않는 게임자, 또는 스터드 포커에서 등을 마주대고 앉은 게임자

• Rolling the Deck

딜러가 카드를 슬쩍 돌려서 맨 밑에 있는 사용된 "페이스-업(Face-Up)"카드를 다시 돌려 사용하는 블랙잭의 부정행위

• Rope

사기 또는 속이는 행위. 사기게임에 희생자를 유인함

• Round

사기도박꾼의 파트너에 의해 부정행위가 진행되는 것을 보지 못하게 반대쪽으로 방향을 바꾸는 것

• Rubber Band

특수한 테이블에 특정한 딜러가 배정되지 않았을 때, 딜러를 재배치하는 시스템

• Rumble

속이는 기계장치나 능숙한 속임수의 동작을 간파하는 것

• Rundown

테이블관리자가 게임에서 얼마나 지고 있는지 또는 이기고 있는지, 분석을 하고자 하는 경우

• Runner

커이지(Cage) 케셔와 게임장(Floor)을 오가며 현금을 밖으로 수송하고, 전표와 현금을 채워넣는 카지노 종업원 또는 키노(Keno)게임에서 티켓을 팔거나 회수해오는 키노종사원

• Running Count

각 카드의 수치에 값을 주고, 그 값을 기초로 주어진 시간에 진행되는 모든 카드의 누적가치

• Run-up

게임자 중의 한 사람에게 유리한 핸드가 가도록 카드를 셔플할 때 재정리하는 행위

S

• Sandbag Poker

두 사람의 게임자가 제삼의 게임자를 가운데 놓고, 가운데 있는 사람을 고려하지 않고 계속 돈을 추가하는 배팅 기술

• Sand Work

샌드페이퍼로 뒷면을 약간 긁어낸 부분이 있는 표시된 카드

• Scam

상대방을 기망, 편취, 속이는 부정행위

• Screen Out

사기게임 행위를 하기 위해 주사위의 시선을 딴데로 돌리게 하거나 완전히 숨기는 것

• Second Dealer

맨위카드(Top-Card)를 돌리는 체하며 덱의 두 번째 카드를 돌리는 딜러

• Shade

부정행위를 위해 숨기거나 정신을 흐트러뜨림

• Shading

이미 인쇄된 뒷면의 잉크색과 비슷한 색으로 희석된 잉크로 정교하게 카드뒷면을 칠하는 표시방법

• Short Shoe

하우스 승률을 위해 게임이 시작되기 전에 블랙잭 "슈"에서 몰래 몇장의 카드를 빼내는 것

• Single 0

파트너 없이 단독으로 하는 부정행위, 또는 룰렛게임에서 제로만 있는 유럽식게임

• Size

무늬는 무시하고 카드의 숫자로만 가치를 적용. 이 용어는 원래 표시된 카드와 관련하여 사용된다.

• Skimming

카지노의 총 재원에서 몰래 돈을 빼내는 것, 또는 세금을 피하기 위한 갬블링 운영.

• Sky

카지노의 천정에서 감시요원이 특수거울을 통해 게임을 관찰하는 지역

• Slide Shot

주사위를 손으로 던질 때 한두 개의 주사위를 조종하는 손기술

• Slug

① 부정행위를 할 목적으로 카드덱을 로우 또는 하이-카드 뭉치로 미리 정리해두

고 셔플을 하면서 정돈된 카드-덱이 방해받지 않도록 한다.

② 슬롯머신에서 금속으로 만들어진 코인이나 토큰의 대용품

• Snake Pocket

크랩스 게임에서 주사위로 부정한 행위를 하거나, 숨기기 위해 바지(팬츠)라인에 만들어진 비밀 주머니

• Soft Action / Soft Game

게임에 대한 지식과 경험이 부족하여 속이기 쉬운 게임자들로 구성된 게임 또는 플레이

• Spell

크랩스 게임에서 손바닥에 숨긴 주사위를 실수로 한 개 또는 둘다 떨어뜨려 한번에 2개 이상의 주사위를 사용한 증거가 입증됨

• Splash Move

의심을 품고 있는지 보기 위하여 실제로는 부정행위를 하지 않으면서 하는체 시늉만 하는 과정

• Spooking

딜러핸드의 카드가 블랙잭인지 아닌지를 확인할 때(Hole-Card), 뒤에서부터 딜러의 점수를 보고 딜러의 테이블에 있는 파트너에게 신호를 보내는 행위

• Spooning

숟가락 모양의 도구를 "페이아웃 트레이(Payout Tray)"에 끼워 넣어 기계가 동전을 쏟아내게 하는 슬롯머신의 절도행위

• Spread

카드를 테이블에 올려놓는 순간에 손에 감추어둔 카드를 완성된 카드-덱에 섞어 넣는 부정행위

• Stacked Deck

카드-덱을 사기도박꾼이 순서대로 사용하기 위해 미리 정돈하여 준비한 덱

• Stand Off

무승부 또는 내기의 취소. 블랙잭 게임에서 게임자와 딜러가 동점일 때. 크랩스

게임에서 첫 번째 롤(Roll)에서 "에이스스(2 Ace)"가 나오는 경우

- Steam

부정행위를 못하게 하는 엄중한 감시. 게임자가 많은 금액의 내기를 배팅할 때 쓰는 용어이기도 하다.

- Steer Joint

게임자를 사취할 목적으로 운영하는 사기도박장

- Steerer

도박장으로 대상자를 끌어들이는 사기, 도박 등의 바람잡이

- Stringing

동전에 끈을 메달아 기계에 집어넣고 다시 잡아 당기는 슬롯머신의 부정행위. "요, 요"라고도 한다.

- Strong

특히 효과적인 부정행위 또는 매우 능숙한 사기도박꾼

- Sub

훔친 칩스를 숨기는데 사용하는 카지노 딜러의 옷에 달린 비밀주머니

- Sucker Work

더 나은 방법을 모르는 아마추어에게 제공한 비효율적인 속임수

- Sweater

누구의 편도 들지 않고 게임을 구경만 하는 사람 또는 잃거나, 이기는 것에 대해 지나치게 신경을 쓰는 카지노 종업원

- Swinging / Switch

카지노 종업원이 칩스를 편취하는 과정과 어떤 물체를 다른 것으로 몰래 바꾸는 행위

T

• Take

뱅킹게임 또는 도박장의 영수증, 뇌물을 받는 것, 부정행위를 가지는 것

• Take Off Man

"수푸킹(Spooking)"이나 부정행위에 가담한 게임자

• Take the Odds

발생가능성이 낮은 승산에서 이김. 그럼으로서 결국 승산보다 더 많이 지불된다. "레잉 아즈(Laying Odds)"와 같다.

• Tear Up

실제로는 가짜수표와 바꿔치고는 상대의 손실을 받아들이지 않는 체하며, 그것을 찢어버리고 상대가 지불정지를 시키기 전에 원래의 수표를 현금으로 바꾸는 것

• Telegraph

미리 준비한 행동으로 다른 게임자에게 신경질적으로 부정행위를 하려한다는 사실을 일깨워 줌

• Tell

정보통의 관찰자에 의해 부정행위가 행해졌다는 증거가 될지도 모르는 무의식적인 신호

• Ten Stop Machine

각 "릴(Reel)"에는 20개의 페이라인 표시가 있으나 그중 10라인에만 나타나는 속임수 슬롯머신

• Tight

① 전문적인 사기도박꾼조차 알지 못하는 속임수 기술을 묘사할 때 쓰이는 용어
② 자신이 행하는 부정행위의 비밀이 은밀하게 지속되기를 기대하는 속임수 행위자를 묘사할 때 쓰이는 용어

• Top

게임이나 도박장의 거대한 판돈 총액

• Trims

어떤 카드는 한쪽 방향을, 다른 카드는 반대방향으로 깎아놓은 부정을 위한 카드

• Twinkle

카드를 딜링할 때 카드의 측면을 잘보기 위해 감춰둔 작은 거울

U

• Under the Gun

① 포커나 스터드 포커게임에서 다른 게임자가 하기 전에 "패스 벳" 또는 "첵"을 해야 하는 상황
② 딜러의 왼쪽에 있는 첫 번째 게임자

• Unpaid Shill

적은 돈을 거는 사람을 묘사하는 카지노용어 또는 자신이 게임을 하는 것을 좋아하며 데드게임을 펼치는 게임자

W

• Wave

카드의 내용을 보기 위해 게임하는 동안 카드의 가장자리를 구부리는 행위

• Weed

돈을 다루거나 카운트할 때, 옮기거나 손바닥에 몰래 감추는 것

• Welcher

도박 빚에 정직하지 못한 사람

• Whip Shot

주사위가 멈춰졌을 때 원하는 번호가 나오도록 회전하다가 테이블에 떨어졌을 때 나선식으로 도는 동작을 하도록 주사위 던지는 방법

• White on White

가장자리의 하얀색 위에 희고 작은 표시를 한 카드. 가장자리의 나머지 부분은 광택이 없기 때문에 표시하기가 용이하다

• Window

① 딜러의 신체 왼쪽부분과 왼쪽팔 윗부분 사이의 공간. 이부분을 통해 딜러가 블랙잭을 가지고 있는 지 "홀-카드"를 확인할 때 딜러의 카드를 볼 수 있다.
② 딜러가 슈에서 카드를 꺼낼 때 언뜻 보이는 열려진 공간

• Wire

두 명의 속임수 행위자. 사기도박꾼 사이에서 보내지는 신호 또는 스터드 포커에서 등을 맞대고 있는 한 커플의 게임자

• Wired

블랙잭이나 룰렛게임에서 카지노를 이기기 위하여 마이크로 컴퓨터를 숨기고 있는 게임자

• Work

카드의 식별을 위해 카드에 접은금을 내거나 새김눈을 넣는 행위 또는 주사위를 조작하는 행위 또는 부정행위나 조작을 제대로 하기 위한 비밀스런 기술정보

• Wrong Bettor / Wrong Player

크랩스 게임에서 승산이 없는 주사위에 배팅하는 게임자

참고문헌

- 고택운(2002) 「카지노게임의 실무이론 Ⅰ,Ⅱ」 한올출판사
- 고택운(2003) 「현대 카지노산업관리론 상,하」 한올출판사
- 제주그랜드카지노(2002) 「서베일런스룸 매뉴얼」 (주)파라다이스제주
- 원송화편저 「CCTV 시스템설계의 기법」 세화출판사
- 카지노 CCTV 시방서 (주)정우 CAC Engineering
- 조성재, 김정훈 공저 「방송통신공학」 북두출판사
- 「CCTV 시스템 실무가이드」 CCTV 시스템 연구조합
- 한국카지노업 관광협회 「카지노업 영업준칙」(2004)
- 인터넷 전자신문
- 한국 하니웰 기술연구소
- 주식회사 문 엔지니어링 「카지노 Surveillance 시스템 구축실시 설계 및 감리사업 연구계획 제안서」(2005)

- Clark Thoms(1987) 「The Dictionary of Gambling & Gaming」 Lexik House
- Bill Friedman(1984) 「Casino Management」
- Ruber Martinez(1998) 「Managing Casino」 Barricode Book
- International Gaming & Wagering Business(2000~2004)
「Business Magazine」
- Darwin Ortiz(1984) 「Gambling Scams」 New York Dedd / Mead Co.
- John M. Brubaker(1993) 「The Eye in the Sky」
- George L. Lewis Jr(1996) 「Casino Surveillance」

저/자/소/개

고택운

경기대학 관광학과 졸업
제주대학교 경영대학원 연구과정 수료
한국 워커힐 카지노
미국 C.C.L 세레브레이션 카지노(크루즈 라인)
바하마(Nassau) 파라다이스 아일랜드 카지노
프에리토 리코(San Juan) 로얄 카지노
미국(Lasvegas) 리베라/스타다스트 카지노
한국 제주 하얏트 리젠시 카지노
전 문화관광부 카지노 관련 자문위원
한국 카지노업 관광협회 자문교수
현) 제주관광대학교 카지노경영과 교수

주요 저서 및 논문/연구실적

- 카지노게임의 실무이론 Ⅰ, Ⅱ, 한올출판사(2002)
- 현대카지노산업 관리론 상, 하, 한올출판사(2003)
- 카지노 서베일런스시스템의 이해, 백산출판사(2006)
- 카지노실무용어해설, 백산출판사(2007)
- 카지노게임의 실무이론, 백산출판사(2009)
- 카지노게이밍수리학, 백산출판사(2009)
- 카지노사업의 수익 타당성 분석 연구보고서(1993), (주)대우건설
- 카지노 사업의 환경분석 및 관광산업에 미치는 영향 평가의 연구(1999), 제주대학교
- 스몰카지노 운영 방안 및 사회적 부작용 최소화 방안(1999), (주)강원랜드
- 카지노 보안시스템 운영방안(2000), (주)에스원
- 베트남 하롱베이 로얄카지노의 관리시스템 및 운영방안 연구(2002), 대만 未來그룹
- GKL 세븐럭카지노 서베일런스시스템의 운영방안(2005), (주)문엔지니어링
- 북마리아나 연방정부(CNMI) 사이판 카지노 운영관리 방안에 관한 연구(2007), (주)우디 엔터테인먼트
- 제주지역 관광카지노 추진방안에 관한 연구(2008), 한국 카지노업 관광협회 외 다수 용역 보고서 연구원 또는 FGI로 참여

카지노 서베일런스 시스템의 이해

2006년 12월 5일 초판 1쇄 발행
2013년 8월 25일 초판 2쇄 발행

저 자 고 택 운
발행인 寅製 진 욱 상
발행처 白山出版社

서울시 성북구 정릉3동 653-40
등록 : 1974. 1. 9. 제1-72호
전화 : 914-1621, 917-6240
FAX : 912-4438
http://www.ibaeksan.kr
editbsp@naver.com

값 17,000원
ISBN 89-7739-913-0